货币与金融经济学基本理论十讲

李宝伟　张云　蒋雅文　樊苗江　编著

南开大学出版社
天　津

图书在版编目(CIP)数据

货币与金融经济学基本理论十讲 / 李宝伟等编著
. —天津:南开大学出版社,2021.9(2024.8 重印)
ISBN 978-7-310-06143-3

Ⅰ. ①货… Ⅱ. ①李… Ⅲ. ①货币和银行经济学
Ⅳ. ①F820

中国版本图书馆 CIP 数据核字(2021)第 200544 号

货币与金融经济学基本理论十讲
HUOBI YU JINRONG JINGJIXUE JIBEN LILUN SHIJIANG

南开大学出版社出版发行
出版人:刘文华
地址:天津市南开区卫津路 94 号 邮政编码:300071
营销部电话:(022)23508339 营销部传真:(022)23508542
https://nkup.nankai.edu.cn

河北文曲印刷有限公司印刷 全国各地新华书店经销
2021 年 9 月第 1 版 2024 年 8 月第 2 次印刷
230×160 毫米 16 开本 13.75 印张 2 插页 237 千字
定价:48.00 元

如遇图书印装质量问题,请与本社营销部联系调换,电话:(022)23508339

序　言

写一本关于货币与金融经济学的讲义需要很大的勇气和耐心，因为无数的前辈学者已经做了大量工作，构建了体系不同的货币金融理论，所以如何进行有效的整理和融合就是一个难题。但为什么我们还要写这本讲义呢？主要基于如下三方面考虑：第一，我们发现现在流行的货币金融讲义通常受观点和研究范围限制，仅介绍西方流行的货币经济学理论，对其他宏观经济理论的货币金融思想没有给予足够的关注，这严重限制了学生系统地对马克思主义政治经济学等重要理论和分析技术的了解。第二，2008 年全球金融危机表明现在的宏观经济学和货币经济学研究发展明显滞后，暴露现有的某些忽视经济关系研究的货币金融理论存在缺陷。第三，目前流行的货币经济理论不足以对现实经济发展趋势做足够可信的分析，面对欧美国家已经出现的金融危机和债务危机，不能对其体系中的根本问题做出有说服力的解释，也提不出有效的解决方案。基于上述考虑，我们认为由于对某些传统的货币金融理论研究的疏忽，目前流行的货币金融理论丧失了对经济现象和根本规律的深刻理解能力，流行的货币金融理论的发展陷入了技术研究上的修修补补。我们尽自己所能编写一本系统介绍各种货币金融理论的讲义，其中包括马克思的货币金融理论和后凯恩斯的货币金融理论，从而增进对历史和现实问题的理解，更好地推动系统的货币与金融经济学的教学及研究体系建设。我们认为，现代货币金融理论研究必须坚持以马克思主义政治经济学为指导，广泛吸收和借鉴各流派的技术分析方法，才能更好地解释现实问题，提出政策建议。

本书目标是帮助初学者系统了解和掌握各种经济思想体系中的货币与金融思想。但本书也不是以经济思想史为特色的教材，而是一本方便学习、简单易用的讲义，我们衷心希望这本书能够帮助初学者打开货币与金融经济学学习和研究的大门。

谨以此书致敬此研究领域的前辈，在此感谢他们的杰出研究，前辈们的探索形成了纷繁复杂的货币金融理论，本讲义正是站在前人肩膀上才得以形成。值得指出的是，本书特别致敬已经逝世的柳欣教授，他的教学和研究给我们非常重要的启发。前辈们让我们感受到了学术研究的快乐，以及为后继学人们铺路的历史责任与意义。

本书写作得到了教育部人文社科重点研究基地重大项目“中国特色社会主义政治经济学理论体系和话语体系建设研究”项目（19JJD790006）支持，并得到南开大学百名青年学科带头人（团队）培养支持计划“制度、金融与经济增长”（91923135）、天津市教委社科重大项目（ZB19500608）、中央高校基本科研专项基金“DSGE 模型与 SFC 模型的比较研究——基于中国实践的分析”、中央高校基本科研业务费专项资金赞助项目“现代货币与金融经济学：理论与政策研究”（63192302）的资助，在此一并致谢。

作者于南开园

2020 年 10 月

出版说明

本书文献主要来源包括:《资本论》(1-3)卷，大卫·哈维《资本的限度》，拉帕维查斯和伊藤·诚《货币金融政治经济学》，刘骏民《从虚拟资本到虚拟经济》，柳欣（2006）《经济学与中国经济》，樊苗江、柳欣（2006）《货币理论的发展与重建》，王璐、柳欣《马克思经济学与古典一般均衡理论》(2005)，盛松成、施兵超、陈建安《现代货币经济学——西方货币经济理论研究》(2014年第三版)，本杰明·M. 弗里德曼、弗兰克·H. 哈恩的《货币经济学手册》(2卷)(2002年版)，卡尔·E. 瓦什《货币理论与政策》(2001年版)，米什金《货币金融学》(1998年版)，杰格迪什·汉达《货币经济学》(2005年版)，约瑟夫·斯蒂格利茨、布鲁斯·格林沃尔德《通往货币经济学的新范式》(2005年版）等。

本书具有以下几方面特点:

第一，以经济发展历史中出现的重大货币与金融危机为切入，考察各类货币与金融思想的核心内容、技术特点和最新发展。

第二，笔者认为在学术研究范畴和实践中，只有阐明各经济主体怎样创造的货币，各种金融信用资产反映怎样的经济关系，如何界定货币口径，才能有效地讨论宏观经济与宏观金融体系的运行规律和波动特征。

第三，综合介绍主要货币金融理论，不局限于某一种理论。我们认为，对深层和具体问题的讨论放在高级版本中是比较妥当的，初级版本要达到的目标是让同学们掌握整个领域的理论概貌，对主要理论模型和分析技术有基本了解并能运用。

本书共有10讲，以此为基础，为大家提供大量的文献线索和素材，方便同学们在不同层面和领域展开研究。

目　录

第 1 讲　导论：怎样学习货币与金融理论及政策

货币与金融信用代表什么？为什么在现实中具有关键作用，但在流行的宏观经济理论中却没有得到足够重视？虽然很多货币经济学领域的前辈也认识到要对当前问题有更深刻的解释，就需要向青年学子们全面介绍这个领域的经典研究，但这却是一个费时费力的工作，并且很多前辈认为现有理论对上述两个问题依然没有给出准确答案。我们认为，先对有关经典文献和前沿问题研究进行归纳和概述仍是非常有价值的工作，在我们自己学习和研究的过程中，一直是希望能有一个简明的讲义将已有理论脉络及最新研究方法简明、直接地介绍给同学们。所以，本讲义将以此为目标，对货币与金融经济学领域中经典理论和前沿研究进行概述。

第 1 节　货币与金融经济学

盛松成（2014）总结提出货币经济学研究一般包括以下理论：①货币定义理论；②货币需求理论；③货币供给理论；④利率理论；⑤货币与经济均衡及经济波动的理论；⑥货币与就业、产出及收入的理论；⑦货币与经济增长及经济发展的理论；⑧通货膨胀与通货紧缩理论；⑨国际货币经济理论；⑩货币政策理论。

本讲义集中关注货币对经济影响的主要理论，总结并重点介绍了 3 个理论体系。第一，新古典、新凯恩斯主义货币经济思想体系，其特征是遵循“货币面纱观”“两分法”、萨伊定律、瓦尔拉斯定律，以及近期以信息不对称为特征的金融摩擦理论；第二，凯恩斯货币理论及后凯恩斯主义货币经济思想，其都发源于威克赛尔货币经济理论，而后凯恩斯主义货币经济学的特征是货币国定说和对广义货币金融系统做整体研究，并构建了存量-流量理论模型和技术分析方法；第三，马克思主义政治经济学中的货币金融思想贯穿于《资本论》中，集中于《资本论》（第 3 卷），预言并揭示了 20 世纪 60 年代以来欧美等主要经济体的金融深化、自由化过程中（中国马克思主义经济学家称这个趋势为经济虚拟化）金融不稳定乃至金融危机的经济关系根源，其特征是从经济关系层面把货币金融体系作为一个整体进行研究。

1.1.1 货币政策效率、金融稳定与货币认识范畴的拓展

随着宏观调控的发展，在货币政策操作中，货币当局对货币范畴的认识不断拓展。

1. 弗里德曼与施瓦茨的货币定义

该定义强调货币的价值贮藏功能，提出比较广义的货币定义。

$$M_2=C+D+T,$$

T——商业银行的定期存款与储蓄存款。

2. 格利和肖等人的货币定义

该定义强调货币作为一种资产所具有的高度流动性特征，提出需要关注更广泛的货币定义。

$$M_3=C+D+T+D_n,$$

D_n——非银行金融机构的存款。

总结：根据流动性和发行主体信用特征，可以将货币分为基础货币、信用货币和广义信用货币①。

3. 货币的统计口径

狭义货币$M_1=D+C$，持这种货币定义的经济学家强调货币的交易媒介职能。

广义货币$M_2=M_1+T$，持这种货币定义的经济学家强调货币的价值贮藏职能。

$$M_3=M_2+D_n,$$

$$L=M_3+A_n。$$

持这两种货币定义的经济学家强调货币的高度流动性的特性。

（1）国际货币基金组织的货币层次划分。

M_0＝流通于银行体系之外的现金，

$M_1=M_0$+活期存款，

① 这里是指除了基础货币和银行信用支撑的广义货币之外的，由金融市场各主体发行的各种金融资产（同时也是其他主体的债权），如各级政府债券及一些金融衍生产品。这些资产随着金融市场制度的发展，也可以在一定范围和一定程度上发挥流动性作用，成为央行货币政策的新渠道，因而被一些货币经济学学者扩展到广义货币范畴。

$M_2 = M_1$+储蓄存款+定期存款+政府存款（包括国库券）。

（2）美国的货币层次划分。

$M_1 =$ 通货+活期存款+旅行支票+其他支票存款，

$M_2 = M_1$+小额定期存款+储蓄存款和货币市场存款账户+货币市场互助基金份额（非机构所有），

$M_3 = M_2$+大额定期存款+货币市场互助基金份额（机构所有）+回购协议+欧洲美元。

（3）中国的货币层次划分。

$M_0 =$流通中的现金，

$M_1 = M_0$+企业单位活期存款+农村存款+机关团体部队存款+信用卡，

$M_2 = M_0$+企业单位定期存款+个人储蓄存款+其他存款。

1.1.2 社会融资规模与货币政策中介目标

关于社会融资作为货币政策中介目标的研究，大体分为 3 种：一是从理论上探讨其优劣性；二是将社会融资规模与货币政策最终目标做实证分析；三是通过社会融资规模的相关性、可控性及可测性检验其是否适合作为货币政策中介目标。余永定（2011）在《社会融资总量与货币政策的中间目标》中，运用“资金-流量”法得出，社会融资总量是购买力的转移，具有很强的内生性，尤其是包含了居民的储蓄倾向在内，使得社会融资规模的控制变得困难，同时也怀疑社会融资规模能否控制通胀率。张春生（2013）应用 VAR 模型比较了 M_2、信贷规模、社会融资规模作为货币政策中介目标的效果，发现社会融资规模的可控性最高，而 M_2 的相关性最高，社会融资规模并不适合作为货币政策中介目标。盛松成（2012）基于 2002—2010 年的季度数据，运用 DSGE（动态随机一般均衡模型）分析得出，利率可以显著影响社会融资规模，社会融资规模可以有效调节经济变量。培养货币政策的社会融资规模传导渠道与利率市场化的推进工作能够相互促进。冉光和等（2015）运用 VECM（向量误差修正模型）以及 7 天银行同业拆借利率、社会融资规模和 GDP（国内生产总值）的季度数据分析得出，三者之间存在长期正向协整关系，Wald 因果关系检验得出利率是经济增长的格兰杰原因，社会融资规模与经济增长之间存在双向因果关系。龙薇（2015）运用 VAR 模型，将货币政策传导机制分为两个阶段检测社会融资规模作为货币政策的有效性。第一阶段证明货币政策对社会融资规模的调控是有效的，应用变量为基础货币、7 天回购利率、社会融资规模和 M_2。第二阶段着力证明社会融资规模的适度增加会促进经济增长，应用变量为城镇固定资产投资完成额、社会消费品零售总额、工业增加值和通货膨胀率。分析得出，社会融资规模能够较好地传导货币政策意图。

马理（2015）运用 SVAR 模型基于货币理论构造了一个三层级的货币政策传导实证模型，并以我国经济发展水平不同的三类地区为研究视角，分析了社会融资是否适合作为货币政策的中介目标。第一层级为货币政策操作工具（代表变量为存准率 RR 与央票利率 CR），第二层级为货币政策中介目标（代表变量为货币供应量 M_2、社会融资总规模 FSIZE 及市场利率 SHIBOR），第三层级为货币政策最终目标（代表变量为经济产出 GDP 与物价水平 CPI），实证检验并评估比较了社会融资规模、货币供应量与市场利率等中介目标变量对货币政策操作工具的脉冲响应，以及对物价水平与经济产出的影响。结论显示，社会融资规模、货币供应量、市场利率与经济变量的相关性都比较好；但是社会融资规模对操作工具的脉冲响应更加稳定，冲击效果更大；市场利率对最终目标的影响更加显著。而且在经济异质型地区，各中介目标变量体现出了差异化的传导效果。

陈小亮（2016）使用 SVAR 模型，从金融创新的视角对社会融资规模能否成为货币政策中介目标进行了实证研究。研究结果表明，一方面，社会融资规模包含了银行信贷以外的更多融资方式，能够更好地反映金融体系对实体经济的资金支持力度，其有效性的确优于 M_2；另一方面，随着金融创新的深入，P2P（网络借贷）、私募股权基金和风险投资等新型融资方式不断涌现，导致社会融资规模统计口径出现遗漏，其有效性已经明显下降。

第 2 节　对现代货币金融思想体系的比较

尽管在实践中，各国央行界定了货币统计口径，以便制定货币政策，但是由于缺乏足够可信的理论支撑，在货币与金融系统自由化大发展的趋势下，货币政策效率和是否需要更丰富的金融政策来协调，一直是理论研究的热点。

现有著作和文献大致可以分为三大体系：第一，货币主义的货币经济理论及新凯恩斯主义货币经济理论，以信息不对称或者以价格刚性为基本前提，解释货币需求，并将货币因素纳入宏观经济理论、均衡思想与 DSGE，以及 MIU 与 CIA 模型。第二，马克思主义政治经济学的货币金融思想，以劳动价值论和资本积累理论为基础，从分析资本主义经济关系入手，展开货币、金融信用体系发展，一直到虚拟资本理论研究，包括早期的《资本论》（第 3 卷）、大卫·哈维的《资本的限度》、柳欣教授的宏观经济学、刘骏民教授的虚拟经济理论。第三，后凯恩斯主义的货币思想体系、动态非均衡思想 SFC 模型，以及最近 20 年关于金融稳定的研究，从开始发展到宏观、微观杠杆模型，金融不稳定，各金融市场流动性等问题的研究。

1.2.1 早期货币经济理论

新古典货币经济学的“货币面纱观”认为，货币只是一种交易媒介，只是便利交换的工具，货币数量的变化只影响一般物价水平，而不会对经济活动产生实际影响。所以，新古典货币经济学的“两分法”将经济学分割为经济理论与货币理论，在研究经济理论时只研究影响经济的各种所谓实际因素，而不研究影响经济的货币金融因素，不研究货币金融现象背后的深刻经济关系。新古典经济学研究的是个别商品价格的决定与变动，认为个别商品的价格取决于其本身的供求关系（即取决于经济的实物面）；而货币理论则研究一般物价水平或货币的购买力，认为一般物价水平或货币的购买力取决于货币的数量与货币的流通速度（即取决于经济的货币面）。

萨伊定律是新古典货币经济学的模型化发展，其思想可以简要概括为：供给创造需求，从商品交易获取货币，再购买需要的商品，货币在经济活动中起到交易媒介作用。在宏观上，总供给恒等于总需求，具体体现为瓦尔拉斯定律，即各种商品的价格不仅取决于其本身的供给与需求，还取决于其他商品的供给与需求，以及其他商品的价格。整个经济的所有商品的供给与需求将在一个统一的价格体系中同时趋于均衡。所以，从整个经济来看，既不存在超额供给，也不存在超额需求。在一个包括货币在内的 n 种商品的经济中，如果有 $n-1$ 种商品的供给与需求达到均衡，则最后一种商品的供给与需求也必然达到均衡。因此，货币只是在整个商品序列中增加一种商品而已，有货币和无货币都不影响整个经济的一般均衡。在这个理论体系中，货币经济与实物经济是完全一致的，普遍的生产过剩的经济危机不可能发生。

新古典理论中的货币经济学思想包含外生货币供给、长期货币中性、货币需求及其决定。新古典的货币理论强调货币的媒介和交易功能，是因为其认为微观经济行为的基础是生产者利润最大化和消费者效用最大化的认识基础、理性人假设，缺少对企业和消费者决策的环境条件、个人素质差异，以及个体决策的相互影响，所以存在卢卡斯悖论。这样的货币经济理论会出现关注长期问题，并认为他们对经济长期实证研究，获得了货币政策长期决定机制——收入决定货币需求，货币供给外生，以及长期关注通胀的单一目标制政策（均衡思想与DSGE，以及MIU与CIA模型）。

新古典货币经济理论支持的实际是货币数量说，即强调货币的本质功能是价值尺度与媒介，这两项是基本功能，贮藏功能是扩展功能，所以在统计学上强调狭义货币。

米尔顿·弗里德曼的新货币数量说是通过实证方法，探讨了那个时代的货币需求决定因素，得出长期决定货币需求的主要因素是收入的结论，进而指出长期决定通货膨胀的因素是货币存量，所以应该长期坚持实行单一目标制的货币政策，即关注通货膨胀（参考米尔顿·弗里德曼的《货币稳定方案》）。这个思想体系的贡献在于其所采用的研究方法，以及阐述了造成通货膨胀的基本机制。

1.2.2 货币经济学、凯恩斯货币经济理论与新凯恩斯主义货币经济学

货币经济理论是指抛弃两分法的传统研究方法，将经济理论与货币理论合二为一，并以货币与经济的关系、货币对经济的影响为基本研究内容而形成的经济的货币理论或货币的经济理论。现代货币经济理论的奠基者——维克塞尔（Wicksell），是瑞典学派的三位创始人之一，其代表作有1898年出版的《利息与价格》和1906年出版的《国民经济学讲义》（下卷）。维克塞尔否定萨伊定律，抛弃两分法的传统，通过修正货币数量说，将货币理论和经济理论有机地结合起来，形成了货币的经济理论或经济的货币理论。货币经济理论的发展者——凯恩斯（Keynes）的代表作有1923年出版的《货币改革论》、1930年出版的《货币论》和1936年出版的《就业、利息和货币通论》。在《货币论》中，凯恩斯深受维克塞尔思想的影响，提出货币价值的两个基本方程式，并以此为理论基础，分析了经济均衡的条件，提出了管理通货的政策主张和具体方法。在《就业、利息和货币通论》中，凯恩斯提出了对现代货币经济理论具有划时代意义的一整套理论。随着现代货币金融体系越来越复杂，研究方法越来越丰富，数学手段应用得越来越多。

卡尔·瓦什在《货币理论与政策》一书，开篇即提出："货币经济学的主要内容是要揭示实际产出、实际利率、就业率、实际汇率等实际宏观经济变量与通货膨胀率、名义利率、名义汇率、货币供应量等名义变量之间的关

系。”[①]卡尔·布伦纳、加利（Gali）、盛松成、施兵超、陈建安（2014），盛松成、翟春（2015）等人的货币经济学论著中，对货币的本质进行了综述，对货币功能（职能）、货币需求理论、货币供给理论进行了系统研究，并提出了政策建议。

以卡尔·瓦什和加利为代表的学者综述了新凯恩斯主义货币经济理论的最新发展，提供了方法论和技术方面的突破性研究。

1.2.3 后凯恩斯主义货币经济理论

根据雷（Wray）的《现代货币理论——主权货币体系的宏观经济学》，中央政府和中央银行发行的法币和债务都是对其他经济体的债务，这些法币可以起到货币分割标准的功能，但是“价值尺度”是否稳定不仅仅取决于法币，而是由商业银行系统创造的对外负债、资产的规模、增长速度和结构共同决定的。粗略地说，狭义的货币规模、结构和增长速度决定价值尺度的稳定，从而有效发挥货币交易媒介功能，维护通胀和资产价格体系的稳定。

“货币”指一般的、具有代表性的记账单位。以 Wray 为代表的后凯恩斯货币理论学者认为，后凯恩斯主义的“现代货币理论”是建立在梅纳德·凯恩斯、卡尔·马克思、米切尔·英尼斯、梅奥尔格·克纳普、海曼·明斯基、韦恩·戈德利等学者的研究基础上的。

后凯恩斯学派理论的思想渊源，最早可以追溯到 19 世纪的一些英国著作家的思想，其更直接的来源则是维克塞尔、熊彼特，特别是凯恩斯和卡莱斯基等人的重要著述。20 世纪 50 年代，卡尔多在批判货币主义理论的过程中曾极大地推动了后凯恩斯主义货币理论的发展。随后，海曼·明斯基、保罗·戴维森及马克·拉沃、穆尔（Moore）等新一代后凯恩斯主义学者在前人研究的基础上，又进一步丰富了后凯恩斯学派货币理论的思想。[②]

后凯恩斯学派的货币理论可以追溯到19世纪30年代和40年代的古典主义学者，如约翰·富勒顿（John Fullarton）和托马斯·图克（Thomas Tooke）的论述，他们又被称为“银行学派”。银行学派认为，除了金银和钞票可以作

---

① 卡尔·瓦什. 货币理论与政策[M]. 北京：中国人民大学出版社，2001：1.

② 这里是就相对于新古典而言的基本的思想倾向来概括的。实际上，在海曼·明斯基与保罗·戴维森等人之间是存在着差别的。例如，保罗·戴维森曾说过，明斯基并不属于美国的后凯恩斯主义经济学阵营，他不同意后凯恩斯学派以收入政策作为反通胀的手段，并视永久赤字为根本的稳定措施，这使他更贴近像萨缪尔森这样的主流派凯恩斯主义者。参见 P Davidson and J Kregel. Full Employment and Price Stability in a Global Economy. Edward Elgar, 1999: 106-107.

为货币以外，其他信用手段也可以进入流通市场，也属于货币。[①]尽管银行学派的观点在当时非常具有创新性，但他们并没有在逻辑上解释信用货币的性质及其与商品货币、法定货币之间的关系。后来，凯恩斯对计算货币与货币进行了区分，旨在赋予信用货币分析一个逻辑上的起点。在凯恩斯的货币理论体系中，作为正式货币的国家货币（包括商品货币、不兑换纸币和管理货币）和作为债务支付证券的银行货币，本质上都是充当计算货币，它们的总和构成流通货币的总量，其中银行货币已经取得压倒性的优势，国家货币居于从属地位。

后凯恩斯主义学者以凯恩斯的货币本质论为起点，在更普遍的意义上寻求信用货币存在的社会历史基础，从而产生了两种有较大影响的观点，分别是新货币国定说和金融体系演化说。[②]

根据新货币国定说，货币的本质是债务和信用关系，即任何货币本质上都是信用货币，是债务支付和结算的手段。在社会发展史和货币发展史中，政府拥有以货币的形式向国民征税的权力，因此政府有权决定并控制经济体系中的基础货币，并按照社会化的方式构建货币秩序。而根据金融体系演化说，资本主义的货币经济是信用货币不断演化的产物，货币体系和信用体系经历的是一个自发的渐进演化的过程。随着资本主义金融体系和私有产权关系的发展，资本主义信用体系逐渐发展到高级阶段，各种金融机构的存款负债成为主要的交易媒介，于是商品货币和法定货币逐渐演化为信用货币。

综上所述，在后凯恩斯学派的货币理论中，货币是一种信用，信用货币在本质上与商品货币和法定货币完全不同。后凯恩斯学派思想中的货币是发行银行的负债，是一种债权债务关系，它是由信用需求内生决定的。与之相反，货币数量论所依据的商品货币和法定货币代表着财富或金融资产，其供给完全在信贷过程之外，其数量也不代表信用量的大小，故而反映了一种外生货币思想。

后凯恩斯学派关于货币本质的这种见解从根本上说是源于他们对资本主义市场经济基本特征的分析。按照他们的观点，与以往简单、直接、小规模

① 银行学派还认为，市场中的货币数量由市场交易商品的价格总额决定，银行的作用是被动和消极的，他们只能提供货币来满足市场需求，并不能主动改变货币量。在19世纪中期，银行学派与通货学派之间发生了一场争论。与银行学派所持的观点相反，通货学派或货币数量论认为货币过度发行是导致通货膨胀的主因。为了限制货币发行，他们提出新增的货币发行量需要等量的黄金储备作为支撑。银行的作用是主动和积极的，他们通过发行钞票或其他信贷方式增加货币发行量并左右物价。详见：马克·拉沃. 后凯恩斯主义经济学[M]. 济南：山东大学出版社，2009：66-67.

② 贾根良，等. 西方异端经济学主要流派研究[M]. 北京：中国人民大学出版社，2010：144.

生产的自然经济不同，资本主义市场经济是一种需要耗时的社会化大生产。它具有两个重要特征：其一是未来的发展具有不确定性，而这种不确定性将会影响经济主体当前的决策；其二是由于大规模迂回生产，在投入与产出之间形成较长的时间间隔，需要在事前签订有关投入购买与产出销售的合约。正是这两个经济特征决定了货币产生的客观必然性。为了应付未来不确定性带来的不测之需，经济主体需要拥有货币这个“可以在时间中传送一般购买力的工具”或“时间机器”。[①]故“货币的存在是与不确定性有密切关系的”“货币的作用本身就是不确定性的产物”。[②]另一方面，各种合约的签订（其中最主要的是工资合约）又需要以货币来表示或者作为计量单位和支付手段，“经济行为人想要从事耗时活动的愿望直接导致了以货币储藏的形式持有资源的动机”[③]。

1. 从货币论到通论

凯恩斯的货币理论是建立在总需求波动理念基础上的，是附属于其总需求理论的，他提出了投机性货币需求，强调流动性陷阱，都是对不确定性理念认识的补充，在政策上强调财政政策应对总需求波动的力度更大，而货币政策的力度比较弱，主张财政政策更有效。托宾、鲍莫尔等人发展了资产选择理论，补充了凯恩斯宏观经济理论，但是所谓“新观点”是存在争议的。

2. Wray 总结后凯恩斯主义的货币本质观念

Wray 的货币本质是债务的观点认为，不仅通货是债务，活期存款是债务，其他货币也是债务，因为它们都属于各经济主体相互的负债，他构建了货币创造正金字塔结构，我们认为应该是货币金融信用创造的倒金字塔。

3. 后凯恩斯主义货币经济学家高德利（Godley）等人的存量-流量宏观分析体系将货币纳入分析

后凯恩斯主义货币经济学坚持新国定货币和金融演化理论，外生性、广义货币范畴（包括所有可交易具有二级市场的金融信用产品市场，而不是M2）的共同本质都是信用，是各经济主体之间的债务和债权。因此，其观点也反映了这种理论支持货币是内生于经济活动和经济关系的，一切资本积累

---

① Davidson P. The Dual-Faceted Nature of the Keynesian Revolution: Money and Money Wages in Unemployment and Production Flow Prices. Journal of Post Keynesian Economics, 1980, 2(3): 291-307.

② 琼·罗宾逊. 凯恩斯革命的后果怎样[M]// 现代国外经济学论文选（第一辑）. 北京：商务印书馆，1979：22.

③ Rochon L P. Credit, Money and Production: An Alternative Post-Keynesian Approach. Edward Elgar, 1999: 215.

及其衍生金融活动都是通过货币经济关系实现的，他们主张运用存量-流量模型来进行宏观经济分析。这种存量-流量的根本决定机制依然是劳动价值理论基础上的资本积累理论，存量的累积，以及在不同时期的流量财富的创造和累积，依然由上述规律决定。

4. 研究方法：动态非均衡思想 SFC 模型

Wray 的存量-流量货币经济理论的根本基础依然是国民经济中实体经济部门创造价值的能力，依然由劳动价值理论基础上的资本积累规律决定（生产什么及收入如何分配），所以不能得出政府可以无限负债的结论。政府的净负债与社会私人部门的净财富相对应，即便如此，政府负债能力不能脱离私人部门资本积累能力和社会资源合理使用的界限（前者包含由劳动价值理论决定的收入分配机制和两大部类协调发展等规律）。

5. 后凯恩斯主义货币理论的评价

第一，货币本质理论支持的历史分析方法和投融资经济关系分析方法，阐明了资本主义货币金融活动的运行规律，即建立在雇佣和抵押经济关系基础上的货币金融资产的创造、交易、清算等活动，提出货币金融资产都具有债务-债权的信用关系，是具有一定借鉴意义的。但是，后凯恩斯主义货币经济理论并没有深刻揭示资本主义货币经济的劳动价值基础和剥削关系。

第二，金融不稳定理论是后凯恩斯主义货币经济理论的第二个重大贡献，以明斯基为代表的后凯恩斯主义货币经济学者的技术性分析为我们提供了分析资本主义经济波动与运行的基本工具，是可以借鉴的。

第三，货币与经济运行机制研究——结构主义与水平主义的争论，也给我们提供了参考。

1.2.4 马克思主义政治经济学中的货币金融基本思想

我们认为，马克思主义政治经济学中的货币金融思想，需要建立在马克思阐述的劳动价值理论、剩余价值理论、资本积累理论、经济周期与金融周期理论研究的基础上，以及货币、利息、信用理论、虚拟资本理论体系中，大卫·哈维和伊藤·诚等学者对此进行了一定的梳理和阐述。在国内学者中，南开大学柳欣教授的研究帮助我们澄清了马克思主义政治经济学中货币金融思想的几个关键问题，阐明了马克思劳动价值论基础上的货币金融思想是如何揭示资本主义经济运行的本质和表现之间的关联，推动了马克思主义政治经济学的当代发展。刘骏民教授发展了马克思货币金融思想中的虚拟资本理论，创建了中国特色的马克思主义政治经济学。

马克思是从货币功能开始，以货币转化为货币资本为核心，发展到各类金融信用形式和组织机构形式，最后发展到虚拟资本理论的。刘骏民（1994）进一步发展了马克思虚拟资本理论，深刻揭示了美国等资本主义国家的经济学者从 20 世纪 80 年代主张的金融化发展，预见了其危机。罗伯特·布伦纳、Wray 等都在研究中预见了 2007 年美国次贷危机。

马克思从历史视角阐述了货币制度、形式和机制的演化过程，其关于货币、信用、生息资本、银行信用和虚拟资本的分析就是历史演化逻辑，其货币思想是从资本积累理论、劳动价值理论发展而来的。马克思货币、金融信用和虚拟资本理论是建立在劳动价值理论和资本积累理论基础上的，给出了货币金融演化发展的研究原则，它们对金融危机本质的研究最为彻底和根本，具有很强的说服力。

1. 理论核心

马克思主义政治经济学的货币、生息资本、银行信用、股票和债券、虚拟资本理论体系，其理论基石就是劳动价值和剩余价值理论基础上的资本积累理论，是在资本主义生产关系基础上，阐述货币经济为什么会存在——是资本主义经济关系的实现形式，即社会大生产、资本主义雇佣关系和资本逐利行为，货币转化为货币资本，各种金融资本形式都是经济关系的实现。马克思是以历史发展方法，展开对资本主义货币经济思想阐述的，所以在《资本论》（第三卷）中，其理论阐述是从货币功能开始，以货币转化为货币资本为逻辑核心，发展到各类金融信用形式和组织机构形式，最后发展为虚拟资本理论。

在将货币引入生产后，即是一个马克思使用货币契约的生产模型：资本家使用货币契约，即预付货币工资，雇用工人和购买生产资料，生产和出售产品获取利润。货币作为一种信用关系的性质正是来自竞争的博弈规则，即货币信用是一种履行契约的方式，以使每一个行为人都能够对其决策负责。如果每个经济行为人都能够履行其契约，货币将变得不重要，但这却是极端困难或难以实现的，即使存在完善的法律制度，也不可能保证合同的履行，因为竞争是与失败或破产联系在一起的。法律制度只能保证经济行为人破产后进行清算，而不能保证签约者有能力履行契约。正是由于这种博弈规则，资产抵押成为极其重要的保证因素，因为只有资产抵押才能够保证经济行为人对其决策负责，也正是这种博弈规则所决定的资产抵押成为货币信用产生的基础。经济行为人的资产抵押能力，决定了其取得货币的能力。

需要强调的是货币信用和一般信用的区别。从理论上来说，如果信用关系是基于资产抵押，那么任何资产都可能成为货币。然而，由于技术关系变动和垄断竞争，资产与货币是不同的。这种不同就在于，除了货币，其他资产的价值都是变动的，而且还存在变现问题，因此不能把资产本身直接作为签订契约的信用基础。现实中，这种资产抵押的货币信用关系是通过金融系统来实现的。银行通过相互的资产抵押创造出货币，这对交易者来讲是最为稳定的信用关系，以方便交易进行。因此，商业银行的产生及其提供的信用货币，成为资本主义经济发展和稳定的信用关系的重要基础。货币的这一特性是商业银行和金融市场产生的基础。货币作为一种建立在资产抵押基础上的信用的性质，对于货币理论是至关重要的，它是内生的货币供给的基础。一旦把货币置于资本主义经济关系中，并与资本联系起来，那么货币的供求不仅与资本存量相关联，而且与利润和收入流量相关联。

2. 马克思货币金融政治经济学的最新发展

刘骏民（1994）发展了马克思虚拟资本理论，深刻分析和预见了美国等资本主义国家的金融化发展，以及内生于这一过程的金融不稳定。罗伯特•布伦纳、Wray、Godley 等都在研究中预判了 2007 年美国金融危机。

马克思在《资本论》中对虚拟资本的论述以生息资本的存在为前提，而生息资本一般则以货币资本的形式存在，是从职能资本中分离出来的部分货币资本的独立化，同时生息资本的借贷运动又是建立在信用制度高度发展的基础之上。因此，可以说马克思是在货币和信用理论中讨论了颇为不同的“虚拟资本”概念。[①]

（1）从货币到货币资本——资本主义中生息资本的重大意义。

马克思的《资本论》首先从讨论商品和货币开始，进而考察货币转化为资本的过程，以说明劳动过程中剩余价值的生产是资本获取收益（货币增值）的基础。作为资本主义经济的细胞，商品具有使用价值和价值两个因素，这两者又同生产商品的劳动所具有的两重性，即创造使用价值的具体劳动和创造价值的抽象劳动相对应。通过简单价值形式→扩大的价值形式→一般的价值形式→货币形式的历史发展过程，马克思论证了货币的产生，而这个货币与实物存在着根本的区别，它是与使用价值或技术完全无关的价值形式。马克思认为，货币一旦形成，商品的交换过程就成为商品流通公式“W—G—W”。其中，商品单纯地作为商品出现，而货币单纯地作为货币而出现，即简单的商品经济形式。但是，当出现了雇佣劳动和资本主义商品生产，即当资本家用货币雇用劳动和购买生产资料时，他所支付的不是劳动的价值而是劳

① 德•布吕诺夫. 新帕尔格雷夫经济学大辞典（第 2 卷）[M]. 北京：经济科学出版社，1992：341.

动力的价值，目的是要获取剩余价值（货币的增值），这时商品交换公式就成为“G—W—G′”的流通公式，这种流通形态称为资本流通的一般形态。其中，增加的货币，即 G 与 G′的差额，就是马克思所说的剩余价值，其货币表现即为利润，它为资本家提供了“生产的直接目的和决定动机”。当然，也正因为货币增值的出现（G′＞G），这个形态中的货币不再是单纯的货币，而成为资本形态的货币，即货币资本。[①]而整个资本主义经济体系得以运转的动力，显然正是在于资本家有这样一笔货币资本来预付生产资料和劳动力，从而在雇佣劳动中获取不断增值的利润。因此，货币资本的出现，是资本主义经济发展的重要前提条件。同时，在资本增值的社会动机下，货币也就完成了初步的虚拟化。随着资本主义信用制度的不断发展，通过信用的媒介，一部分闲置的货币资本就可以由银行家（货币资本家）贷给企业家（职能资本家）进行经营，这就产生了近代形式上的生息资本，即借贷资本。而在现实的经济生活中，由于这些资本的积累大大超过了现实资本的积累，从而推动了经济资本的虚拟化。

生息资本从某种意义上讲也是一种商品，但不是普通商品，而是一种特殊的商品。这种商品的特殊性不在于它具有价值，而在于它具有一种特殊的使用价值——贷给职能资本家使用能够产生利润。“这样，货币除了作为货币具有的使用价值以外，又取得了一种追加的使用价值，即作为资本家来执行职能的使用价值。从它作为可能的资本，作为生产利润的手段的这种属性来说，它变成了商品，不过是一种特别的商品。或者换一种说法，资本作为资本，变成了商品。”[②]这样，生息资本的循环形式“G—G′”就是一种特别的流通，因为它是贷放的，而不是永远出让，其起点是贷出的货币资本 G，回归的则是连本带利的货币资本 G′，这一运动形式显然不同于上述产业资本运动中通过商品交换的“G—W—G′”的流通公式，因为这里没有借助任何起中介作用的中间运动就实现了价值的增值。也就是说，作为资本贷放的货币，它作为货币预付时不是去交换商品，它作为商品预付时也不是为取得货币而出售，即它是作为资本支出的。

（2）信用制度与虚拟资本。

可以看到，在上述货币资本到生息资本的转化中，金融信用制度是经济关系——基于产权制度的雇佣和抵押关系——得以实现的关键形式和手段。

---

① 马克思. 资本论（第 1 卷）[M]. 北京：人民出版社，1975：377.

② 马克思. 资本论（第 3 卷）[M]. 北京：人民出版社，1975：378.

而且，随着商品经济的发展，伴随着近代银行制度的出现所产生的各种各样的信用工具和支付手段，都是建立在资本主义信用制度高度发展的基础之上的。根据马克思的研究，信用和信用制度是与生息资本同生共存的。对此，马克思给出明确的说明。他首先指出，“信用，在它的最简单的表现上，是一种适当的或不适当的信任，它使一个人把一定的资本额，以货币形式或以估计为一定货币价值的商品形式，委托给另一个人，这个资本额到期后一定要偿还。如果资本是用货币贷放的，那么，就会在还款额上加上百分之几，作为资本的报酬。”[①]在这里，他强调了信用是借贷双方的信任，这样贷出的资本额到期需要偿还，而且归还时还要支付报酬。如果一方破坏了信任关系，信用就不复存在了，而这是要付出代价的。其次，他在分析生息资本在贷出者和借入者之间的运动时，强调了信用是具有独特形式的价值运动。他指出，“这个运动——以偿还为条件的付出——一般的就是贷和借的运动，即货币或商品的只是有条件的让渡的这种独特形式的运动。”[②]这说明，由信用引起的价值运动与一般商品流通不同，在一系列借款、偿还、支付过程中，货币或商品的所有权没有发生转移，只是使用权发生了变化，但这种使用权的运动同样是市场主体的交换关系，因而也是一种社会关系。因此，在马克思主义政治经济学中，在一个竞争的市场经济的体系之下，尤其是当资本主义经济的发展主要是围绕着货币资本借贷关系发生运转来获取增值利润时，信用制度就成为一切经济活动存在的基础。不仅如此，在信用制度的媒介之下，当货币资本转化为借贷资本以后，借贷资本实际上仅作为一种权力证书存在，不仅不再作为现实资本存在，甚至不再作为货币资本而存在。“即使假定借贷资本存在的形式只是现实货币，即金或银的形式，只是以自己的物质充当价值尺度的商品的形式，那么货币资本中相当大的一部分也必然只是虚拟的，也就是说，完全像价值符号一样，只是对价值的权利证书。”[③]

因此，经济学中使用的“虚拟资本”的概念来自马克思阐述的在信用媒介下所贷出的货币资本。不过，他提出了一个与劳动价值论原则相反的评价原则，即“虚拟资本的形成称为资本化”。也就是说，在生息资本存在的条件下，“人们把每一个有规则的会反复取得的收入按平均利息率来计算，把它算作按这个利息率贷出的资本会提供的收入，这样就会把这个收入资本化

① 马克思. 资本论（第 3 卷）[M]. 北京：人民出版社，1975：452.
② 马克思. 资本论（第 3 卷）[M]. 北京：人民出版社，1975：390.
③ 马克思. 资本论（第 3 卷）[M]. 北京：人民出版社，1975：576-577.

了”[①]。在这里，马克思举了一个例子来说明这一收入资本化的含义。在年收入 R =100 磅，利息率 $i = 5\%$ 时，100 磅就是 2000 磅的年利息，这 2000 磅现在就看成每年有权取得 100 磅的法律证书的资本价值，即公式 $K = R / i$。其中的关键是，在资本价值 K 和年收入 R 之间存在着一个表明市场经济或资本主义经济关系的重要因素，即货币利息率 i，正是这种货币利息率决定着资本存量与收入流量的均衡。[②]所以，马克思强调利息的存在对于虚拟资本定价的重要意义。他指出，“生息资本的形成造成这样的结果：每一个确定的和有规则的货币收入都表现为资本的利息，而不论这种收入是不是由资本产生的。货币收入首先转化为利息，有了利息，然后得出产生这个货币收入的资本。同样，有了生息资本，每个价值额只要不作为收入消耗，都会表现为资本，即都会表现为本金，而与其能够产生的可能的和现实的利息相对立。”[③]而且，由于没有成本可参照，这个资本的价格是以它的预期收入为基础的，即它的价格实际取决于未来能带来多少收益，因而是一种未来收入的资本化形式。在这里，虚拟资本实质上是收入的资本化，并且在现实生活中，这种观念的资本还会物化为可以直接转移的形式，即物化为各种有价证券。因此，依据这样一种收入资本化的定价原则，包括股票、债券等在内的各种有价证券，以及后来逐渐发展出来的金融期货、金融期权等大量的金融衍生工具，都可以被视为虚拟资本的表现形式。而当这些金融工具的持有和交易活动开始在人们的日常经济活动中不断普及和日益频繁时，真正意义上的经济虚拟化，即经济的货币化也就出现了。

其中，诸如股票和债券，对于股东和债权人而言，只要制度可以保证这份资本证书可以为其带来收益，即能够随时转换为货币形式，那么就没有人会追究这份资产的实际价值，因为人们所关心的只是它们的交易价格。这样，既然作为剩余索取权证书而存在，股票和债券就是一种预期的未来收入的代表，其市场价格并不是由现实价值决定的，而是由其所代表的预期的未来收入决定的。这种资本收入的预期性，使得资本的市场价格可能与其实际价值显著偏离，因而它们就只能算是一种虚拟的资本了。而衍生物的情况就更为典型了，无论是各种期货还是期权，由于它们并不对任何实际生产过程产生影响，只是通过对货币金融状况的影响来间接影响总资本的运动，所以其运作形式已经是一种完全的虚拟价值增值的运动了。而且，随着信用制度和股

① 马克思. 资本论（第 3 卷）[M]. 北京：人民出版社，1975：529.

② 柳欣. 货币经济中的货币理论[J]. 天津商业大学学报，2001（4）.

③ 马克思. 资本论（第 3 卷）[M]. 北京：人民出版社，1975：526.

份制度的发展，以及资本市场的不断扩展，经济中的这些虚拟成分会越来越多。从整个社会来讲，货币资本也因此越来越集中到大资本家手中，尤其是集中到银行家手中。正如马克思所说，“银行家资本的最大部分纯粹是虚拟的，是由债券（汇票）、国家证券（它代表过去的资本）和股票（对未来收益的支取凭证）构成的。它们所代表的资本的货币价值也完全是虚拟的，是不以它们或至少部分地代表的现实资本的价值为转移的；既然它们只是代表取得收益的权利，并不是代表资本，那么取得同一收益的权利就会表现在不断变动的虚拟货币资本上。”[①]

1.2.5 货币与金融信用的关系

我们如何认识这三大货币金融思想体系？如何综合借鉴？其中又有哪些存在争议性的问题呢？

1. 货币与金融信用创造的经济关系基础

实证研究发现，货币需求是与收入密切相关的。那么，是收入决定货币供给，还是货币供给决定收入？答案应该是收入决定货币供给，更具体的分析是融资-投资的资本积累机制，创造了收入（雇佣和抵押），随着金融资本内生于生产关系（制造和服务业的雇佣关系和抵押关系）和自我创造（虚拟资本关系的发展），出现了多种形式，但只有政府-中央银行和商业银行创造的狭义货币的信用有政府信用支持，更适合充当流动性，发挥计价、媒介、支付及贮藏功能。

在法币-信用货币金融体系中，可信的认知如下：长期来看，通胀终究是货币现象，这是从社会经济最基本关系来说的——以法币和狭义货币作为价值尺度、媒介手段，实现商品和劳务的分配配置。但是更全面的理解应该是将货币和金融系统作为整体进行研究，因为货币和金融资产是基于生产-资本积累，融资、投资，收入、交换和消费来创造的，主体包括政府、企业和家庭，所以政府-银行共同创造的货币成为一切生产-积累关系，即融资和投资（抵押和雇佣）关系的基础，由此发展成货币金融体系（规模和结构）。也就是说，最终用于价值尺度和媒介的货币，是在经济关系中产生的，货币是由收入决定的，也是由融资的债务-债权关系决定的。因此，金融稳定是短期问题，通胀是基本长期问题，金融信用货币时代是社会经济关系发展的结果，围绕经济关系产生的金融以及虚拟经济问题，都会引起通胀或通缩现象。政

① 马克思. 资本论（第 3 卷）[M]. 北京：人民出版社，1975：532.

策原则应该是短期关注金融稳定（前置问题），长期关注通胀（最终结果）。

2. 货币需求与供给的经济关系逻辑

货币需求与货币供给、金融信用需求与金融信用供给并不是简单的对应关系，而是复杂交织的，不同金融信用资产的边界是随时间和经济发展需要而扩展或收缩的。

（1）20 世纪 50 年代以来发达国家面临的金融创新：理论争论与现实。

① 房地产金融的过度发展：20 世纪 80 年代美英房地产泡沫、1987 年美国股市危机和伊利诺伊银行危机；2000—2003 年网络泡沫危机和安然财务造假危机；2007—2008 年美国次贷危机和欧洲债务危机。

② 发展中国家货币政策效率与金融脱实向虚的问题：1997 年亚洲金融危机；中国金融系统性风险（特殊体制下产生的银证信合作的政府融资平台方式的社会融资，本质上是依赖土地财政的地方政府负债）。

（2）金融不稳定、金融周期与经济不稳定的现实问题。

一些实证研究发现，确实存在社会融资规模变化与经济周期存在耦合的现象。

费雪（Fisher，1933）的债务-通缩理论认为，过度负债和资产价格下降不仅是经济衰退的结果，也是经济衰退的起因。明斯基的金融不稳定性假说（Minskey，1991）则指出，随着经济的复苏繁荣，企业的风险预期下降，投机、庞兹融资不断增加，从而导致信贷扩张、杠杆率提升、资产价格攀升，当风险暴露时，可能会导致资产价值崩溃，发生金融危机、债务通缩和大萧条。亚洲金融危机后，Bernanke、Gertler 和 Gilchrist（1996）构建的金融加速器模型强调，由于信息不对称，银行信贷会通过资产价格渠道将金融冲击显著放大，并传导至实体经济。2008 年美国次贷危机后，Gertler 和 Kiyotaki（2010）、Jerman 和 Quiadrini（2012）等将金融部门作为独立的经济部门纳入 DSGE 框架中，将信贷约束内生化。

Borio（2014）在已有研究基础上正式提出“金融周期”的概念，即人们对于风险和价值的认知、对待风险的态度和面临的融资约束之间相互加强的交互作用所形成的金融的周期性波动。在金融周期上行期，资产价值较高、风险偏好大、信贷约束较小，拉动实体经济投资的同时推高资产价格，进而使以抵押资产价值为依据放贷的商业银行风险偏好上升，信贷进一步放宽，三者顺周期地相互加强，形成金融周期的上行期，其间经济体的杠杆率不断上升，累积的系统性风险也不断增加；金融周期运行至拐点进入下半场时，杠杆率达到市场预期峰值，市场开始出现悲观预期，风险偏好开始下行，信贷收缩，资产价格下跌，与此相伴的往往是实体经济下行甚或危机的爆发。

Claessens 等人（2009）全面考察了 21 个经济合作与发展组织（OECD）国家 1960—2007 年间的宏观经济变量和金融变量，发现经济衰退的严重程度和持续时间与金融变量间存在密切联系，信贷紧缩、房地产价格泡沫破裂会加重经济衰退、延缓经济复苏。Claessens 等人（2012）扩展了样本容量，并以信贷总量、房地产价格、股票价格作为衡量金融周期的指标，得出了相似的结论。Drehmann 等人（2012）提取了七大工业样本国 1960—2011 年间的信贷、房地产价格、信贷/GDP 的中期低频滤波分量，并结合转折点分析法测算出各国金融周期，明确指出金融周期的波峰对金融经济危机有预警作用，且由于金融自由化程度加深，金融周期的长度和幅度明显增加。Borio（2014）则总结了金融周期的五个特征化事实：信贷和房地产价格是衡量金融周期的基本指标；金融周期的频率（16 年）远远低于传统的经济周期（1～8 年）；金融周期的波峰与系统性银行危机密切相关；金融周期有助于实时监测系统性风险的累积；金融周期的长度和幅度取决于一国的金融体制、货币体制和实体经济体制。

第2讲 马克思主义政治经济学中的货币思想：劳动价值论与经济关系分析

本讲资料来源：樊苗江和柳欣（2006）《货币理论的发展与重建》；王璐和柳欣（2006）《马克思经济学与古典一般均衡理论》；拉帕维查斯和伊藤·诚《货币金融政治经济学》；大卫·哈维《资本的限度》。

本讲核心内容：阐明了马克思主义政治经济学中的货币金融思想的总量货币经济理论的根本特征。在揭示古典经济学体系的根本矛盾的基础上，马克思扬弃了斯密-李嘉图古典体系所包含的技术关系特征，将价值和分配理论建立在反映社会关系的货币量值基础上（即剩余价值理论），从而克服了古典体系的内在矛盾，并重新阐明了古典经济学以“统一利润率”为“重力中心”的一般均衡体系。从劳动价值和剩余价值理论出发，马克思的资本积累理论、社会再生产理论、利润率下降和经济周期理论，都是建立在这种不体现技术关系的总量经济关系分析基础上的。

总量特征的马克思主义政治经济学中的货币金融理论：第一，能够深刻阐明社会经济运行的根本规律和机制；第二，能够有效揭示现代市场经济环境下，经济虚拟化、金融不稳定、金融危机的根本规律和政策原则。

柳欣和樊苗江（2005）总结出在古典学派中，价值与价格是完全不同的概念。斯密把价值作为一种“自然价格”来调节供求关系，李嘉图则把价值联系到总量变量的度量问题上。显然，反映社会关系的价值概念与新古典经济学中由稀缺性和边际生产力所决定的反映供求关系的相对价格概念并不是同等因素。这种价值与价格的区别在于新古典理论强调技术关系决定相对价格，马克思强调资本主义社会存在着由社会关系决定的“价格转型”，即无论商品的交换比例如何由技术关系决定或是否符合资源配置要求，这些比例都必须转化为由社会关系（资本所有权与劳动形成的具体的雇佣和抵押关系）所决定的价值单位，这种价值论是总量研究的价值思想，经济总量要由社会关系所决定的收入分配关系表示，通过存量货币与新增流量货币的结构分布呈现出来，大部分可以表现为银行资产负债结构表（包括中央银行和商业银行)。这种关系是总量性质的，这个总量并不表示技术上或实物上的计量。这种总量关系在简单商品经济中被表示为“公平价格”，而在资本主义经济中则是由资本主义竞争的博弈规则决定的收入分配关系。

马克思在资本论中虽然列举了交换过程中相对价格的例子，并以此为引子，目的在于说明货币的产生，以及产生于货币关系的资本主义总量经济关系。对于马克思主义经济学家提出的“价值的历史转型”的正确解释应该是，在简单商品经济中，劳动者获得劳动的全部产品；而在资本主义经济中，则产生剩余价值或工资与利润的分配关系。

本讲思考的问题：对于过去近百年的经济发展，我们需要讨论现代社会化大生产中，货币与金融信用的核心功能应该是什么，应该由谁掌握其发展。马克思以历史视角阐述了货币制度、形式和机制的演化过程，其关于货币、信用、生息资本、银行信用和虚拟资本的分析就是历史演化逻辑，其货币思想是从资本积累理论、劳动价值理论发展起来的。现实中，经济发达国家于20世纪60年代后期推行了金融自由化发展，私人金融信用货币规模的扩大和结构复杂化，使得中央政府和中央银行被“俘获”，承担起维护商业银行信用货币和资产体系稳定的责任——为维持金融稳定，而施行最后贷款人职能，并显著扩展了这种职能——量化宽松和长期低利率。这种职能的形成，造成央行频繁注资行为和剥离坏账行为，实际上在短期内维持了金融系统的稳定，并成为一种经常性、制度化的政策。但从长期来看，“金融凯恩斯主义”政策破坏了价值体系，不是用政策补偿劳动者，而是补偿金融资产所有者，却使全社会承担了货币存量扩大后出现的收入分配恶化的结果。

第1节 马克思的价值和分配理论

2.1.1 马克思的价值与剩余价值理论

马克思的价值理论是在批判地继承古典学派理论的基础上建立起来的。在古典学派理论中，价值与价格是完全不同的概念。斯密把价值当作一种“自然价格”来调节供求关系，李嘉图则将价值与总量变量的测量问题相联系。显然，这样一种反映社会关系的价值概念与新古典经济学中由稀缺性和边际生产力所决定的反映供求关系的相对价格概念并不是同等因素。这种价值与价格的区别在于，就新古典理论以技术关系决定相对价格而言，其中存在着由社会关系所决定的“价格转型”，即无论商品的交换比例如何由技术关系决定或是否符合资源配置的要求，这些比例都必须转化为由社会关系所决定的“价格转型”，即转化为由社会关系所决定的价值单位。这种价值量是特殊的总量：它是特殊的，因为它要表示由社会关系所决定的收入分配关系；它是总量性质的，因为它并不表示任何技术上或实物上的计量。在简单商品经济中，它表示一种“公平价格”，在资本主义经济中，它反映的是各主体间竞争的博弈规则。显然，这种由社会关系所决定的价值和分配理论是不完全反映技术关系的。

在《资本论》第一卷第一章中，马克思从商品的二重性（即价值和使用价值）和劳动的二重性（即抽象劳动和具体劳动）出发，把由技术关系决定的使用价值、具体劳动与作为社会关系的价值、抽象劳动进行明确区分，清楚地表明价值只取决于商品经济中人们之间的社会关系，而与技术关系无关。马克思关于社会必要劳动时间的定义，以及劳动生产率与价值量成反比的论述，正是为了把技术关系完全排除在价值决定之外。马克思批评了李嘉图在价值概念上的混乱，认为其导致李嘉图采用单一产品模型时把价值量的分析与劳动生产率相关联，从而把技术关系与社会关系混淆在一起，而无法得到一种“不变的价值尺度”来测量价值量。马克思明确地表示，技术或劳动生产率只与使用价值有关，与价值无关；价值所表示的只是人们之间的社会关系，而不包含“任何使用价值的原子”。

上述分析表明，任何把马克思的劳动价值论，即关于社会关系决定价值的理论解释为相对价格理论的做法都是错误的。

一方面，马克思认为政治经济学的研究对象是要揭示资本主义生产关系，这种生产关系的实质是掩藏在资本主义经济中人与物关系背后的人与人之间的社会关系。当经济学的研究“注意力”被新古典理论的技术关系所支配时，呈现为以实物生产函数和效用函数为基础，反映技术关系的稀缺资源的配置理论，其核心是要表明商品和要素稀缺性的相对价格。

另一方面，新古典经济学家及其竞争对手——新剑桥学派经济学家（包括新李嘉图主义）对马克思的价值概念同样有着较深的误解和偏见。一些新剑桥学派经济学家认为，马克思的价值理论是不必要的，因为现实中存在的是价格和利润，如斯拉法模型所表示的，抛开马克思的价值和剩余价值的概念也可以表明价格和利润问题，提示价值理论是多余的；新古典经济学家森岛通夫在《马克思经济学》一书中写道，“在结束时，我们向马克思主义经济学家们建议：他们应该彻底改变他们对劳动价值论的态度。如果必须决定在资本主义经济中实际上所采用的生产技术直接或间接需要的劳动量，以便生产出商品，这完全不是一个令人满意的理论。”森岛通夫认为，价值由技术决定，不受社会的阶级结构的支配。这种误解的根源来自对马克思的价值向生产价格“转型”过程中存在的所谓“逻辑悖论”。实际上，无论新古典经济学家还是新剑桥学派经济学家，都把马克思的价值理论看作一种相对价格理论，即所有的问题最终都集中在相对价格的决定上，甚至一些信仰和坚持马克思主义的经济学家，也普遍认为马克思的劳动价值论和英国古典经济学的劳动价值论同样都是相对价格理论。

一些马克思主义经济学家，如 R. L. 米克（1961），在反击新古典经济学家和新剑桥经济学家关于价值向生产价格的所谓“转型”问题时，提出了价值的“历史转型”问题，即在资本主义产生之前，商品的相对价格取决于劳动价值，而在资本主义经济中转型为生产价格。这实际上是对马克思劳动价值论的深刻误解。事实上，马克思对于相对价格的论述在《资本论》全文中所占比例很小，除了第三卷有关生产价格的解释外，只有第一卷关于交换价格的论述中有所涉及。“20 码麻布=1 件上衣”的等式成立取决于它们的劳动时间，然后过渡到货币，并在货币的买卖中实现了资本主义的货币增值。可以看到，马克思只是以相对价格作为引子，其目的是说明货币的产生及产生于货币关系的资本主义总量经济关系。柳欣（1998，2005）提出，对于马克思主义经济学家提出“价值的历史转型”的正确解释应该是，在简单商品经济中，劳动者获得劳动的全部产品；在资本经济中，则产生剩余价值或工资与利润的分配关系。

经济学家把马克思的劳动价值论解释为相对价格理论，实际上步入了新古典理论假设的陷阱之中。在《资本论》中，马克思只是在第一卷第一章中讨论过相对价格与劳动价值论的关系，但这一章的重点显然不在相对价格的决定问题上，而在于表明价值和价值形式所表示的社会关系，如对商品拜物教的讨论。在第二章中，马克思进行了交换价值形式的讨论，并由此过渡到货币。其目的在于表明，当交换价值以货币表示，且劳动力成为商品时，资本家能够通过货币交易得到货币增值或剩余价值，即以货币价值表示的总量关系。这种剩余价值理论正是马克思使用抽象方法分析价值理论所要得到的结论，或者说，是马克思建立劳动价值论的目的所在。马克思抽象掉所有其他因素（如使用价值和劳动生产率），把价值归为劳动时间，以表明人们之间的社会关系或资本主义经济关系，而劳动价值论和“劳动力商品的价值”的概念为表明资本主义经济中的总量测量奠定了基础。

因此，重新认识和理解马克思主义政治经济学及其内在的逻辑结构，不仅对于回答新古典经济学和新剑桥经济学家对马克思主义政治经济学的批评十分重要；而且，通过重新梳理马克思主义政治经济学关于社会关系的基本假设和结论，对于建立以马克思主义政治经济学为基础的新的经济学理论体系是十分有意义的，这个理论体系的主要任务是解释货币经济运行的基本规律。

马克思的《资本论》对资本主义经济运行体系的分析首先来自对资本主义经济性质的揭示。《资本论》从劳动价值论到剩余价值理论的论述，就是要揭示“资本家雇用劳动者进行生产的目的只是为了利润”这样一种资本主义经济的基本性质。这是马克思主义政治经济学的逻辑起点，也是马克思主义政治经济学最主要的前提假设。从这个前提假设出发，我们可以得出马克思主义政治经济学的基本定理，这个基本定理就是马克思的剩余价值理论所要表示的剩余价值或利润的来源，即剩余价值来源于雇佣工人的劳动。

用马克思的公式来表示，假设资本家用于支付雇佣工人的工资或劳动力价值是 4 小时的劳动时间，然后资本家支配工人工作 8 个小时，则剩余价值是 4 小时。这个公式看似简单，却具有重要的意义，它清晰地表明了价值与技术是完全不相关的（即不包含任何使用价值的原子），而只是表示人们之间的社会关系。在资本主义经济中，价值转化为剩余价值，以劳动为基础的交换转化为以占有剩余劳动或获取利润为基础的交换关系。由此，马克思把古典的劳动价值论发展为劳动创造剩余价值的价值理论。

对于资本主义经济而言，这个定理的正确性来自资本主义经济的本质特征，即雇佣劳动性质。这种逻辑推论的要义在于揭示资本主义经济中资本家雇用劳动力进行生产的目的是获取利润，而不是使用价值。因此，抽象掉使用价值和劳动生产率的技术关系，对于表明资本主义生产的特殊性质是重要的。正是从这种以货币价值表示的总量关系或剩余价值理论所反映的基本社会关系出发，马克思建立起一套“宏观经济体系”。马克思的资本积累理论、社会再生产理论、利润率下降与经济周期理论，都是建立在这种与技术关系无关的总量关系基础之上的。显然，作为《资本论》第一卷第一篇的“商品和货币”与第二篇的“货币转化为资本”，是构成马克思后面分析资本主义总量关系的理论基础。这一点与新古典教科书把效用理论或稀缺性作为全书讨论相对价格理论的逻辑起点的做法相似，马克思的劳动价值论是揭示其资本主义总量关系的逻辑基础。

2.1.2 从价值论到货币论和资本论

把体现社会关系的劳动价值论和剩余价值论作为分析资本主义“宏观经济体系”的逻辑起点的关键是理解马克思主义政治经济学中的货币，以及货币与资本的关系。

在马克思的《资本论》中，货币是作为“一般等价物形式发展的”。《资本论》从讨论商品和货币开始，进而考察货币转化为资本的过程，以说明劳动过程中剩余价值的生产是资本获取收益（货币增值）能力的基础。作为商品经济社会财富的表现形式——商品，具有使用价值和价值两个因素。这二者又与生产商品的劳动两重性，即创造使用价值的具体劳动和创造价值的抽象劳动相对应。但马克思认为，商品的使用价值是与生俱来的，是它本身的自然状态，但其价值形态只有通过迂回的道路，在与其他种类商品的交换中才能获得，也就是商品的交换价值。通过由简单价值形式→扩大的价值形式→一般的价值形式→货币形式的历史发展过程，马克思论证了货币的产生。显然，这个货币与实物商品存在根本的区别，它与使用价值或技术完全无关，它反映的是社会关系。马克思认为，变成货币的商品在进入流通之前已具有价值，这个价值是由生产货币所需要的劳动时间决定的。货币一旦形成，商品的交换过程就成为商品流通公式“W-G-W”。其中，商品是单纯地作为商品出现的，而货币是单纯地作为货币而出现的。但货币的这种独立的价值形式（货币是在商品流通之外被积累的，是其发展的最后产物），是“资本的最初表现形式”。

当出现了雇佣劳动和资本主义商品生产，即当资本家用货币去雇用劳动力和购买生产资料时，目的是要获取货币的增值（剩余价值），货币就转化为资本；而货币之所以能够增值，是因为资本家所支付的不是劳动的价值而是劳动力的价值，这正是资本主义生产的秘密所在。马克思把它转化成公式——“G-W-G′ 事实上是直接在流通领域内表现出来的资本总公式”，这种流通形态成为资本流通的一般形态。作为生产的目的，使用价值的转化在这里被交换价值的量的扩大所替代。而增加的货币，即 G 与 G′的差额，就是马克思所说的剩余价值（ΔG），其货币表现即为利润，它为资本家提供了“生产的直接目的和决定动机”。其中，货币的增值即利润的获得就成为资本流通的推动力，这也是整个资本主义经济体系得以运转的动力。

马克思将价值理论、货币理论和资本理论联系在一起。在讨论劳动价值论时，马克思把货币的本质视为一种社会关系，并强调了只有货币才能表示劳动时间的价值，即货币是商品中的劳动具体化的衡量标准。当只有货币能够作为价值尺度来计量价值总量时，它将与只具有相对价格意义的一般商品相区别。而马克思这样表述货币的性质正是为了说明资本主义的经济关系，"因为所有的商品，作为价值，是具体化的人类劳动，所以它们本身是可以衡量的，它们的价值可以用一种同样的特殊商品作为衡量标准，并且这种商品可以被折合为它们的价值的共同标准，即货币。货币作为价值的计量标准，是内在于商品价值的衡量的必要的表现形式，即劳动时间"。可见，在马克思主义政治经济学中，货币和劳动力一样作为商品，是资本主义制度不可缺少的一部分。没有货币，资本主义就不可能存在，没有雇佣劳动，就没有货币的增值（即利润是剩余价值或其货币表现形式）。所以，资本主义经济从本质上讲是一种"货币经济"。

资本主义经济与简单商品经济的区别在于，在资本主义经济中，正如古典经济学所表明的，资本作为一笔预付款即货币资本，它是对资源的支配权，资本家用它来取得对劳动力的支配权。作为预付款的资本是一笔工资基金，而机器是过去支付的工资基金的体现。换言之，拥有货币资本的资本家与不拥有任何生产资料而只有劳动力可以出卖的工人之间的交换关系，是由货币来维系的（它体现为一笔工资基金）。这种表面上的平等交换掩盖了资本家和雇佣工人之间买卖的不是劳动而是劳动力这种特殊的商品，这种资本主义雇佣劳动的性质或秘密是由马克思首先发现的。这样，作为一笔对货币工资的预付，资本成为支配劳动的手段，它能够使"货币价值"获得增值（即剩余价值），而剩余价值的货币形式即为利润。因此，利润是由劳动创造但被生产资料所有者占有的剩余价值的货币形式。由此，简单商品经济中的平等的货币关系，转变为资本主义经济中的资本与劳动的交换关系，即工资和利润之间的对立关系。简单商品经济生产的目的是交换，而资本主义生产是为了获得剩余价值或利润。

这里需要特别强调"资本"的概念问题。在新古典理论中，资本被作为一种与劳动并列的生产因素。仅就技术关系来讲，奥地利学派把资本作为一种时间（即"迂回生产"）是更为恰当的。因为资本品是劳动生产的，资本品被当作一种生产要素，是因为所假设的分析的时期小于生产周期。只要把分析的时期延长，资本品存量将转化为劳动流量。这样，资本品在某种意义上只是"过去的劳动"。当然，这并不妨碍为了某种分析的需要而划分出资本品存量和劳动流量。比如，从技术关系的角度讲，如果存在着技术进步，这种存量和流量的划分是有意义的。但马克思主义政治经济学与新古典理论的区别，并不在于是否把资本作为一种生产要素或考虑存量与流量的时期划分上，而在于现实中的资本（资本品）的价值（相对价格）是否仅仅由技术关系所决定。

在资本主义经济中，当生产的目的是获得利润并采用雇佣劳动的形式时，资本就不是一种生产要素，而是支配劳动的手段，即资本是一笔对货币工资的预付金，资本家用货币购买资本品或生产资料也只是对生产资本品的劳动和以前的劳动的工资预付，其目的是获取利润，即这种生产要素市场的交换并不是按照劳动的价值，而是按照劳动力的价值进行，其价值小于劳动时间。当采用这样一种资本概念，价值（总量）和分配的决定与生产函数的技术关系是完全无关的，资源配置也不仅仅是由技术关系所决定的，而是取决于利润和利润率。这一点正是马克思的价值理论的核心所在，即通过定义价值由抽象的劳动时间所决定和假设劳动力的价值小于劳动时间而得出剩余价值理论，由此表明资本主义经济关系的性质，相对价格、分配、再生产及资源配置问题都与这种获取剩余价值或利润的生产有关。

第2节　统一的利润率与古典-马克思一般均衡理论

马克思主义政治经济学认为，资本主义经济关系来自资本主义生产是为了获取利润这一目的和动机。因此，对利润源泉的说明构成了马克思经济理论的核心部分。在劳动价值论中，马克思继承了古典学派关于经济剩余的量度是劳动的说法，他认为劳动即是价值的尺度和剩余价值的源泉。剩余价值采取了利润的货币形式，即利润是劳动创造出来，但被生产资料所有者占有的剩余价值的货币形式。所以，马克思认为利润的源泉是对劳动力的使用，即资本家对劳动的剥削。马克思认为，资本的本质是社会关系，是一种介于资本家和雇佣工人之间的、以物质的东西（生产方式）表示的社会关系，它以利息、利润和地租的形式给予资本家剥削的权力，同时这个剩余价值又是由雇佣工人的剩余劳动创造的。在资本主义生产方式下，资本已经渗透到了生产领域的各个方面并起着主导作用，雇佣劳动无时无刻不在生产着剩余价值，它代表了货币价值的不断增值，体现的是资本主义特有的经济关系。

依据劳动价值理论，在市场供求平衡时，商品按照劳动时间决定的价值出售。但由于不同生产部门涉及不同的资本有机构成，所以其利润率是不同的。然而，在资本主义条件下，货币作为预付的资本所关心的只是剩余价值，也就是利润，所以要求预付等量资本至少要得到等量利润。这样，统一的利润率就和商品按价值进行交换出现了矛盾。古典经济学家不能解决这个矛盾，因而陷入了理论危机之中。但马克思却用价值向生产价格的转化解决了这个矛盾（亨特，1987）。马克思认为，当价值转换成生产价格时，这个价格对应的是统一的利润率。统一利润率用公式表示为：

$$r = \sum S_i / \sum(C_i + V_i)$$

一旦给出统一利润率，则生产价格为：

$$P = (1 + r)(C_i + V_i)$$

马克思认为，正是资本主义经济关系的产生使得上述简单商品交换中"耗费的劳动"转变为资本主义条件下"支配的劳动"，即劳动力为资本家所购买和支配以获取利润，价值从而转化为统一利润率的生产价格。由于这个价格仅仅是转换了的价值，而利润则是重新分配的剩余价值，所以马克思认为，这里有两个总量关系始终成立，即价值的总和等于价格的总和，剩余价值的总和等于利润的总和。通过运用这些总量的相等关系，马克思说明了在从价值向价格的转化过程中只是发生了再分配，实际上并没有创造或毁灭任何东西。可以看到，在这个转化中，马克思是在生产价格之前独立地确定了一个统一的利润率。这是由于马克思始终认为，在资本主义经济现实中存在着一种一般利润率，它来自资本家按照预付的资本价值在各个部门中获取统一的利润率（布里斯，1987）。因此，马克思主义政治经济学中的资本主义经济关系完全是一个总量关系，它来自资本主义经济现实中一般利润率的存在。需要强调的是，这种按货币价值计量的总量关系正是基于上述资本的性质，即资本是对劳动的支配，而这里的资本又是由货币价值表示的。也就是说，如果假设存在着一种由资本主义经济关系所决定的利润率，则这个利润率必定是一个货币利息率，即总量上的货币升值的比率，而不是一种实物上的资本的边际生产率。因此，在马克思理论中，实物利率的说法是错误的，他所强调的只是一种货币的利息率。因此，他指出，"如果根本没有货币，那也就绝不会有一般利息率了。"（《马克思恩格斯全集（中译本）》第三卷，1893，第 473 页）。

"统一利润率"的存在，表明了马克思主义政治经济学可以表述为一种一般均衡理论。实际上，统一利润率的假设来自古典经济学。斯密在《国富论》中最先提出在资本主义经济中存在"看不见的手"的自动调节机制。斯密和李嘉图都使用统一利润率的假设和资本在各部门之间的转移来说明这种均衡的实现机制。马克思在《资本论》第三卷阐述了价值向生产价格的转型问题后，系统讨论了这种古典一般均衡理论。[①]19 世纪 70 年代，边际革命之后建立的新古典经济学在提出资源配置的相对价格理论之后，采用所谓的“古典学派的统一利润率”假设，用瓦尔拉斯一般均衡理论取代了古典-马克思一般均衡理论。在新古典教科书中，瓦尔拉斯一般均衡理论被认为是对斯密的“看不见的手”的证明。20 世纪 60 年代的两个剑桥资本争论之后，新古典理论的逻辑矛盾被揭示出来，新剑桥学派经济学家主张把古典经济学和马克思主义政治经济学作为取代新古典理论的另一种范式（沃尔什和格雷姆，1980）。

斯密在《国富论》中首先阐述了分工原理，并由此引出交换，但表示分工和交换并不决定交换价值（或相对价格），交换价值是由表明社会关系的价值决定的，社会关系发生变化，则决定相对价格的价值也发生变化。斯密认为，在原始野蛮社会，商品交换按照实体劳动即商品中所包含的劳动量进行；当土地私有化和资本积累之后，商品的价值决定和分配就不能按照实体劳动交换，因为资本是一笔预付款，其目的在于获取利润，除非资本家得到利润，否则不会为工人垫付工资。这样商品交换就转变为按“支配的劳动”进行，商品的价值就由实体劳动支出，转变为由工资和利润构成（按照古典的剩余理论的表述方法，则利润量是总收入扣除工资后的剩余，由于工资率取决于生存工资，当劳动生产率超过工资率时，将存在一种剩余并构成利润的来源）。在此基础上，斯密提出了“自然利润率”的概念，这种自然利润率是由古典剩余理论决定的，因此与技术关系无关，由此建立起古典一般均衡模型。这种均衡可以看作对斯密“看不见的手”的描述，即在资本主义经济中为获取利润的竞争在达致“自然利润率”水平时实现供求均衡。在斯密的模型里，并不需要明确的总量关系，如国民收入中工资和利润的比率，只需要假设外生存在的“自然利润率”，就可以表述这种自动调节的均衡机制（即“看不见的手”）。

在斯密模型的基础上，可以表述出一个更为一般的古典一般均衡模型。由于劳动是受资本支配的，等量资本必然要求获取等量利润，由此将决定存在一个“统一利润率”原则，商品的相对价格由预付的工资（和其他生产资料）乘以统一的利润率所决定。这种均衡存在性和稳定性来自资本家之间为

---

① 由于马克思的《资本论》第三卷出版于 1893 年，英文版出版于 1894 年，那时经济学界已被新古典经济学支配，马克思对古典一般均衡理论的阐述并没有得到主流经济学的关注。

获取更高的利润率的竞争所形成的资本在各部门之间的流动，使得统一的利润率成为均衡或"重力中心"，由供求所决定的市场价格将通过资本的转投而引起的商品供求的变动而实现供求均衡。这种供求均衡必然是一种各个部门获得统一利润率的均衡，由技术关系决定的资源有效配置是通过达致统一利润率的竞争实现的。因此，对于以统一利润率作为"重力中心"的古典均衡模型而言，其表示的是明确的总量关系，不仅需要总资本，而且需要同质的收入。按照古典学派的理论，资本是一笔由资本家支配的货币基金（新古典理论中把资本看作一种生产要素），用于雇用劳动和购买生产资料，通过生产来获取利润，利润是总产出（价值）减去总投入（价值）后的剩余，利润率是利润对总投入的比率。因此，更为一般的古典一般均衡模型可以用李嘉图（1815）的谷物模型（一种单一产品模型）来表述。

假设经济中只生产单一产品——谷物，生产周期是固定的（比如为 1 年），作为投入的是劳动，但劳动是由"资本"雇用的，资本是一笔谷物基金，用于支付雇佣劳动的工资。假设总资本的数量是给定的，为上一年收获的谷物，用 Y_{t-1} 表示；所能雇用的劳动数量 L 取决于工资率 w，工资率是固定的且小于单位劳动生产率 σ，从而 $L = Y_{t-1} / w$。假设规模收益不变，则当年的总产出 Y_t 和利润率 r 如下：

$$Y_t = \left(Y_{t-1} / w\right)\sigma = L\sigma \tag{2.1}$$

$$r = \frac{Y_t - Y_{t-1}}{Y_t} = \frac{L\sigma - Lw}{Lw} = \frac{\sigma - w}{w} \tag{2.2}$$

公式（2.1）表明总产出 Y_t 取决于投入的劳动量 L 和劳动生产率 σ；公式（2.2）表明利润率取决于工资率 w 和劳动生产率 σ。

通过比较谷物模型与斯密模型中利润率的决定因素，可以探讨斯密的价值理论中的总量问题。斯密（1776）认为，商品的价格 P 等于资本家预付的总资本 $wL(1+r)$，因此利润率的计算公式如下：

$$r = \left[wL\left(1+r\right) - wL\right] / wL \tag{2.3}$$

公式（2.3）与公式（2.2）的不同之处是把 L 替换成了 $wL\left(1+r\right)$，通过这种形式变换，总产出和劳动生产率消失了，利润率只能是外生给定的而不依赖于技术关系（盖尔加尼，1984）。按照公式（2.3），总量（国民收入或总产出价值）的测量只是按照预付的工资和外生给定的利润率。因此，假设存在一种稳定的自然利润率，国民收入的测量只取决于工资率和雇佣劳动的数量。斯密把这种国民收入的测量方法称为“工资单位法”。显然，斯密认为资本不仅要预付工资，还要购买和生产资本品。对此，斯密是这样推论的：由于资本品只是以前劳动的产品，也是由预付工资的劳动生产的，其价格将等于基于利润率的工资成本加成，由此可以把资本品还原为最初的劳动；这样，由实体劳动决定的价值就转变为成本乘以统一利润率的生产价格了。斯密通过“还原为有时期的劳动”，可以把所有的资本存量转化为收入（工资和利润）流量，由此可以避免存量和流量的相互作用所导致的逻辑矛盾。①

斯密这种“工资单位法”的国民收入测量方法排除了资本存量（相应地也排除了折旧），马克思称之为“斯密教条”。一方面，价格的决定不能排除折旧；另一方面，更为重要的是资本品存量的价值对利润率是有影响的（斯密模型中是给定的利润率），特别是当生产各种商品的资本构成和周转时间不同且要求获得统一的利润率时，斯密的国民收入测量方法、利润率公式和价格构成理论就不能适用了，必须把由实体劳动决定的价值转变为包括资本品成本的总资本的价值投入乘以统一的利润率的生产价格。这个问题首先由李嘉图（1815，1823）发现。

李嘉图所要讨论的是随着资本积累所导致的收入分配和利润率下降问题。李嘉图在单一产品的谷物模型中得出了明确的结论，即在单一产品模型中用类似于生产函数的技术关系决定总产出，假设存在土地的收益递减和地租取决于土地的边际产品，在给定工资率的条件下（即生存工资假说），随着资本积累或雇佣劳动的增加，地租在国民收入分配中的份额将提高，利润的份额将下降（即利润率的下降问题），从而阻碍资本积累。在这里，与斯密不同，李嘉图不是要论证一种“自然利润率”决定的相对价格和收入分配，而是要讨论技术变动（土地报酬递减）下的收入分配份额问题。正是从这个角

① 按照新古典经济学家的观点，斯密的模型与新古典的庞巴维克“时际均衡”模型具有令人惊奇的相似性，即只要在斯密的模型中加入迂回生产的假设和时间偏好来说明利润率，就可以转化为庞巴维克的模型。也就是说，资本家之所以为工人垫付工资和得到利润是因为迂回生产的生产力，而两个模型关于价格的决定却是完全相同的。由此可以推论出，斯密的理论只是庞巴维克理论的一个特例（参见哈恩，1982）。柳欣（2000）则认为，上述推论只有在单一产品模型中才能够成立，在这种模型中技术关系与收入分配可以在理论上是一致的；而一旦推论到异质品模型，斯密的利润率决定就与奥地利模型完全不同了。斯密的理论所要表述的是资本的所有权和“自然利润率”决定相对价格和收入分配，从而可以通过把资本品还原为劳动的方法来表示资本品的价格，但这必须假设在资本品的生产和使用过程中劳动生产率和总产出是不变的，否则其利润率公式就成为一种循环推论，而不能决定资本品的价格和国民收入在工资与利润之间分配的份额。

度，李嘉图批评了斯密，主张价值取决于实体劳动，而不是斯密给定利润率的“支配的劳动”。

但李嘉图的上述推论只有在单一产品模型，如谷物模型中才成立，这种模型可以完全不考虑总量的测量问题。一旦推论到异质品模型，李嘉图发现了一个重要的问题，由于在资本构成不同和统一利润率的假设下，收入分配的变动会影响相对价格，在相对价格会随分配变动的情况下并不能保持谷物模型中的推论。由此，李嘉图（1823）提出了寻找一种“不变的价值尺度”的问题，即就相对价格而言，当各个部门资本构成不同或资本劳动比率不同时，技术关系上的劳动生产率的变动和收入分配的利润率的变动会同时影响相对价格，从而不能得到一个统一的尺度来测量总量的收入分配和利润率的变动。

李嘉图的难题实质上是如何在异质品模型中得到反映技术关系的总量测量问题。当采用价格来测量总产出时，会出现由收入分配变动导致的相对价格及总产出价值的变动，由此使其分配理论失去了测量的尺度，因为只有确定总产出才能说明收入分配，而以相对价格测量的总产出又取决于收入分配，由此陷入了循环推理的逻辑矛盾。斯拉法（1960）提出，当把李嘉图的技术变动排除掉，而仅仅讨论收入分配和相对价格问题时，可以通过“标准商品”来重新获得单一产品模型和斯密模型的逻辑：相对价格与收入分配的相互作用完全是由于资本存量的存在或资本构成不同，从而只要排除资本存量或把资本存量还原为劳动流量，即可排除相对价格的幻觉。但这种标准商品及还原为某一时期的劳动所表述的稳定状态并不是李嘉图真正要寻找的“不变的价值尺度”，李嘉图所关注的是技术变动下的包含资本品存量模型中的相对价格与收入分配的关系。

李嘉图的难题实际上来自其在价值概念上的混乱，即把技术关系与社会关系混淆在一起。对此，马克思明确批评了李嘉图，认为这种价值概念上的混乱导致李嘉图在谷物模型中把价值量的分析与劳动生产率相关联，而无法得到一种“不变的价值尺度”来测量价值量。马克思在扬弃古典价值理论的基础上发展了劳动价值论，明确表明价值的决定与具体劳动或技术关系无关，它取决于抽象劳动和社会必要劳动时间，或者说取决于社会关系。在此基础上，马克思把作为资本主义经济关系本质特征的雇佣劳动引入分析体系，从而提出了剩余价值理论，表明了资本主义生产的目的是榨取剩余价值，而不是使用价值。其中，资本（一笔预付款）、劳动力价值或工资、剩余价值或利润，都是以货币形式表示的总量关系和社会关系。从剩余价值理论出发，马克思建立了一套“宏观经济”分析体系，资本积累、社会再生产、利润率下降和经济周期理论，无不建立在这种与技术无关的总量关系基础上。

在《资本论》第三卷，马克思提出了价值向生产价格的转型问题，实际上阐明了古典一般均衡的异质品模型中的加总问题和作为总量理论的基本含义。因为如果个别商品的价格与其价值不成比例，只要社会创造的全部商品价值总和相当于所有商品的价格总和，这种不一致就没有影响。马克思在价值向生产价格转型中提出了两个总量相等的命题，即总价值等于总生产价格、总剩余价值等于总利润，因此转型是一种总量问题，而不是相对价格问题。这一点对于理解古典-马克思一般均衡理论是非常重要的。

转型问题来自各个部门的资本有机构成不同的异质品模型，即当采用统一利润率的假设使得不变资本投入也按照生产价格计量时，马克思关于两个总量相等的结论不能维持。原因在于，用劳动时间给定的总价值（$C+V+S$）中的不变资本 C 在生产价格模型中将随着利润率变动而变动，用劳动时间计量的总价值和总剩余价值并不随利润率变动，从而总价值不等于总价格。只有在各个部门资本有机构成相等的条件下（或作为特例的古典单一产品模型和斯拉法的标准商品体系），不变资本的价值并不随利润率变动，从而保持两个总量相等。对于转型问题的这个结论，实际上得到两个推论。

推论 1：在马克思主义体系中，价值和剩余价值的概念并不是多余的，正是在这个概念的基础上，可以排除技术关系而得到稳定的总量关系。

推论 2：异质品（包括资本品和消费品）在技术关系上是不能加总的。

从推论 2 出发，我们还可以得到第三个推论。

推论 3：任何只表明技术关系的异质品模型中没有总量（包括总资本），因此也不存在统一的利润率。

如前文分析所表明的，李嘉图的难题就在于，在异质品模型中并不能采用技术关系来决定总量，因此李嘉图把资本主义经济中的利润率下降归结于技术关系的命题本身就是错误的；只有完全排除技术关系，才能够表明古典学派和马克思主义政治经济学的命题，即价值和分配取决于资本主义经济关系。

以上关于统一利润率和古典-马克思一般均衡理论的分析结论，对于批判目前以新古典理论为基础的主流宏观经济学是十分必要的。目前主流宏观经济学是以拉姆齐（1928）和索洛（1956）创立和发展的新古典增长模型为基本分析框架的（C. 沃尔什，1998，《货币理论与政策（中译本）》第 26 页），而索洛模型的基础就是所谓的“总量生产函数”。[①]实际上，新古典理论并不是一种总量的理论，它是以生产函数和效用函数为基础建立的表示技术关系的稀缺资源有效配置理论，其核心是表明商品和要素稀缺性的相对价格，这种相对价格是稀缺资源配置的选择指数。

但是，建立在生产函数基础上的加总是无法实现的，关键在于“资本”的定义上。在新古典理论中，资本只是一种与土地、劳动并列的普通的生产要素。而作为一种物质资本的投入要素是各种异质品，它们缺乏共同的物质基础。这就意味着不能把用于投资的各种具体物品拼凑成一个同质的生产要素总量，也就不能作为一个独立的边际生产力范畴，更不能依据它来决定分配的份额。罗宾逊（1953）在《生产函数和资本理论》中首先提出了新古典理论中总量生产函数的逻辑矛盾。“当面临在工业产品中劳动与资本之间如何进行分配这一任务时，新古典主义将发生困难（即使在绝对的静止状态下），这是由于它在具有某些技术特征的生产资料这个意义上的‘资本’，以及对资金有支配能力这个意义上的‘资本’，未能做出区分。”（罗宾逊，1960）罗宾逊认为，资本总量主要是一种货币计量法，所以不能运用柯布-道格拉斯生产函数来实现宏观经济中的加总。

为了得到新古典一般均衡模型中的货币变量，可以借用斯拉法（1932）提出的表示商品有时间的相对价格或期货价格的“自己的利息率”概念，来对各种异质品进行加总。由于每一种商品都有自己的利息率，可以任意选择一种商品的自己的利息率作为一般利息率（利润率），其他商品的利息率则可以通过这种一般利息率贴现而得到其“资本化的价格”，由此可以得到一种总量。一般利息率的贴现公式如下：

$$K = R / r$$

其中，K 为资本品价值，R 为资本品在一定时期的收益，r 为利息率。从而，各种资本品按照这种贴现价格计算的收益率是一致的。[②]然而，通过这个一般利息率所实现的总量加总，对于新古典经济学是没有意义的。因为这个一般利息率，可以是人们任意选择的一种产品本身的利息率。由于各种资

---

① 索洛模型采用表示实物的投入与产出关系的总量生产函数：$Y=AF(K,L)$，其中 Y、K、L 分别代表总产出、总资本和总劳动，A 是宏观的投入产出系数。

② 罗宾逊曾指出：“一项设备的价值，取决于其未来的预期受益。可以把这个价值看作以未来收益为依据，经过按对应的一般利息率计的贴现办法换算成的现在的收益所体现的价值。也就是公式‘$K=R/r$’。”（罗宾逊，1953，《生产函数和资本理论（中译本）》，第 5 页）

本品自身的利息率并不相同，采用不同的商品作为一般利息率的标准，将会产生不同的利息率和按这一利息率计算的宏观变量。[①]特别是当脱离了稳定状态时，由于这种特殊商品本身的生产率会发生变动，其不可能用于价值标准而与现实相一致。而且，这种通过任意选定一种商品本身的利息率而得到的一般利息率（利润率），完全不同于古典理论和马克思主义政治经济学中由于资本主义特有的竞争规律而得到的统一利润率。在新古典的异质品模型中，决定资源有效配置的只是相对价格，而相对价格与其边际生产力分配论是一致的，所以根本就不需要总量，不需要用一种假定的总量生产函数来表示加总的宏观变量。因此，新古典一般均衡的理论中并不存在统一的收益率，其每一种要素的收益率都是其本身的收益率。上述以宏观变量表示的相对价格既不表示人们消费的时间偏好，也不表示要素的稀缺性。例如，一般利息率只是人们任意选择的一种产品“本身的利息率”，而不表示“总量”资本的边际生产力，从而不能作为资源有效配置的选择指数。

以上分析表明，古典-马克思一般均衡理论是完全不同于新古典一般均衡的另一种均衡理论，其区别在于实现资源的有效配置的方式不同。新古典理论是通过反映稀缺性的相对价格所决定的供求均衡来调节，而古典-马克思理论是通过资本围绕统一的利润率的竞争及在各个部门之间的流动来调节。但这种由宏观变量的价值所决定的收入分配关系并不决定资源配置；决定配置的依然是新古典理论的相对价格（如果这种相对价格能够表示现实中的技术关系）。这正是古典经济学家和马克思主义政治经济学强调的价值和价格的区别。马克思在《资本论》第三卷第十章用两种含义的社会必要劳动时间来说明这个问题。第一种含义的社会必要劳动时间所表示的价值是竞争与收入分配关系，第二种含义的社会必要劳动时间是由技术关系上的供求或资源配置所决定的，但这两种社会必要劳动时间是统一的，两者共同决定现实世界中的相对价格，我们可以把第二种含义的社会必要劳动时间理解为新古典理论的相对价格和瓦尔拉斯一般均衡的价格决定。但在资本主义经济中，这种表示资源配置的相对价格，必须通过统一利润率转化为第一种含义的社会必要劳动时间决定的价值或生产价格。显然，在这种古典-马克思一般均衡模型中，反映技术关系的供求完全可以通过总量意义上的价值表现出来，并且可以与统一利润率和资本转投相一致。马克思在《资本论》第三卷中通过讨论这种

---

① 在瓦尔拉斯一般均衡模型中，瓦尔拉斯假定存在一种“计价物”，把它的价格定义为 1，然后可以得到一种总量。但这种商品并不是“货币”。关于瓦尔拉斯一般均衡模型中货币的存在性问题一直以来是主流经济学争论的焦点。

古典-马克思一般均衡理论达到均衡的过程，即市场价值和市场价格与生产价格之间的关系，系统地阐述了这种古典-马克思一般均衡理论达到均衡的过程，即市场价格围绕着生产价格波动，这种由技术关系所决定的供求变化会通过资本转投来调节，达到统一利润率的均衡同时也是使市场供求相等的均衡。由此可见，古典-马克思一般均衡理论反映的是资本主义经济的竞争关系，而新古典一般均衡理论仅反映一般的技术关系，更适合计划经济模型。

第 3 节　马克思主义政治经济学与宏观分析的微观基础

马克思的劳动价值论表明，价值是由社会关系决定的，与技术无关；劳动价值论是一种总量理论，而不是相对价格理论。马克思的剩余价值理论表明，以雇佣劳动为特征的资本主义生产的目的在于获取按货币价值计算的利润或货币升值，而这种按货币价值计量的总量正是来自资本作为一种预付，这种预付关系体现出在资本主义生产中资本对劳动进行支配的特殊性质。劳动价值论和劳动力商品的价值概念（剩余价值论）为表明以雇佣劳动为特征的资本主义经济中的总量测量和总量关系奠定了基础。劳动价值论与其说是相对价格论的基础，不如说是总量的分配理论和货币理论的基础。马克思阐明资本主义经济关系呈现出总量的货币金融形式。正是从货币价值表示的总量关系或剩余价值理论的基本关系出发，马克思建立了一套宏观经济分析体系，马克思的资本积累理论、社会再生产理论、经济周期理论均建立在与技术无关的总量关系基础上。马克思认为，资本主义的内在逻辑是为了利润和生产，以及为了获取利润不断扩大再生产和在竞争压力下不断进行资本积累，由此导致利润率下降，进而引发资本主义经济的内在波动或经济危机。马克思关于价值向生产价格转型问题的分析表明，资本主义的经济波动来自按价值计量的收入分配与按生产价格计量的利润率之间的不一致，而与技术完全无关，因此必须考虑资本存量与收入流量的一致性。

马克思主义政治经济学对于讨论现代宏观经济学及其微观基础和现实的经验问题也是十分重要的。“凯恩斯革命”的核心是资本主义经济中的有效需求不足和非自愿失业问题。但凯恩斯（1936）并没有指明有效需求问题的性质，即企业的成本收益计算是如何决定的，而这一问题涉及价值的决定，凯恩斯经济学中缺少一种价值和分配理论作为宏观经济学和货币理论的“微观”基础。正是由于这一点，主流经济学则把凯恩斯经济学完全嫁接在新古典的价格和分配理论之上，由此导致了宏观经济学中严重的逻辑矛盾和凯恩斯主义宏观经济政策的失败。不同于以技术关系为基础的新古典价值分配理论，建立在社会关系基础上的马克思主义政治经济学的价值分配理论对于有效需求问题可以做出正确的解释，正如马克思的社会再生产理论所要表明资本主义经济的商品实现问题与有效需求问题是紧密联系在一起的。索洛（1956）以新古典生产函数为基础提出了新古典增长模型，这一模型在资本与劳动完全替代的假设下，得出通过工资率与利息率的变动达到充分就业的结论，这一结论完全排除了社会关系的分析，而把经济增长和经济波动问题归结于技术关系。资本作为一种代表实物资本品的生产要素，货币和以货币量值计量的所有国民收入核算体系中的统计变量都只是实物的符号。索洛的新古典增长模型为现代宏观经济学提供了基本的分析框架。克洛尔（1965）把凯恩斯经济学的微观基础归结为瓦尔拉斯均衡。19 世纪 80 年代以来，主流宏观经济学完全建立在瓦尔拉斯均衡和索洛的增长模型基础上，“凯恩斯革命”被完全倒转了。但是以新古典理论为基础的主流经济学是一种实物经济理论，与凯恩斯对现实的货币经济分析根本不能融合。罗宾逊（1953）提出的新古典生产函数的加总问题和斯拉法（1960）的著作引发的 19 世纪 50 和 60 年代“两个剑桥”之间的资本争论，揭示了新古典理论的逻辑矛盾，这种纯理论的争论直接联系到现实问题，即对卡尔多关于资本主义经济增长的“程式化事实”的解释。

采用马克思主义政治经济学的价值分析，上述经验问题可以得到有效的说明。以加总问题为例，不同质的资本品和消费品的加总来自雇佣劳动，即资本主义经济中的生产劳动并不是斯密所论述的生产物质产品的劳动，而是被资本家所雇用的劳动，即为资本家或厂商的货币资本预付的生产，其目的只在于获取以货币价值表示的利润，正是这种资本主义经济关系使不同质的商品得以加总为价值量，而这些价值量与技术是完全无关的。卡尔多的“程式化事实”所表明的所有统计变量的规律性正是来自以获取利润为目的的价值计量，即只要在这些程式化事实中加入利润率，即可得到唯一的稳定状态增长模型。宏观经济波动正是围绕着由资本存量价值与收入流量决定的稳定的利润率的波动，由货币量值表示的资本存量价值与收入流量共同构成内生的货币供给体系，其稳定性和围绕稳定的利润率的波动来自作为商业银行资产抵押的资本存量价值对货币供给的制约。在这里，资本并不是一种生产要素，而是一种以抵押为基础的信用关系，使得资本与货币具有同样的性质而不可分离，所有以货币量值表示的国民收入核算体系中的总量指标，都只是内生的货币供给体系的组成部分。这种货币经济的运行与主流经济学的实物经济是根本不同的，决定所有宏观统计变量的只是表示资本主义经济关系的货币金融体系，而不是生产函数的技术关系。

马克思的价值理论所揭示的正是这种资本主义经济制度所决定的现实经济关系。如前所述，马克思价值理论的基础表明，价值与技术是完全无关的，所体现的只是特定的经济关系，资本主义经济中的价值与分配并不是取决于技术关系上的边际生产力，而是由社会关系所决定的利润率支配的。马克思揭示了其价值决定与货币的关系，货币作为一般等价物只是表示社会关系的价值形式，只有这种价值理论才能表明以货币量值为基础的货币金融体系的内在结构，才能作为凯恩斯货币经济理论的微观基础。马克思以这种价值理论为基础所讨论的社会再生产和利润率下降的经济波动分析对于揭示资本主义经济（市场经济）中的经济增长和经济波动问题是极其重要的，以马克思主义政治经济学为基础重建经济学的理论体系具有重要的意义。

第 4 节　货币与金融经济系统：信用本质、运行与发展

第一，伊藤·诚和拉帕维察斯提出，马克思主义政治经济学认为要从经济关系发展中考察货币功能，进而了解货币需求的本质与变化，据此他们得出马克思主义政治经济学特别强调在资本主义经济关系中货币的储藏职能、支付职能的重要性。

第二，马克思认为物物交换不是社会经济的普遍历史现象。当代资本主义经济和市场经济的货币金融系统是经济历史发展的一个阶段。

第三，生息资本在资本主义经济中具有特殊意义，利息的来源对于理解现代货币金融系统运行、不稳定和金融危机具有关键意义。

第四，现代资本主义经济关系具体呈现为各种关系：商业信用、信用货币、银行信用、中央银行与国家信用，在这些经济信用关系基础上形成了复杂的货币金融体系。

第五，经济周期波动与金融危机的根源。在后凯恩斯主义货币经济学范式中，在投资的未来预期收益不确定的基础上，将现代货币金融体系的发展概述为广义、内生和非中性的特点，要以信用关系为基础来阐明货币、金融系统的内在联系（替代与影响），即广义货币的供给机制，以及回答广义货币

金融系统对实体经济的影响机制。

现代金融危机与经济危机具有波动性更大的特征，第二类货币危机的特征更加明显，即由金融系统本身创造的危机。

2.4.1 货币职能：为什么劳动价值理论是深刻的

马克思主义货币金融思想不仅仅考虑价值尺度职能，更突出强调在资本主义经济中货币的储藏职能。

1. 价值尺度（劳动价值-交换价值）

交换手段（商品交换的中介）：马克思指出，必要货币量随商品价值直接变化，而货币的价值与流通速度间接变化。但马克思关于流通中货币商品的实际数量如何与必要量相联系的观点，与李嘉图的观点完全不同。李嘉图认为这个必要量取决于金属货币和外在供给；而马克思认为满足交换领域货币的需求取决于货币商品的常量和现有的贮藏货币。马克思指出，在流通领域之外存在大量的货币贮藏，这种贮藏是货币流通量的调节器，吸收多余量，弥补短缺与不足。

历史性认识：马克思认为货币还具有流通以外的功能，所以货币绝不仅仅是经济活动的面纱。金属货币（商品货币）的物质属性在经济发展中变得不再重要。

法币为什么不能用于贮藏？第一，法币本身不具有价值；第二，法币与信用体系及实际积累之间不存在有机联系。而银行发行的信用货币与信用体系和实际积累之间存在有机联系。

法币数量决定的专断性严重影响了法币作为计量单位的功能。法币是商品货币的象征，它的数量“替代”必要的黄金数量，而后者是由商品价值、流通速度和货币的价值来决定的。商品的价值是由黄金的量来度量的，但是它们却是通过象征金铸币的法币的总量来表示的。如果法币与黄金比率为1∶1，价格体系就不会受到干扰；然而国家如果随意扩大法币的数量，就会存在法币滥发造成价格通胀的情况。这是马克思解释货币数量现象的特例。

2. 充当货币的货币

货币的贮藏功能：马克思主义认为，在一个以所有人类关系商品化为特征的资本主义社会，贮藏货币为其所有者赢得巨大的社会权力。①货币可以购买社会地位、教育和政治权力；②在资本主义国家间关系上，货币可以保护国家同盟。

贮藏的贵金属是价值的积累，因此也是一种耐久性的财富。

资本主义贮藏的货币，一方面是一种耐久性的价值积累；另一方面可以作为资本的货币，即可以再投入生产过程之中，并自我扩张。资本主义贮藏的这两个方面是资本主义信用体系发展的重要因素。随着资本主义的发展和信用体系的出现，货币贮藏开始社会化，形式开始发生变化，随之而来的是货币贮藏者不再持有商品货币的积累，而是持有银行储蓄、公司债务性证券、政府债券和其他金融工具。

个人持有的贮藏变成了对未来产出与价值的索取权，是面对信用机构的持有。与此同时，资本主义信用机构开始承担一些社会的贮藏功能，银行储备是纯粹资本主义贮藏的重要形式。在信用体系发展进程中，银行的货币贮藏也逐渐失去了贵金属特征，成为对其他人索取权的计量结构。资本主义社会的巨大金属贮藏逐渐流入中央银行，即银行的银行的金库之中。

3. 支付手段

这种功能是与销售过程相联系的。马克思认为，开始与支付功能相联系的货币形式是信用货币。最初的信用货币源于商业信用中所产生的期票和汇票。在资本主义发展过程中，信用货币随着金融机构的变化而采取不同的形式，虽然这些形式取决于信用体系的历史特殊制度结构和资本总积累，但是信用货币所依据的是对金融机构享有的、以金融机构资产支持的索取权。

信用货币由金融机构贷给资本家时，会有规律地消失。信用货币的道路在资本主义循环的过程中具有周期性的形态，可同商品货币和法币的无形态道路相区别。

信用货币的周期性运动对流通中信用货币数量的决定是极为重要的。这一数量取决于资本家之间和金融机构同资本家之间的贷款和对贷款的支付。两种贷款的决定，以及债务清算的规律根植于实际积累的过程中。但是信用同时还具有延伸积累的重要功能，即对新增价值和声誉价值的生产进行融资，为其自身的偿还创造条件。

只要一涉及资本主义积累，信用货币就不是“中性”的。信用货币出现在资本主义循环的外部，产生于资本家与金融机构为其他资本家所进行的贷款中，能够刺激价值与剩余价值的创造。这表现为流通中的货币的实际数量同货币的必要量之间的关系是由较货币流通中的相应关系广泛得多的要素来决定的。

李嘉图认为，只要信用货币和法币之间是可以交换的，银行信用货币的交换也是由货币商品的价值来调节的。信用货币同商品货币的关系如下：

古典经济的周期性始终认为，信用货币的交换价值（和货币商品的交换价值）在资本主义经济周期的上升过程中下降（价格水平上升），而货币商品的价值依然保持不变。信用货币交换价值的下降在工业、商业和货币危机转向繁荣时才会结束。在经济危机过程中，人们急需作为支付手段的货币，信用被摧毁，商品经常被强制出售。同时，银行体系发现其自身也不得不保护它的货币商品储备，限制给予新的信用。

实际上，由于这一综合措施的影响，信用货币的交换价值再度上升（价格下降），货币商品在价格水平决定方面的关键性作用再次发挥。在经济危机后的萧条阶段，信用货币的交换价值会上升，同样经历了周期性的上升后，它又会重新下降。

对于信用货币交换价值的分析（利息波动），需要在商品循环的货币分析之外，甚至置于资本积累过程中进行。

4. 商品货币

商品货币在资本积累中不起积极作用，20 世纪 80 年代以来的 20 多年中，信用货币的交换价值就完全失去了在商品货币中的锚。

在这种情况下，信用货币能够继续存在，依然取决于同实际积累相联系的商品货币的运行，依然表现出自我调节的特征，虽然后者远非是和谐的。

在这样的条件下，货币数量论在一定程度上是正确的，信用货币的交换价值（价格水平）通常可以反映流通中商品价值与信用货币量的比率。

因此，存在着一个前所未有的信用货币的交换机制迅速下跌的可能性（价格通货膨胀），特别是如果在信用体系运行过程中，国家进行广泛的干预和资本积累面临着难以扩大其产品的供给时，更是如此。

5. 货币是资本主义经济的连接纽带

历史证据证明，在资本主义以前的社会中，货币通常是一种对社会再生产过程并不重要的社会现象。在资本主义社会中，经济关系成为社会经济秩序的必要组成部分，是尝试通过建立在工资劳动基础上的剥削来组织的。从历史发展来看，资本主义是市场经济最发达和最广泛的形式；同资本主义以前的社会不同，货币是资本主义再生产的必要组成部分，是与资本主义再生产和积累紧密联系的。

不论是古典政治经济学还是新古典主义经济学，都认为商品交换是社会自然的秩序，并普遍地与以物易物等同起来，没有发展起来建立在货币基础上的经济分析。

6. 金融化、货币金融演化发展与货币的贮藏功能

货币总是处于运动或闲置状态下的，它或者被贮藏，或者处于流通之中。

马克思用几种结构性的理由来解释为什么社会总资本的再生产过程中会出现货币的贮藏行为。预防性的货币贮藏应是商品所有者可以应付的无法预见到的价格波动，“集中”固定资本投资和新产生的剩余价值，同时承担着积聚临时闲置货币的作用。为使资本主义生产过程持续进行下去，在产品销售过程中资本家需要持有一定的贮藏货币。货币贮藏是货币流通的前提条件，因为贮藏可以向流通领域投放或从流通领域中吸收货币。这样，一个国家中的货币存量就是由部分运动着的、部分闲置着的货币构成的。在商品流通要求的范围内，二者的比例不断变化。然而，除了这一技术性的货币作用外，贮藏货币同样具有广泛的经济功能。贮藏货币是买和卖的能力集中在一个独立的形式中。这种形式同一般的商品的使用价值不存在联系。在一个以所有人类关系商品化为特征的资本主义社会，贮藏货币为其所有者赢得巨大的社会权利；货币可以购买社会地位、教育和政治权力。贮藏货币的更为广泛的社会权利在资本主义国家之间的关系上表现得更为明显；货币可以保护国家同盟，提供“军备”。那些把注意力集中于研究在充满竞争的世界里由什么决定国家力量的重商主义者，对于货币的理解远比古典政治经济学充分。

贮藏的贵金属是价值的积累，因此也是一种耐久性的财富。在那些不具有扩张的社会系统机制的国家，贮藏的金属货币是财富积累的主要形式。

资本主义贮藏的货币，一方面是一种耐久性的价值积累；另一方面可以作为资本的货币，即它们可以投入再生产过程之中，并自我扩张。资本主义贮藏的这两方面是资本主义信用体系发展的重要因素。

随着资本主义的发展和信用体系的出现，货币贮藏开始社会化，它们的形式开始发生变化。随之而来的不是货币贮藏者商品货币的积累，而是银行储蓄、公司债务性证券、政府债券和其他金融工具的积累。个人持有的贮藏变成了对未来产出与价值的索取权，他们的持有首先是面对信用机构的。然而，与此同时，资本主义信用机构开始承担一些社会的贮藏功能；银行储备是纯粹资本主义贮藏的重要形式。然而，在信用体系发展的进程中，银行的货币贮藏也逐渐失去了贵金属的特征，并成为对其他人行使索取权的计量结构。资本主义社会的巨大金属贮藏逐渐流入中央银行，即银行的银行的金库之中。随着历史的发展，各国中央银行的贮藏也逐渐失去很多金属特征，并由几个占统治地位的资本主义国家的信用货币所构成。

2.4.2 现代经济中的货币与资本循环

1. 商业信用

即商品先同支付承诺交换，而后由货币支付清算的销售方式。商业信用关系具有充当银行信用的功能。银行信用是指以还款加上利息为条件的货币本身的借贷，是比商业信用更复杂的行为。银行信用关系清楚地表明了资本主义利息和阶段资本范畴的内容，后者是指通过利息支付给资本以补偿的特殊类型的资本。古典政治经济学认为，利息是资本所产生利润的一部分，利润调节利息。

2. 马克思对生息资本的两种分析

第一种方法：第一，假设存在贷款资本家（只有货币）和借款资本家（只有投资项目），利息是由借款资本家投资项目所产生的利润的一部分。第二，以利息形式表现的收入也同样可以产生于工业和商业资本家之中，它不是一个社会群体所独有的基础。第三，生息资本是资本的一种古老形式，在资本主义社会之前就出现了。

第二种方法：马克思试图表明停滞（或闲置）货币的集中是有规律地产生于总社会资本的再生产之中的。暂时性闲置利润、固定资本折旧基金、谨慎性储备和维持生产和流通交替进行的资本周转能持续不断进行下去而形成的储备，是货币贮藏的纯粹资本主义形式。

在资本主义再生产过程中，有规律地创造停滞货币为商业信用和银行信用提供了客观基础，并成为资本主义信用的基础。从最广泛的可能性来讲，信用体系使生产与资本主义再生产过程中停滞的货币流动起来，使它们转化为生息资本。

信用体系首先是对工业和商业资本家的剩余资金进行内部再分配的一种机制。由此看来，利息支付以这些资本以前所产生的闲置货币为基础，在资本家中对剩余价值进行再分配。利率运动反映了生产资本积累过程中生息资本的需求与供给，因此利息是由所有工业与商业资本创造的。更广泛的理解是生息资本可能同样会由工人和其他社会群体货币收入的临时闲置部分创造出来。

正是因为信用体系是一个专门对停滞货币集中起作用的社会机制，在总社会资本的再生产中具有客观基础，因此它可以跨越社会表面扩展其活动，并开始集中所有闲置货币。

与之相类似，通过信用体系进行的生息资本的新贷款不需要专门投向资本积累方向，应该也投向那些不产生剩余价值的部分。

从广义上看，利息不仅是积累中产生的剩余价值的一部分，也是整个社会借款者所带来的货币收入的一部分。

马克思关于生息资本的第二种解释是对资本主义金融不稳定的解释。马克思的第二种分析是，停滞货币是由工业积累过程系统地产生的，由信用体系转变成生息资本，并返回到积累中来收取一定比率的剩余价值。这一过程为信用体系提供了一个客观社会基础。

这个分析认为，生息资本可以同资本积累相分离。暂时闲置的资本成为实质上在积累过程之外的生息资本，尽管它能从所有者中得到并将重新归于后者。更深入的分析认为，信用体系的运行具有在一定程度上相对独立积累的性质，这可以从信用机构从全国各部分中筹集闲散货币的能力，以及当实际积累遇到困难而它们还能继续创造利润的能力上得到证实。

信用体系的相对独立性是资本主义金融不稳定的一个重要原因。

3. 生息资本的形式与工业资本循环

（1）“货币”资本与“经营”资本

工业资本的典型运动代表着生产和流通的统一，通常被归纳为货币资本的循环：

$$M—C（LP，MP）—P—C'—M'（M+\Delta M）$$

生息资本的公式是以工业资本共识的货币形态为前提条件的：

$$M—M''（M+iM）$$
$$M—C（LP，MP）—P—C'—M'（M+\Delta M）$$

根据马克思的上述分析，概括地讲，在资本主义条件下，货币拥有能够产生平均利润的特殊的使用价值，因此其所有者可以分享部分潜在利润而暂时让渡它。

这样，“借贷”资本家借给“经营”资本家生息资本，以利息，即利润的一部分作为回报；其余部分由经营资本家获得，并成为企业利润。

马克思的分析明确了利息与利润，以及借贷资本家与经营资本家之间的关系。伊藤诚等新马克思主义者认为，在资本家之间的借贷中，货币所有者并不出售产生剩余价值的潜在性，因为后者已经存在于借款者的经营计划中。对于个人来讲，在货币被贷出时，最初所贷出的是货币，作为贷款的货币已经闲置在贷款者的手中，如果存在可以获取平均利润的现实机会，一定会被利用。从这个层面来看，利息是货币所有者让渡其资产而得到的回报，简单地反映了通过贷款而使货币数量增加的一般可能性。这种可能性并不是资本主义特有的，可以在多种不同社会制度中发现。

（2）停滞的货币和资本循环

在积累停滞货币（产生于资本流通过程中）的社会机制已经建立起来后，货币系统地转变为生息资本。

信用体系将停滞货币转化成同质的商品，赋予其生息资本的特征。贷款者与借款者的目的、货币的实际用途，在此完全不相干，只要信用体系存在，并由类似于银行和公开市场等机构所组成，通过系统的机制贷出的货币就必然会成为生息资本和支付利息的命令。

在存在实际积累过程并典型地吸收大量发行的生息资本的假设条件下，有规律地产生利润的那部分利息就会获得一个客观社会基础。

因此，银行信用过程代表着各种不同经营资本家之间的闲散资金的再配置和剩余价值的再分配。

应用这种方法就可以对资本主义社会构成生息资本的社会机制的信用体系进行结构分析；可以分析向工人、资本家和社会其他阶级进行非生产性目的贷款行为；还适用于分析对那些不能产生预期回报投资目的的贷款行为。

由此得出，不论货币的用途如何，贷款者仍然会要求利息支付，因为信用体系已经把借入的货币转化为生息资本。

笔者认为，货币不仅仅是经过剩余价值—利润—利息这样的机制扩大发行的，而是生息资本通过贷款产生利息的机制发行的，这是更广义的机制。

（3）马克思对货币从资本循环“渗漏”出来的解释——生息资本是如何产生的？

①凯恩斯对货币贮藏行为的解释是流动性偏好，这个解释最终取决于个人和心理动机。②马克思认为，货币贮藏附属于资本循环本身，循环中的“渗漏”并不立即和必然意味着价值流的缩减。价值经常以货币的形态，在有限的时间内离开循环，以便使循环流从整体上维持一定的规模。资本可以继续以同一水平进行它自身的再生产，同时又有规律地形成和分化贮藏。这种贮藏的来源包括：第一，存在纯粹同循环相联系的贮藏，在M—C阶段，资本家预防性贮藏，以便应付无法预见的支付和购买，同时应付资本主义交换中不可避免的价格波动。第二，存在与生产有关的贮藏，即固定资本折旧基金。第三，在利润达到与再生产物质特征相一致的最低规模之前，这些利润一直会被资本家作为货币资金积累起来。第四，存在着与生产、流通相联系或与

资本周转相联系的贮藏。马克思认为，流通阶段存在不确定因素时，资本家在所有时期都要保持额外的闲置资金，以保证生产继续进行，销售收入中的一部分才有可能成为“渗漏”。

日本新马克思主义者的拓展：伊藤诚认为，流通和生产过程中产生的货币贮藏，在于收入的不确定性，而不仅仅是马克思认为的生产和流通时间的重叠。

（4）利率和利润率：利息具有相对独立性

新古典主义和凯恩斯主义假设利润率与利息率以趋于均等化的方向运动。

马克思主义政治经济学认为，利润率和利息率不一致反映了构成循环的资本与那些从循环外部出现并随之退出循环的资本之间的差异。对于构成循环的资本来说，资本运动的原则是利润率平均化的基础。生息资本与构成循环的资本的运动方式是不相同的。伊藤诚的观点是，生息资本的运动具有相对独立性。

第一，实际积累内在周期运动必须被考虑到，在周期运动中，利息率和利润率趋向于反方向运动。从原则上讲，平均利润率形成了平均利息率的上限，但是在周期中存在着一些时刻，利息支付达到高峰，这时消耗的不仅是利润，还包括扩大经营的资本家的资本本金。在这期间平均利润率不是利息率的上限。

虽然生息资本促使社会闲散资金流动并具有对其进行重新分配的有益于社会的功能，但它同样也能消耗掉工业资本家的资本，其破坏作用完全在于生息资本的相对独立性，并部分在于生产资本处于总社会资本之外。

第二，信用体系的结构及其可以使资金在整个社会流动的制度性能力，对于决定与利润率相关的利息率也具有很大的作用。

（5）利息率与利润率的关系

在利率形成上没有反映出社会再生产的客观物质性。换句话说，不存在把总利润划分为利息和企业利润的客观物质基础。

利润率以资本主义的方式，在投资中创造闲散资金并在资本中对其进行分配。这是利润率形成的一个客观基础，可以在参与资本的有机构成中、在资本周转的期限上、在工作日长度及其划分上体现。

资本主义再生产的深刻关系都不是通过利息率来表示的。利息率是与价值规律没有必然联系的纯价格。

信用是一种具有内在灵活性和可驾驭性的社会关系，在发达信用体系中，获取了信用就拥有了对金融机构的负债。在信用体系内创造出这样的信用是完全可能的，而不需要首先从实际积累的停滞资金中产生出来。

信用体系的社会作用一方面是集中从循环中退出的货币价值；另一方面需要考虑实际积累的前景，以便能配置生息资本，这点很重要。金融机构的负债纯粹可以通过对未来收益的预期和对这些收益弥补负债抱有希望而创造出来。

信用体系必须是资本主义无计划体制的理性预见和要素贮藏。按照这个理解，利息率的形成同样要依靠对未来的预期和估计。因此，如果利息率超过了投资计划的预期利润率，个别资本一般就不会借入资金。

在资本主义社会，生息资本可以不断产生，信用体系完全成为资本主义生产方式的组成部分。银行信用是资本主义生产的条件，资本主义生产有规律地产生银行信用的必要资金。然而，尽管银行信用在资本主义再生产中具有举足轻重的地位，生息资本却具有相对的自主性。

（6）信用体系：信用与金融原理

商业信用，即期票与汇票。由于商业信用的局限性促使了银行信用的产生。银行信用：汇票的贴现，银行负债、银行资本和银行利润（商品货币依然在国内流通和国际交换中广泛发挥作用，这意味着中央银行的储备必须由商品货币构成，它们成为资本主义经济的中央黄金贮藏。中央银行的再贴现率优惠反映了黄金储备的波动，并成为市场利息率的参照点）。

银行信用通过与商业信用类似的方式，促使各部门之间的利润率平均化。伊藤诚认为，对于信用体系的分析必须同国家有意识的干预截然分开，因为20世纪后期信用体系的变化复杂，不容易抽象出资本主义信用体系的基本原则和中央银行的作用。金字塔式的资本主义信用体系是资源社会化的一个证明，它可以使资源得到更合理的使用，虽然这是在资本主义社会关系之内。

（7）股份资本与资本市场

功能：兼并与重组（资本集中），促进了股份发行和对现存资本企业的合并与兼并。

资本市场与预期股息收益：资本市场价格不稳定是货币危机的一个重要根源，而货币危机既属于工业经济周期组成部分，又在一定程度上独立于工业经济周期。

长期利率与短期利率的决定因素不同，短期利率是根据以银行活动为基础的货币市场来决定的，主要是对货币资本的短期借贷；长期利率是由典型承诺每一特定阶段定期支付固定利息的政府（和企业）的债券来决定的。债券的利息支付是确定的，而股息的支付是不确定的。

创业者的利润：一般利润率是由反映资本主义积累的物质与技术因素，即资本有机构成、资本周转时间、工作日长短和工人必须消费的资料的价值来决定的。而一般利息率纯粹是由货币市场可贷货币资本的需求与供给之间的平衡来决定的，它不反映正在进行的资本积累的物质现实的任何方面。

股份资本的社会功能：包括资本的动员与有效市场假说；股份资本的利润率与垄断利润；资本市场投机导致的不稳定。

第 5 节　经济周期：马克思货币金融政治经济学观点

2.5.1 对经济危机形式的划分

关于资本主义经济中蕴藏的危机机制，金德尔伯格进行的金融危机史研究已经做出非常经典的叙述，可以参见《疯狂、惊恐和崩溃：金融危机史》。马克思主义政治经济学将其概述为与资本积累相伴随的金融市场的繁荣、膨胀、危机与复苏。两种货币危机，一种是伴随资本积累的货币危机，另一种是独立于工业与商业总危机的货币危机。

据此，我们总结出资本主义经济的货币金融系统的不稳定性是内生的：第一，简单商品流通条件下，经济不稳定的可能性纯粹产生于货币的社会功能（买和卖的过程并不必然一致）。第二，在一个具有由先进信用与金融支持的发达交换过程的经济中，影响范围与复杂性次序各不相同的金融危机的爆发成为可能。货币危机可能会由某一特定国家普通的工业与商业交换链条的完全断裂引起，货币危机同样还会因贯穿于工业与贸易领域的信用链条的冲击而加剧。第三，在资本主义经济中，资本主义积累的实质运动会不可避免地导致金融危机。《资本论》中关于支付手段与货币危机之间关系的分析专门指第一类危机。

不论是产生于货币的社会功能的货币不稳定性，还是第二种货币危机，都不是资本主义经济所特有的。货币交换与相互联系的支付承诺链条早就存在。然而，只要市场的过程尚未深入社会经济再生产的内核，且依然是一种外在现象，货币不稳定性的影响就是相对有限的。

2.5.2 对经济危机与金融危机具体机制的解释

伊藤·诚（2001）针对马克思所有论著中对资本主义经济危机的各种成因，提出四种解释，可以被分为两类：第一类是由过度供给的危机理论构成的。对于该理论来讲，资本主义危机的最终原因是与有效需求相联系的商品过度的总供给。需求与供给的不平衡产生于生产部门间无政府状态造成的比例失调（比例失衡理论），或产生于工人阶级的消费不足。资本家在危机阶段面临产品销售困难会导致利润率下降。第二类是由过度资本（或过度积累）理论构成的。该理论认为，危机的基本原因在于过度资本积累。过度资本积累会在由资本有机构成上升趋势（有机构成理论），或者劳动力短缺而引起工资上涨（劳动力短缺理论）等因素造成利润率下降时表现出来。过度资本理论认为，资本家在危机阶段销售商品时所面对的困难实际上是由更为基本的过度积累问题所导致的，同样也会造成利润率的下降。

在后面的讲义中，我们将运用马克思主义政治经济学的理论对当代经济危机和金融危机进行分析，并运用后凯恩斯主义货币金融理论对具体问题进行研究。

第3讲 从虚拟资本到虚拟经济：马克思货币金融理论的发展

本讲资料来源：《资本论（第三卷）》；刘骏民《虚拟资本与虚拟经济》；张俊山（2019）《虚拟经济的政治经济学原理》；张云和李宝伟等撰写的虚拟经济研究相关文献等。

本讲核心内容：马克思的货币金融理论具有独特的分析视角和对市场经济本质属性最为深刻的认识。本讲从逻辑上阐述了马克思视角下的货币理论、信用与利息理论以及虚拟资本理论，有选择地比较了其与西方主流金融理论的异同，通过逻辑阐述与比较分析揭示了马克思金融理论对于当代中国的宏观经济调控的重要理论价值和现实意义。

金融是市场经济中货币、资本融通和信用制度的总称，是实现社会资源配置和国民经济再生产的中介，金融机制的顺畅与否关系到社会再生产的健康运行。但是如何认识它们的本质、产生和发展的基础，关系到对其经济功能的理解，进而也关系到对其产生的社会利益和可能的危害的认识，关系到是否需要调控和如何调控。中国社会主义市场经济的发展和深化要求建立中国特色的金融操控机制。马克思的金融理论是马克思主义政治经济学的重要组成部分，有着独特的分析视角和对市场经济本质属性最为深刻的认识。在当代中国重温马克思的金融理论，比较其与西方主流金融理论的异同，用实践来检验以判断其对于我国社会主义建设的重要理论价值和现实意义，有助于我们更清楚地认识金融在社会主义市场经济中应有的形式及其调控手段。

第1节 马克思的货币理论及其延伸

货币与金融历来是密切联系在一起的，对货币的认识决定着对金融活动的认识。马克思的金融理论也是建立在其独特的货币理论基础上的。马克思在《资本论》的第一卷中详细论述了他对货币的认识，阐述了货币的来源、货币形式的发展，揭示了货币形式的发展如何使人们对市场经济产生神秘感，如何从商品拜物教发展到货币拜物教。正是在这样的货币理论的基础上，马克思在《资本论》第三卷中创立了他的金融理论。

3.1.1 马克思关于货币产生的独特理论及货币内在矛盾的发展

马克思不是简单地从交易是否方便来描述货币如何在人类交易活动中产生的，其不是从个体的利弊得失角度用现代西方货币理论的“交易成本”逻辑来解释人们的选择，而是要揭示货币产生历史过程背后的逻辑。马克思始终围绕着商品的内在矛盾及其外化这一中心来展开。商品本身所反映出来的各种矛盾在现实商品交换中集中表现为个人过程与社会过程的矛盾，这一矛盾尖锐到一定程度，必然导致一般等价物的产生。而一般等价物经过人类的长期探索，最终固定在金银这一特殊商品上，货币便产生了。马克思关于货币形式发展的逻辑论述是一种抽象到理论关系上的一种认识，它明确地解释了货币产生的整个社会过程，有利于我们认识货币的本质属性，认识到货币为什么是市场经济中各类社会关系的集中体现，它的形式发展将沿着这个历史逻辑继续。

马克思分析了商品的内在矛盾，并从商品内在矛盾的发展过程中揭示了货币产生的逻辑过程。但是，马克思却没有将其方法应用于对货币的分析上，而是应用于在黄金充当货币后对货币内在矛盾的分析。

人们之所以选择黄金作为货币是因为黄金本身也有价值，也就是说人们不过是用黄金的个别价值作为衡量其他所有商品价值的尺度。但价值概念如同长度概念一样，是抽象的。用木作为尺衡量长度，就产生了尺的材料与其“衡量长度的职能”之间的矛盾。当人们考虑原子的直径时，考虑遥远天体之间的距离时，这种矛盾就显现出来。解决的办法是更换一种更适合的材料或衡量长度的方法。从理论上说，“长度”概念是抽象的，其衡量手段越是摆脱个别尺度材料的束缚，越能更好地执行尺度的职能。货币是用来衡量价值的，商品的价值也是一个抽象的概念，它是商品的社会属性。货币作为价值的独立表现形式，其职能也是社会的，而它却被具体化在金银这种个别材料上，当它遇到尺度与天体间距离的同类问题时，就要放弃金银这种个别材料去寻找更适合的材料或者更适合的执行货币职能的方法。当生产力日益增长、商品的种类和数量越来越庞大，交易的空间更广泛、交易的时间越来越短暂的时候，黄金的个别使用价值及其生产力与社会职能之间的矛盾就会越来越尖锐。这就是黄金非货币化的内在原因。

因此，当商品的内在矛盾，即使用价值和价值的矛盾外化为商品和货币的矛盾以后，一般等价物固定在金银上，商品的内在矛盾得到了暂时的解决，但却产生了货币的内在矛盾，即价值的社会属性与个别使用价值的矛盾。货币作为价值独立化的表现形式，作为衡量社会价值的标准，必然要求其自身应该能够超然于一切个别价值之上，但货币却寄托于个别使用价值（黄金）上，用一种个别价值作为衡量社会价值的尺度。价值是抽象的，也是社会的，但金银的价值却是个别的和具体的，这就是货币的内在矛盾。它促使货币向着摆脱个别使用价值的方向发展。现实历史展现的也恰恰是这样一个过程，1973 年布雷顿森林体系的崩溃正式宣告黄金在世界范围内完成了非货币化。

3.1.2 当代货币的虚拟本质

当代的货币已经完全是虚拟化的价值符号，本质上体现了高度社会化的生产关系，这完全符合货币本质属性的要求。因为价值本身就是社会的和抽象的，虚拟货币则更好地体现了这一性质：货币的价值不再是任何个别使用价值赋予的，而是社会经济关系所赋予的。虚拟货币与其价值的属性一样，也完全是社会的和抽象的。这同时也产生了一个新的矛盾，即虚拟货币作为价值独立化的表现形式，其本身却没有价值。正因如此，虚拟货币本质上要求对货币这种商品经济中经济关系的集中代表实行高度集权的、严格的管理。随着货币发展，银行制度也发展了。这就是第二次世界大战以后，逐步发展起来的以控制货币总量为基本任务的中央银行制度。

第 2 节　马克思的信用理论和利息理论

在论述了货币理论之后，马克思在《资本论》第三卷中详细阐述了其金融理论，包括对信用制度的产生、发展逻辑的论述，对信用的形式、功能的论述，对信用危机的形式及其本质的论述，对银行与银行资本的性质及社会功能的论述，对利息率的论述，对股票的性质、社会功能及其价格形成机制的论述等，这些构成了马克思金融理论的基本内容。虽然它与现代发达的市场经济已经有相当的距离，但是其认识问题的视角和历史唯物主义的方法依然给予我们启发，让我们认识到当代复杂金融活动背后的那些最本质的经济关系。

3.2.1 借贷资本与跨期消费

马克思的信用理论也就是他的借贷资本理论，包括商业信用和银行信用。马克思信用理论与西方主流金融理论的区别之一就在于，他区分了资本主义信用与非资本主义信用，指出现代的借贷资本不是封建社会高利贷资本的产物，而是资本主义生产关系的产物。高利贷资本是前资本主义的借贷资本，它对资本主义生产方式是一种强大的抑制力量。而资本主义的借贷资本是从产业资本的循环过程中的货币资本形态逐渐演化而独立出来的。从产业资本发展而来的借贷资本才是现代信用的基础，它对资本主义的发展起着推动作用。

马克思详细地阐述了信用关系的历史发展过程、最初的商业信用对资本主义经济的推动作用，以及商业信用到银行信用的发展。他指出，银行最初是作为专为产业资本服务的金融机构拓展其信贷业务的，最终它与产业资本一样成为一种独立实现“价值增值”的职能资本，其后建立在借贷资本基础上的金融业蓬勃发展起来是一个历史的必然；而西方主流金融理论却认为金融资本是独立进行服务的一种资本，其存在和发展的意义在于它可以使人们实现跨期消费和投资；资金融通实际上是市场经济资源配置的一种方式，正是这些功能使得经营借贷资本的银行和金融机构可以通过自己的融资服务创造价值并获得收入。

实际上，任何社会都有跨期消费，任何社会的老年人、孩子和失去劳动能力的人们都是由这个社会的中青年人来负担，即使是没有现代金融的时候也是如此。这一点在古代的氏族社会就体现得十分明显和直接，老年人和孩子必须直接获得中青年人的赡养和抚养，他们的生活状况直接取决于社会对老人和孩子的生活安排及社会道德取向。而在现代社会，储蓄、养老保险等一系列现代金融活动却使得人们感到老年人是自己在养活自己，他们在花自己的储蓄，甚至有钱的老年人在养一大群中青年人。从生存和消费的角度看，大多数消费品是不能长期储存的，所谓储蓄，不过是货币收入中的一部分，它们仅仅是一种价值储蓄，有没有物质保证、有多少物质保证完全是市场经济运行的结果，对此他们根本无法控制，他们的储蓄仅仅保证了他们在使用储蓄时可以凭借储蓄份额获得总消费品中相应的一份。至于其份额的多少则取决于两点，一是其相对富有的程度，也就是与他人相比，其占有的货币表现的财富的多寡；二是整个市场经济运行的状况，如通货膨胀、股票债券等资产价格波动的情况等。

现代金融本质上是一种社会制度，当制度出现问题或经济运行出现问题导致危机的时候，西方金融理论下跨期消费的一切谜团都会被解开。笔者认为，很多问题都应该从马克思唯物历史观的角度来思考。西方主流理论认为金融就是解决跨期消费和投资问题，实际上广义地看，从没有金融起就有跨期消费问题，跨期消费并不是伴随着货币产生的。

现代金融制度不过是市场经济发展下必然产生的一种跨期消费形式，它与非市场经济，如原始的氏族社会、尚未完全成为历史的计划经济相比，个人更有选择的余地。纯粹的市场经济下，个体货币收入的多寡决定了其可能获得的消费份额的多寡。而市场经济中货币收入的多寡取决于各种因素，如果不加以干预，市场经济的分配制度会将两极分化推向极致，直到引起社会动荡。因为市场经济的分配制度造成的两极分化会使社会失去道德甚至人性。正如市场经济的分配制度必须由市场以外的力量——政府来干预才能更有人性一样，市场经济特有的跨期消费形式也必须由政府进行管制和干预才能更公平。

虽然马克思关于借贷资本来自产业资本循环过程中货币资本形式的独立化的观点更深刻地揭示了金融的本质属性，有利于区别西方理论中的金融与封建的高利贷，马克思却坚持认为借贷资本不创造价值和剩余价值，只是分享产业资本创造的价值和剩余价值。而西方主流理论则认为金融资本是独立进行服务的一种资本，它有配置资源、实现跨期消费的功能，因此是与产业资本一样创造财富的资本。

3.2.2 利息的来源、决定与财富创造

马克思指出，“地租、利息和产业利润不过是商品的剩余价值或商品中所包含无偿劳动各个部分的不同名称罢了，它们都是同样从这个源泉并且只是从这个源泉中产生的。”[①]利息“不外乎是一部分利润的特别名称、特别项目”[②]，“它是由完全地或部分地借助别人的资本从事‘劳动’的产业资本家支付给这笔资本的所有者的。利息是利润，即剩余价值的一部分，这一部分作为一种特殊的范畴被固定下来，以特有名称与总利润相分离。”[③]利息是产业资本或商业资本的利润的一部分，这是马克思对利息的基本认识。利息不是借贷资本创造的，而是产业资本创造的，由银行资本通过融资活动转移到

① 马克思，恩格斯. 马克思恩格斯全集[M]. 北京：人民出版社，1974：187.
② 马克思. 资本论[M]. 北京：人民出版社，1974：379.
③ 马克思，恩格斯. 马克思恩格斯全集[M]. 北京：人民出版社，1974：521.

金融领域中，这就是利息的本质。

西方金融理论则完全不同，它们认为利息是承担风险的报酬，是时间价值的体现。而银行利润是银行业服务报酬的一部分，也是银行家为社会创造的财富，银行利润与银行的其他服务报酬都被计入当年的国内生产值（GDP）。在当代通行的经济统计中，银行服务创造的财富作为服务而计入GDP。关于利息的理论，西方经济学家进行了大量的研究，其基本方向是解决现实问题。在这方面，西方经济学取得了相当的成就，其中有许多理论越来越具有应用价值，如利息率期限结构理论以及利息率收益率曲线的计算等，已经作为一种指导金融工程学的原则和资产定价计算的基础被广泛应用。现代西方金融理论由一般性地研究融资向以风险管理为核心的分析演变；另一方面，利用利息率进行宏观经济调控的手段已经是一个各国通行的做法，20 世纪 90 年代以后，利息率对资产价格的作用也被纳入许多国家宏观政策目标的考量。利息率已经成为宏观经济活动中最显眼的一个指标，围绕它的各种研究不胜枚举。

1. 利息率决定理论

马克思的利率决定理论是以剩余价值在不同资本家之间的分割作为起点的，是从借贷资本的角度来分析利息率的决定问题；而西方经济学关于利率决定的理论全都着眼于利率变动取决于什么样的货币供求对比，是从货币的角度分析利息率的决定因素的。

笔者认为，比较马克思和西方利息率决定理论的区别，必须认识到从马克思的时代直到现在，人类历史上的货币制度经历了一系列变化，简要地概括就是从金属货币时代过渡到金汇兑本位，直至现在的信用货币，即纸币时代。马克思所处的金属货币制度时代中，金属货币本身是有价值的，而且是十足的价值。流通中的金属货币量会自行调节，在长期流通中的货币量都是稳定的，一般情况下不会发生通货膨胀。因此，在当时，通货量、物价等因素对实际经济的影响不大。所以，马克思曾指出，通货量只有在经济危机时期才对利息率产生决定性的影响，通货量在其他情况下与利率无关。因而，在这种情况下，国家对流通中货币量的调节是没有效果的，那时的国家不需要货币政策。当时利率主要取决于借贷资本的供求，利率的高低主要受借贷双方力量对比的影响，货币量变化的影响可以忽略不计。故马克思认为，在正常情况下“利息率的高低取决于借贷资本的供求”是依据他所在时代的币制特点而得出的正确结论，这也几乎是马克思唯一用供求来解释的变量。

而马克思去世后，由于黄金在世界范围内非货币化的进程，进入信用货币制度时代。纸币本身没有价值，它是靠国家信用来发行的，虚拟化的货币没有自动退出的机制，因而只要它被投放到流通中就不会自行退出流通，从而对流通没有自动调节作用。由于信用货币本身是没有价值的这一特点，导致其在对货币流通影响上与金属货币有重要区别，这种区别决定了马克思时代后利息决定理论的发展及货币政策的发展，即国家对利率调控、货币发行和流通干预的必要和可能，这也是西方各流派利息率理论研究的内容。因为马克思没有看到今天货币的高度虚拟化，也没有看到市场经济下金融发展得如此迅速，所以我们应该注意挖掘西方各流派利率理论的合理因素，以求得马克思主义利息理论的不断完善和发展。

2. 利息的来源与财富的本质

市场经济的发展似乎并没有提供什么事实，以使我们更加相信马克思的分析，因为有关利息率研究的最实用的理论都是西方经济学家根据实践需要逐渐发展而来的。马克思简单的利息率理论既没有办法说服人们放弃已经发展得非常有使用价值且在一定程度上能够自圆其说的西方主流的利息理论，又不能对实际操作有任何实际的指导意义。显然这里面存在着重大的问题，既然马克思的货币理论那么有说服力，而且在现代资本主义经济高度虚拟化的条件下独显优势，能够帮助我们更深刻地理解现在及未来的发展方向，那么其金融理论中的利息理论为什么距离现代经济这样遥远？马克思的理论如果足够本质的话，就不会过时，他提出的命题将伴随市场经济始终，而不论现代西方金融理论多么复杂、专业术语多么晦涩难懂。

其中的关键问题有二：一是马克思对利息来源的解释及其对价值、价值增值这些资本主义最本质的关系的解释并不完全一致；二是他没有考虑到价值增值形式在借贷资本上的发展与剩余价值分割理论之间可能存在的矛盾。

马克思认为，利息的来源是产业资本创造的剩余价值，这与他认为商业资本和借贷资本都是不生产的，从而不创造财富的认识有关。根据马克思的认识，社会财富增加的唯一途径就是产业资本的扩大和效率提高。商业资本和借贷资本只有在促进产业资本扩大和效率提高的时候，才有正面的作用。

当马克思揭示在商品经济中财富的基本形式是商品，而商品的物质内容与其社会形式之间存在矛盾的时候，他指出在商品经济中，财富的社会属性，也就是它的本质属性是其价值，而不是其使用价值。本来马克思已经指出了资本主义市场经济的本质是价值的和价值增值的，即使价值脱离物质形式以科研计量的技术和一套电子设备的方式存在，也并不与价值的本质属性是社会关系这一点有任何矛盾。同样，当价值增值形式脱离物质生产过程，以一套特有的规则并依赖电子设备来运转的时候，也并不与将资本主义的生产过程看作物质生产过程和价值生产过程的统一有任何矛盾。

正像马克思指出货币是价值独立化的表现形式一样，借贷资本和虚拟资本的运行也是资本主义生产过程的本质属性——价值增值的独立化发展的结果。市场经济只承认价值，用货币衡量的价值，所有的生产活动如果不是与价值增值统一起来的，其就无法存在。如果这两点体现出市场经济本质的话，那么就可以直接推论出，在市场经济中，只要是有货币衡量的价值，即使无形，其也是客观存在；只要能使价值增值，即使它根本与物质生产无关，也可以被看作生产。如果我们从消费角度来看，情况就不是如此，因为货币不是财富，对于由货币衡量的一切没有具体效用的东西，即使价值很高，也不是财富，因为人们不能靠它们生存。市场经济被马克思称作“头脚倒置”的一种制度，也正因如此，价值与物质内容可以脱节甚至根本无关，价值增值可以是纯粹价值的，从而与物质财富的多寡无关，但是它们仍然创造GDP，仍然被市场经济看作生产。当股市进入牛市的时候，我们看到市场活跃，交易量大幅度增加，股票指数也大幅度增加，于是印花税、经纪人提供服务所得的各种收入也大幅增加，这些收入将计入当年的GDP。例如，中国于2007年进入牛市，当年对交易双方征收的印花税总额为2005亿，直接计入当年GDP。显然，股市直接创造的财富是价值的，不是物质的。在高度发达的市场经济中，一个谣言可能造成大规模的投机活动，从而导致巨大的价格波动，这时服务可能会大幅度上升，进而导致GDP大幅度上升。谣言和谎话创造GDP的情况只有在虚拟化程度相当高的市场经济中才可能成为事实。

如果我们不是将商品的价值作为财富的本质属性，而是将使用价值看作财富的本质属性，面对虚拟财富暴涨，面对多数股票、债券及银行抵押资产中因为价格奇高而具有抵押价值的地产的时候，就无法理解为什么市场经济会冒出这些虚拟财富，而那些有形的能够直接消费或者用于直接生产消费品的机器设备的价值却小得可怜。我们是应该坚持马克思关于商业、金融业都是不生产的理论，从而反对当代通行的统计方法，还是坚持马克思关于货币、价值增值这些对资本主义最本质规律认识的理论呢？

沿着马克思的基本分析思路，揭示出市场经济的本质属性是价值和追求价值增值，认识到在市场经济高度发达的阶段，价值由于其社会属性而脱离了任何个别使用价值，从而更加体现了其社会关系的性质；认识到价值增值会脱离具体和个别的物质生产过程，成为依赖于货币环境及整个实体经济的虚拟的价值增值过程。这些过程创造出了大量的虚拟资产，它们的总量不但超过 GDP，更加引人瞩目的是虚拟资产的价值总量大大超过了机器设备等实际资本的价值总量。但这并不能说明当代社会是依靠股票、债券和地产这些占总资产价值 90%以上的虚拟资产来生存和发展的。人类的进步和发展依靠的是科技进步和人类生产能力的提高，但是在市场经济中却一定要披上价值和价值增值的外衣。

从价值与使用价值的矛盾开始，发展到生产过程中物质生产过程与价值增值的矛盾，再发展到今天在全社会范围内和世界范围内的实体经济与虚拟经济的矛盾，这正是“头脚倒置”的市场经济走过的历史过程，这个过程的逻辑早就孕育在马克思指出的商品价值形式的发展过程中，这个过程也恰恰是生产日益社会化的过程。

第 3 节　马克思的虚拟资本理论与当代金融证券业的发展

自 20 世纪 60 年代以来，金融市场不断扩展，金融制度不断创新，金融衍生物层出不穷，与之相适应，现代西方金融的研究也取得了长足的进步。但是，这并不能否定马克思金融理论的重要理论价值和现实意义。马克思金融理论的核心范畴——虚拟资本，深刻揭示了金融资产所特有的虚拟性质，而在西方的金融理论中关于金融资产虚拟性质的研究却很薄弱，本节将揭示证券业的演化和虚拟资本的发展，以及当代经济如何从马克思货币金融理论的核心范畴——虚拟资本的发展过程中孕育出虚拟经济。

“虚拟资本”是马克思的用语，也是马克思货币金融理论的核心范畴，它被用来说明金融机构资本的大部分股票、债券、衍生品等金融资产的本质。“虚拟”一词恰当地揭示了证券的本质特征：它可以作为商品买卖，可以作为资本增殖，但本身却没有劳动价值论所说的价值。它们代表的实际资本已经投入生产领域或消费过程，它们最初的物质形态由于消费已经消失，或由于生产已经改变，但其自身却作为可以买卖的“金融资产”滞留在证券市场上。通过证券，一笔资产可以有双重存在甚至多重存在；同时，一笔资本的运动过程也演变成了两种或两种以上的既有联系又相对独立的经济过程，即实际的经济过程和虚拟的经济过程。

现实中，证券包括股票、债券、商业票据和其他可转让的金融工具，都属于虚拟资本。所谓虚拟资本，是指它们具有资本的形式，却没有资本的内容。在正常情况下，所有的证券都像商品一样可以买卖，在买卖过程中它们可以具备类似实际资产的性质，即通过买卖之间的差价获得利润或遭受损失。

在 20 世纪 80 年代的证券化发展创新浪潮中，出现了许多新的证券形式和直接融资方式。例如，资产证券化中的“重新打包”业务，将一些低信用等级的证券组成一组，加入较高信用等级的证券成为可以抵押发行的新债券。新债券的发行不但可以改变证券的期限，而且可以通过对原有证券的买卖随时调整组内的证券种类和数量。新发行的证券是在原有证券的基础上发行的，它们是虚拟资本的虚拟资本。在金融衍生物出现以后，虚拟资本发展到了一个更高的阶段。首先是金融期货、期权等。股票和债券的期货合同不仅是虚拟资本的虚拟资本，而且是“无中生有”的虚拟资本。因为在期货交易中，大多数（98%左右）交易是根据金融资产的价格涨落支付其差额。无论买者还是卖者，通常不必真正拥有合同中规定数额的证券或资金，也不必在交易清算时真的买入或卖出这些证券。因此，这类投资被称为杠杆投资，也是一种投机性的投资，交易双方不过是针对证券的涨或落打赌。其次是金融衍生物的发展形式，如指数期货、期权等。在这种交易中，交易双方甚至抛弃了金融期货那种纯粹“幻想的交易”的外壳，而就股票指数等的涨落打赌。交易物是什么已经不重要了，甚至有无交易物都无关紧要。我们将这种无交易物的交易合同或凭证称为虚拟性最强的虚拟资本。

马克思在《资本论》中曾详细论述了商品的内在矛盾如何孕育并发展为庞大的资本主义经济。今天的虚拟资本的新发展也正是商品内在矛盾继续发展的产物。价值增值是资本主义商品经济的本质特征。马克思指出，在资本主义的发展过程中，一切可能产生收入的地方都会打上资本的烙印。那些没有价值的东西，如股票和土地，由于能够带来收入，都被资本化了。在资产证券化的过程中，各种收入流都被资本化了。人们的工资、利润、利息等收入，只要其中一部分定期偿还购买住房、汽车等的贷款，就可以用来发行债券，这些债权也就都披上了价值增值的外衣。银行的其他贷款、企业的各种应收款，只要还款是有保证的，都可以发行债券，取得虚拟资本的形式。衍生物的发展使赌博、投机等活动也被资本化了。因此，虚拟资本在当代的发展，是资本主义生产方式进一步发展的必然结果。列宁曾经指出，资本主义生产日益社会化产生了现代银行制度，而银行作为社会化生产的产物又起着控制社会生产和充当社会簿记的作用。虚拟资本正是在资本主义信用的基础上发展的，这使它一出现就具有社会属性和资本主义社会特有的价值增值的烙印。虚拟资本的发展过程是不断脱离实际生产的过程，同时也是不断提高对社会经济整体状况依赖程度的过程。马克思指出，商品的使用价值和价值的二重性，在资本主义生产过程中转化为物质生产和价值增值的二重性。战后在价值形式的独立化表现形式——货币的不断发展的同时，价值增值过程也在外化，它逐渐与实际生产过程相分离。作为虚拟的价值增值过程，也像虚拟的货币与商品家族的对立一样，逐渐朝着与整个实际生产过程相对立的方向发展。价值增值过程的外化和虚拟化是虚拟资本在当代经济中发展的本质。

马克思曾论述了从商品拜物教到货币拜物教再到资本拜物教的发展过程，其中最能体现资本拜物教的神秘性的是生息资本的运动：G—G′，它隐藏了生产过程，似乎货币会自己生出货币，货币资本本身就具有价值增值的能力。对于早期资本主义的生息资本，人们还可以发现它与生产过程的密切关系，了解它的利息不过是贷出的货币资本进入生产领域之后创造的，对于股票、债券等虚拟资本，发现它们与实际生产过程的联系也并不困难。但是在资产证券化和衍生物的发展中，资本拜物教的形式得到了进一步的发展。一些收入被证券化以后，人们在其价值增值的外衣下找不到它们与生产过程有什么联系。指数期货更是如此，它们的价值增值似乎与任何实际资产都无关。似乎货币本身也真的能自行增值。市场的神秘性也在虚拟资本上得到了进一步的发展。

古典经济学家曾试图揭示价值规律以让人们看到那只“看不见的手”。而现代经济学家寻找各种科学的预测方法和躲避风险的方法来尽量避开市场中那些不可知的东西，但是这些努力的效果甚微。随着经济的发展和国际货币体系的变化以及国际经济往来的加强，市场的不确定性似乎与消除它的方法一同成长。国际证券投资的多样化被认为是避免风险的最有效的方法之一。无论其能否真的实现全球性的“世界证券组合”投资，至少在理论上仍然有根本无法躲避的系统风险。价值增值完全与生产过程无关，它不过是取决于对风险和收益的选择、对未来的判断，而这种判断更多的是凭运气。对于投资者来说，市场依然是神秘的。马克思关于商品拜物教的论述涉及了现代金融理论的核心内容——风险。从资本主义制度，特别是货币制度发展的角度来揭示市场经济不确定性和风险的根源，将有利于我们建立风险的经济理论，这与当代建立在数学和工程学基础上的风险管理学有着重要区别。越是考虑宏观风险和系统性风险，就越是需要从本质和来源上认识风险。了解风险产生的根源，才能对其生成、传播、放大等机制有更深刻的理解，找出更有效的观测和调控办法。

在经济、金融日新月异的发展变化中，金融日益脱离实体经济而运行的“虚拟化”现象越来越突出，当代经济的虚拟资本规模进一步深化，面临经济系统整体“虚拟化”状况，我们必须研究金融“虚拟化”对经济和金融的广泛影响，从而真正理解现代金融的本质。目前，我国已经建立起社会主义市场经济体制，但由于缺少相应的理论和实践经验，在建设金融市场和实行货币政策调控时只能主要借鉴西方的金融理论。但是我们不应该忽略马克思货币金融理论的科学成果，应在充分把握马克思货币金融理论本质的基础上吸收西方金融理论中的精华，有效促进建设有中国特色的社会主义市场经济的发展。

第4讲　后凯恩斯主义货币理论

本讲文献来源：樊苗江、柳欣（2005）《货币理论的发展与重建》；兰德尔·雷（Randall Wray，2014）《现代货币理论：主权货币体系的宏观经济学》等。

本讲核心内容：介绍了经典后凯恩斯主义货币金融理论的基本思想、理论体系和理论特征。

按照哈考特（1987）的定义，后凯恩斯主义学派是指一组强烈反对处于主流地位的新古典经济理论和正统凯恩斯主义的IS-LM一般均衡分析方法，并努力为宏观经济分析提供可供选择的“多种研究方法”而联合在一起的经济学家的学术体系。但它“不是一个紧密的团体”（艾克纳，1979），实际上是一个相当“异质的组合”（哈考特，1982），仅仅由于它们都具有向正统挑战的愿望而被联系在一起。其主要观点可以追溯到其创始人的贡献，即凯恩斯的货币观点、卡莱斯基的真实分析、斯拉法的价值理论和分配理论，以及贯穿于卡莱斯基和斯拉法著作中的古典学派和马克思的观点。

大致说来，后凯恩斯主义经济学主要包括：①后凯恩斯主义货币学派，由于其成员主要分布在美国，也称为美国后凯恩斯主义，它侧重于马歇尔短期分析和局部均衡分析，以及凯恩斯的货币理论，代表学者如温特劳布、戴维森、明斯基、克雷格尔、摩尔、奇克、S. 道、R. 罗西姆等，其中卡尔多是个例外，他在货币理论上持有相似的观点；②新李嘉图主义，也被称为“剩余学派”或斯拉法主义，它侧重于马克思、斯拉法的价值和分配理论及凯恩斯的有效需求原理，代表学者如盖尔加尼（1978、1979）、巴拉德瓦杰（1978，1983）、伊特韦尔（1979、1983）、米尔盖特（1982、1983）、帕西内蒂（1962、1974、1981），以及达特和阿马德奥（1990）等；③后卡莱斯基学派，它侧重于马克思再生产原理和卡莱斯基的有效需求原理，代表学者如琼·罗宾逊、索耶等。另一方面，美国后凯恩斯主义，也被称为“原教旨凯恩斯主义”，代表人物包括老一辈经济学家汤申德（1937）及沙克尔[①]等；而罗宾逊及新李嘉图主义者等参与“剑桥资本争论”的经济学家，也被称为“新剑桥学派”。一般认为，除凯恩斯外，后凯恩斯主义经济学的主要奠基者是罗宾逊、卡尔多和卡莱斯基；而第二代后凯恩斯主义者的杰出代表主要有明斯基、戴维森、克雷格尔和哈考特等。

后凯恩斯主义的基本特征是强调历史时间、不确定性和内生货币。但在它的演化和发展中，特别是与主流经济学的竞争中，后凯恩斯主义没有显示出必要的内在一致性、综合性和强劲性。主流经济学和后凯恩斯主义的分歧主要来源于凯恩斯主义和剩余学派教旨的不同（达特和阿马德奥，1990）。

为了简明、清晰地了解后凯恩斯主义货币经济理论对于货币的认识，我们总结了兰德尔·雷（Randall Wray）的研究。

（1）什么是货币与货币经济？货币是债务，从历史发展进程来看也是这样。现代资本主义经济，或者说市场经济模式国家，都是依靠广义货币关系来实现经济运行的。所谓广义的货币就是各经济主体之间复杂的资产-负债关系。

（2）如何衡量资本主义货币经济运行？资本主义货币经济关系的本质是债务-债权关系，呈现为资本存量-收入流量关系，依托存量资本，通过抵押，因为具有资本所有权而获得利息收入需求，对应收入流量（通过使用资本进行生产，并通过售卖产品和服务而获得收入），两者能否达成持续平衡是关键，如果两者持续严重失衡就会出现金融风险和经济危机。在资本主义经济中，经济关系决定了资本存量与收入流量之间内生存在着不确定性风险。

（3）政策上的认识。税收不是用来约束政府支出的，而是它的制度基础。政府可以通过增加银行准备金的方式放出债务，从而创造货币，理论上是可以无限发行货币的。商业银行和其他金融机构也可以，只要市场相信其信用即可，所以水平主义和结构主义的思想就呈现出来。由此得出，中央银行控制利率和货币发行量的政策，不能以控制通胀为目的。

（4）现代货币理论的经济哲学观点。在稳定经济方面，劳动缓冲储备比黄金缓冲储备更加有效，因为劳动力参与所有商品和服务的生产，所以应该成为货币金融信用创造的根本锚。对于发行主权货币的政府来说，支付能力并不是一个问题，那么知道“政府应该做什么”就变得尤为重要了。各种货

① 奇克认为，沙克尔的思想接近奥地利学派（参见斯诺登，等. 现代宏观经济学指南——各思想流派比较研究引论（中译本）[M]. 北京：商务印书馆，1994：487）。

币体现的是各主体之间的经济债务-债权关系，它们另一个共性是都由记账货币（中央政府与中央银行垄断发行的基础货币作为价值尺度和交易媒介；基础货币是政府对公众的债务，依靠政府征税要求权来支撑）来衡量。

现代货币理论认为，政府税收不是对货币创造的约束，而是公众接受政府创造货币的制度基础，公众需要持有政府借据，才能偿还政府的各种征税；所以政府借据就成为记账货币，为公众所接受，并成为广义货币的记账单位。

据此，这个思想体系提出的前沿研究方向：流动性产生于不同信用等级的货币金融资产之间——在资本存量与收入流量基础上，又在货币金融领域形成人们持有金融资产存量与收入流量之间的关系。随着货币金融资产规模的扩大，其结构更加复杂，政府发行的基础货币和有存款保险制度保障的狭义货币就成为最安全的避险手段。流动性管理是各主体需要面对的问题，也是在金融不稳定关键阶段所采取的重要方式。

第 1 节　对《通论》的释义

后凯恩斯主义者，特别是美国后凯恩斯主义者认为，凯恩斯革命的精髓在于《就业、利息和货币通论》（简称《通论》）的第 12 章和第 17 章，以及凯恩斯在《经济学季刊》上发表的《就业一般理论》（1937）。他们强调不确定性和历史时间、生产的货币理论。奇克（1978）曾简明地阐述了后凯恩斯主义的基本观点："《通论》代表着一个生产经济模型，它使用货币，在时间中穿行，受到不确定性和出错的可能性约束。"

4.1.1 不确定性和历史时间

后凯恩斯主义认为，凯恩斯的一个重要贡献就是将不确定性牢固地置于经济各阶段的中心（罗宾逊和伊特韦尔，1973；温特劳布，1975；N. 夏皮罗，1978；菲茨吉本斯，1988）。明斯基（1975）更是生动地指出了凯恩斯理论的这个特点，他评论道，"失去不确定性的凯恩斯，就像失去王子地位的哈姆雷特一样。"凯恩斯认识到经济是在历史时间中而不是逻辑时间中运行的，"通过时间的运动只能是单向的，从过去到将来的"（罗宾逊和伊特韦尔，1973）。因此，今天和明天的差别是 24 小时，而今天与昨天的差别则是永恒的，因此经济行为主体面临的是不可逆转的、不可知的，但不是不可想象的未来（沙克尔，1967）。在这样一个独一无二、不会重复的世界中，概率法并不适用，万花筒般的变化和根本不连续性是其特征，货币、传统和契约的存在由此产生额外的重要性（沙克尔，1972，1974；戴维森，1984，1991）。也就是说，这种不确定性的存在解释了投资的易变动性和货币存在的基本理由以及总供给和总需求的波动。投资决策是建立在猜想、本能和动物精神的基础上的。在这样一个世界中，预期很容易被挫伤是不难理解的。持有货币的决策本身是习惯方式，使人们保持了灵活性，因此推迟了特别无知时不可逆转的决策的制定。因此，后凯恩斯主义者认为，如果假设有关未来的知识可以在今天获得，那么不确定性环境就成为风险环境，而风险是可测、可保险的，凯恩斯和其他宏观经济学家所提出的许多问题就不存在了。

4.1.2 生产的货币理论

凯恩斯对生产的货币理论给予了极大重视，它确定了有效需求在以不确定性为特征的世界中的波动。《通论》阐述了货币在历史时间内影响经济的交换和生产过程的方式。[①]在凯恩斯笔下的各种自变量，即消费倾向、资本效率、流动偏好、既定预期及货币政策和银行经营政策等都相互作用，决定有效需求（克雷格尔，1987）。在《通论》第17章中，货币作为一种占有特殊地位的资产，具有零收益，同时具有极大的灵活性，其好处超过了它的可忽略的持有成本。凯恩斯认为，货币具有两个特殊的属性：它的生产弹性等于或几乎等于零，同时它的替代弹性等于或几乎等于零。这两个特性对解释有效需求的失灵起决定作用。对于面临更大的不确定性而引起的对灵活性需求的增加，即货币需求的增加，不会导致在货币或其替代物的生产中对劳动需求的增加，不过它将导致非货币生产及相应的劳动力需求的减少。因此，凯恩斯认为，没有货币的经济体系会自动实现充分就业均衡。也就是说，新古典理论会自动成立（克雷格尔，1985）。

凯恩斯的这些观点被后凯恩斯主义者进一步发展、深化，他们强调不确定性，货币工资的中心地位既作为价格水平的主要决定因素，又作为经济稳定或不稳定的主要决定因素，以及资本积累过程的存量-流量关系。戴维森运用《货币论》和《通论》中的马歇尔框架来分析不确定性环境下生产和货币经济的运行和发展，其中马歇尔提出的“理性行为人”追求尽他们的努力做

---

① 凯恩斯和后凯恩斯学者虽然明确了宏观经济不确定性问题，即波动问题是经济常态，但是是什么造成了不确定性和波动的问题却被他们神秘化了，他们仅强调了随时间变化而出现了有效需求不足和信贷及投资问题，没有深刻理解资本主义经济运行最重要的不确定性来源是私有制基础上的经济关系，即所有权、融资与投资，生产与分配，然后到消费运行机制。

到最好这一目标。在积累理论中，他使用凯恩斯关于现货市场和期货市场的理论，将投资支出的流量和资本存量联系起来。戴维森和克雷格尔（1983）使用现货和期货市场以及它们的价格的对比来阐明《通论》第 17 章的分析，认为在《通论》第 17 章中与积累相联系的真实力量和决定利率的货币力量联系到一起了，其中的关键就在于货币的特殊属性和基本性质（即灵活性），正是由于这个性质，非充分就业均衡才有可能存在。这是因为货币的生产弹性和替代弹性问题变得微不足道，将需求从商品转换到货币不一定创造充分就业。戴维森（1980）进一步发展了凯恩斯（1936）货币与货币工资关系的认识，他强调货币的灵活性升水的作用，因为合同是以货币形式固定的，货币工资通常是十分稳定的。正是货币的灵活性使得工资以货币的形式而不是其他商品的形式固定下来，而且货币工资相对稳定的事实，为货币经济的继续存在提供了必要的基础。

明斯基（1975，1978，1982）的金融不稳定性理论是对《通论》思想的发展，他发展和强调了供给侧（资本主义经济中投资和资本积累是本质）和货币金融（融资变化对投资以及两者相互影响是经济波动的关键因素）对于经济波动的根本性影响。该理论中的关键假设涉及一个关于经济周期波动的内生理论。明斯基（1975）认为，这种波动是真实因素和货币因素相互作用的结果：当企业对所承担的财务履约义务（即资产负债表的负债一方，它们是根据其初始预期而发生的）含义做出反应时，预期的现金流量不能实现就会造成过度的真实运动。而利润流量在资本主义经济中的关键性和必要性，正是引起大量债务的原因。在明斯基看来，在债务-通货的紧缩过程中，两者是不平衡的，因为通货的紧缩将导致现金流量的减少（即价格或销量的下降）和现金履约义务（债务）的增加。因此，债务-通货紧缩过程使生产单位（企业）在融资方面更加无力，更容易破产。

4.1.3 有效需求原理

几乎所有后凯恩斯主义经济学家都承认“有效需求原理”是《通论》的关键。对于原教旨凯恩斯主义者来说，凯恩斯的有效需求原理的主张与时间和货币密切相关。其中，马歇尔对《通论》的结构产生了实际的影响。首先，凯恩斯深化了马歇尔的“时间”观念，“时间几乎处于每个经济问题的中心”，时间是不可逆转的，因此“人在期初和期末是不同的”（马歇尔，1920）。在这种不确定的世界里，经济行为人因不完全的信息和未来的不可了解性，就不可避免地出错，而这种错误不可能毫无代价地消除。在经济波动时期，具有完全流动性的资产（即货币）的存在，使得经济行为人推迟购买特定的可生产商品（尤其是投资品）。凯恩斯特别强调研究有效需求中的投资部分及其促使其发生变化的主要动机的因素。其次，马歇尔认为对劳动力的需求源于对由劳动力生产的产品的需求；凯恩斯的有效需求原理在总量层次上对此做了一般化分析，并得出劳动市场未必出清的结论。再次，《通论》中应用了许多局部均衡的方法，而不是瓦尔拉斯一般均衡所有经济问题依次解决的办法；凯恩斯以局部均衡方法阐述动态理论（即移动均衡分析），试图证明均衡是存在的，失业可能持续下去，凯恩斯把马歇尔的观点向前推动了一大步，从马歇尔那里得到了宏观层面上的东西。最后，马歇尔虽然保留了新古典的两分法，但他削弱了它的价值理论，做法是使用供给和需求的长期力量解释长期状况和与之相关的长期正常价格；凯恩斯虽然驳斥了新古典经济学的主要信条，但是在《通论》中他并没有把他自己完全从价格的供求理论中解放出来，这与他在《货币论》中关于部门价格水平的理论，即货币工资水平和利润差额分别成为价格水平的主要决定因素的观点相比倒退了一大步，因此《通论》的价值和分配理论的基础是薄弱的。

在《通论》中，有效需求是与货币联系在一起的。后凯恩斯主义者认为，在凯恩斯笔下的各种自变量，即消费倾向、资本边际效率、灵活偏好和银行系统的货币政策等都相互作用，决定有效需求。消费倾向表明企业家若不想亏损就必须按照收入增加时收入与支出之间缺口的大小来增加投资；而货币生产经济中资本边际效率和灵活偏好则解释了与资本边际效率有关的利率的基本特性，使得投资率很有可能严格按照这一缺口的大小进行调整。由于企业家追求货币利润最大化，而不是就业或实物产出最大化，所以就没有理由认为他们的投资决策必然导致充分就业下的均衡。凯恩斯关于就业水平限度的论述，使得任一水平，包括充分就业，都可视为稳定均衡。因此，凯恩斯经济学是比经典经济学的萨伊定律更为一般的理论，因为在萨伊定律中只有劳动市场实现规定的充分就业限度，才能实现唯一的稳定均衡。此外，凯恩斯不接受小企业接受价格的观点——这些小企业总是在不确定条件下营运的。因此，他强调有效需求对企业的意义：总需求可能会自发地发生变化，因为投资不仅取决于长期预期，还取决于银行货币政策。其中的关键是银行无须在先有储蓄的情况下创造货币，这就逆转了储蓄和投资之间的因果关系。

另一方面，新李嘉图主义者也接受凯恩斯的有效需求理论，主张意愿的储蓄随着收入水平的变化而等于意愿的投资。但是他们认为那是或应该是一个关于收入和就业的长期水平（意为持久力量作用的最后结果）的理论。因此，他们主张将有效需求原理和古典的价值和分配理论——即由斯密、李嘉图、马克思，特别是斯拉法（1960）重新表述的劳动价值论结合在一起，以寻求一种长期均衡。与之相联系，新李嘉图主义者一直不满意凯恩斯经济学中出现的“马歇尔的影子”，如供给和需求决定价格的理论，以及新古典主义在凯恩斯的投资分析中的应用，这些应用主要出现在《通论》第 7 章中讨论向下倾斜的资本（和投资）边际效率表、对资产的需求表中（米尔盖特，1977）。他们认为，凯恩斯的所有这些建树与后来“剑桥资本争论”中发现的资本倒转是不一致的。例如，既没有假定资本边际效率表向下倾斜，也没有假定投资边际效率表向下倾斜；更有甚者，在《通论》第 17 章的论证中，凯恩斯利用利息率的灵活偏好理论使货币利息率成为关键，这是使用新古典“不完全性”的一个例子，而在长期理论中是不能这样使用的。新李嘉图主义者认为，凯恩斯基于灵活偏好的利息率理论并不是一种长期理论，其中的一个理由是，由于实际余额效应，在假设工资率和价格完全可变的情况下，利息率的变动会使经济调整到充分就业水平（米尔盖特，1977；盖尔加尼，1978，1979）。因此，与之相对应，他们特别强调有效需求原理与利润率的联系，认为使用外生给定的利润率假设，在有效需求的作用下（假设资本家不消费），产出和就业将被决定，凯恩斯经济学的长期理论回归到古典经济学（米尔盖特，1982）。

第 2 节　内生货币供给理论

4.2.1 货币-信用经济中货币的特性

在凯恩斯的《货币论》和《通论》提出的货币经济的分析框架上，后凯恩斯主义提出了内生货币供给理论，这个理论实际上是在货币-信用经济的框架内发展的。后凯恩斯主义认为，货币是“特殊的”。“对于现代资本主义的任何理论分析，如果不考虑货币的特殊性，以及货币在时间上赖以发生作用的金融机构，那么这种理论就必然是干枯的”（罗希斯，1986，《后凯恩斯主义货币经济学（中译本）》，第 15 页）。

后凯恩斯主义的货币理论的基本假设是“历史时间中的不确定性”。后凯恩斯主义认为，在一个不确定的世界和历史的时间中，决策是事先做出的，结果是事后得到的。正是资本主义对不确定性的反应造成了货币的特殊属性。货币的第一个特性是财富或价值的贮藏手段。它来自利息率未来趋势的不确定性。货币的第二个特性是没有通常意义上的那种生产功能。后凯恩斯主义货币理论与货币数量论的分歧，可以从对金融资产和不动产加以区分的做法上反映出来。不动产不具有流动性，不能作为财富的贮藏手段，也不存在很高的替代弹性。因此，货币和准货币的这种特性，使得货币供给的收入流通速度成为经济运行中的关键因素；通过金融创新，使得“一般流动性”状况，而非狭义的货币供给概念，成为经济波动的一个关键因素。因此，对于货币供给，不管如何下定义，其必定是内生的。货币的第三个特性是它使货币债务成为可能。金融合同不同于涉及产品和投入价格的远期合同，它把债权人与债务人联系在一起。明斯基（1982）将企业、家庭和政府对融资的态度分成三种类型：套头交易（hedge）、投机（speculative）和负融资（ponzi）。简而言之，债权人放弃了以货币形式的潜在购买力换取或许能（或不能）在将来实现的收入流量。这样产生的债务的信用状况，取决于借款人是否有足够的现金流量来保证金融承诺的有效性。每一类借款人都有一种主要的现金来源，对家庭来说是工资收入，对政府来说是税收，对非金融公司来说是预期总利润所产生的现金流量，而对金融公司而言则是“从所拥有的合同中得到的现金”。建立在债务基础上的货币经济的稳定性，决定了这三种融资类型的混合状况和融资方法沿这一融资“光谱”移动的状况。例如，为了抑制物价的普遍上涨，中央银行将货币政策目标由控制利率（联邦基金）转向控制货币基础（非借入准备金），这就可能导致各种利率的大幅度上涨，进而导致套头交易融资转入投机融资，投机融资转入负债融资。或者如果来自体系外部的重大冲击（如石油危机）诱发了严重的衰退，即使利率不变，预期利润率的急剧下降也可能导致同样的后果。不管在何种情况下，由于总的支付义务超过了预期的总的现金流量，经济的整个债务结构是难以支持的，随之而来的将是普遍的由债务导致的经济紧缩，而这又将导致企业破产和银行倒闭现象的大量涌现。据此，“货币提供一种特殊的债券，能够在生产不确定条件下使供求双方达到双重吻合”（明斯基，1982）。

与此相对照，新古典理论所研究的东西实质上是在确定性条件下运行的物物交换经济。如果有货币的话，货币也是事后引进的，就像弗里德曼所说的从直升机上撒下来的，或者以作为计价物的某种商品或以金属货币的形式出现。对于货币商品来说，存在着一个货币生产函数，它对需求增长的反应取决于其以产品计的供给弹性的性质。新古典理论并没有提出一个与经济的真实部门相互作用的货币体系。货币的引入往往是以货币数量论的形式出现的。在这个理论中，货币供应量是由中央银行外生地决定的。从长期来看，货币供应量被认为仅仅能够影响物价水平，而对实际产出和就业并不能产生持久的作用——充分就业均衡状态下它们是静止的。而在货币-信用经济中，货币不具有生产意义上的供给函数，存在于某一时点上的货币供应量主要取决于银行贷款的净额。货币并不是中性的，在不确定条件下运行的经济中情况尤其如此。不仅如此，企业家和家庭是根据以货币标记的契约承担义务的。因此，货币制度在信用经济的运行中起着关键性的作用。理解货币-信用经济的运转，对于分析现代资本主义很关键。

4.2.2 货币内生性

主流经济学的货币理论都假定货币供应量是中央银行外生地决定和控制的，因此，其货币供给函数，即 $Ms=M0$。货币供给机制只是基于基础货币（H）的机械的货币乘数（m）作用过程，即货币存量 $M=m\times H$。因此，主流凯恩斯主义和货币主义的分歧仅仅在于应该如何控制货币供给、通过什么工具控制货币供给——自有准备金还是借入准备金？

与此相反，后凯恩斯主义学者认为在现代信用经济中，货币供给是内生的。他们认为，货币供给“调整自身以符合商业要求”（卡尔多，1970），即以这种或那种方式和在较大或较小的程度上，在一定限度内不管中央银行做些什么，而终将满足商业对货币的需要。在其最极端的表述形式中，它是对萨伊定律的反映。某些后凯恩斯主义者已近乎认为，由于作为最后贷款人的中央银行将会满足社会的货币需求，在货币领域，需求能够自动和充分地创造自己的供给。如果中央银行只是部分地满足了某些增加的货币需求——这是更为可能的情况，那么通过调动闲置货币和节约交易货币，将发生沿着流通速度曲线的运动。然而，通过金融创新的中介作用，随着利息率的上升，又将发生流通速度曲线的移动。

后凯恩斯主义货币经济学反对主流货币理论，“主要表现为它对货币数量论中的因果关系箭头的颠倒：货币供应被看作名义收入的函数而不是相反”（罗斯艾斯，1986）。因此，它们具有与正统货币主义者所阐述的相反的货币与支出的因果关系。罗斯艾斯认为，一个充分发展了的内生货币供给理论需要在三个方面直截了当地拒绝货币数量论：①拒绝资本主义经济自然趋于长期充分就业均衡的概念；②拒绝关于货币的收入流通速度是稳定的并且独立于利息率（即货币需求是人均实际收入或一般物价水平的稳定函数）的论点；③拒绝货币数量论中由货币供应量到名义收入或一般物价水平的因果链的箭头。

4.2.3 历史渊源

后凯恩斯主义的货币分析框架是由明斯基（1975，1978）、戴维森（1978）和罗西姆（1981）建立的。它强调货币-信贷流量从银行体系向经济中的企业部门流动；或者同传统教科书的表述相反，因果关系是从银行业的资产-负债表中的资产方指向负债方，即银行首先发放信贷，在这样的过程中，它们便在资产负债表的右端自动创造了活期存款。罗斯艾斯（1986）认为，“这种观点同凯恩斯的《货币论》而不是《通论》中阐述流动偏好理论的证券-资产法更为一致。”实际上，这种货币的内生性观点由来已久，可追溯到 19 世纪上半叶的反金块本位主义者和银行学派（奥布赖恩，1975），他们强调“真实票据原则”（最近此观点由戴维森复兴，1989）及与数量论相反的因果关系。

米尔达尔于 1939 年出版的《货币均衡论》中清楚地复活了银行的“银行学派原则”并明确改变因果关系箭头方向。其贡献主要是认为 V 是变化的，因果关系由 P（或 Y）指向 M；处于时间中的信贷合同是任何物价水平理论的中心，因为“信贷构成了支付手段总量的主要部分，或至少决定了流通速度”；明确提出货币的需求函数与供给函数的相互依赖性，进而否认后者的外生性。拉德克利夫报告中“一般流动性”命题（1959）的提出，格利和肖（1960）以及托宾的“新观点”（1967）被认为是内生货币思想复兴的开始（宁咏，1999）。拉德克利夫委员会（1959）和卡尔多在英国议会的证词表明，货币供应量在很大程度上已变得不甚重要，只有对经济的一般流动性加以控制，才能获得一种有效的货币政策。格利和肖（1960）[①]、托宾（1967）则从反面提供材料，力图证明政府等外生力量对货币供给的控制是极为有限的，货币供给主要是独立于外在控制的经济过程内部活动的结果。

格利和肖的突出贡献在于揭示了非银行金融机构在信用创造中的作用。他们认为，战后经济情况的根本变化之一就是金融当局直接统治之外的非货币金融中介机构的急速成长，无论货币机构或非货币的金融中介机构，都能创造金融债权，它们都可以根据持有的某类资产而创造出成倍的特定负债，创造可贷资金，引起超额货币量，并产生大于事先储蓄的超额事先投资。由于货币当局对非银行金融机构的信用创造不能进行有效控制，因此非银行金

① 格利和肖（1960）最早使用了“内部货币”和“外部货币”的概念。

融机构的存在和发展弱化了货币当局对信用（从而对货币供给）的控制能力（格利，1960；格利和肖，1979）。

托宾（1967）继承和发展了拉德克利夫委员会、格利和肖的观点，认为在现代金融制度下，货币资产和非货币资产、商业银行和其他金融机构之间不存在显著的区别，货币和其他资产之间存在着可替代性，单纯的货币数量变动或货币流通速度的变动不可能成为影响国民经济变动的主要因素，更不可能是唯一因素，人们的注意力已从货币的数量和货币流通速度转向全部资产的供求上；同时，人们也从单纯重视商业银行的作用转向重视所有金融机构在货币供给过程中的作用。托宾认为，“包括商业银行在内的所有金融中介机构的主要作用是同时满足两类个人或厂商的资产偏好，一类是借入方，他们不受其净财富数量限制地扩展包括存款、房地产、机器和设备在内的实物资产的规模；另一类是借出方，他们希望能够将其财富以货币价值稳定、拖欠风险小的资产形式保存起来。”对于公众来说，银行和非银行金融机构的存款创造取决于公众的资产偏好和资产选择结构，货币的供求不仅取决于货币的成本和收益，还取决于其他资产的成本和收益。也就是说，人们对于任何资产（包括对货币）的需求，不仅仅取决于一种利息率，而且取决于多种利息率及其比较，也就是取决于相对利息率，即各种资产的相对收益率。托宾认为，公众的资产偏好和资产选择结构在很大程度上受社会经济活动和经济环境的影响，因此不能单纯地从中央银行角度研究货币数量。也就是说，如果要对货币的需求产生影响，或者说，如果要对利息率的变动产生影响，那么不能仅仅着眼于对货币数量进行调节，这也不单纯是银行机构的任务。重要的是，应当把货币问题同价值理论结合在一起考察，进而研究资本理论，研究金融部门与生产部门之间的关系，把货币理论的研究扩展为金融部门与生产部门之间关系的一般均衡理论的研究。基于以上认识，托宾批判了主流经济学的货币乘数理论，认为将这种存款创造过程描述为一个拘泥于银行准备金的机械的乘数过程并不能反映真正的存款创造过程。真正的存款创造过程应该是一个反映银行与其他私人单位的经济行为的内生过程。托宾考察了存款-准备比率和存款-通货比率的变动情况，指出这两个比率是由经济过程内生决定的，货币乘数由此具有内生性。

4.2.4 主要观点和分析结构

1. 收入到货币的“反因果关系”

对于观察到的货币存量与货币收入的紧密统计关系，后凯恩斯主义把它置于复杂的银行-金融体系中，以货币供给的内生性来解释。其指出，货币供给的变化先于货币收入变化的事实丝毫无助于建立货币主义者所指出的因果关系。后凯恩斯主义者强调，如果要实现支出的有计划的增加的话，就必须得到资金支持。这种“预备性的商业行为”标志着事先希望从银行系统获得贷款，而且，只有银行创造出必需的信用数量，这些行为才能得以实施。银行部门可以主动满足或挫败私人部门的支出计划。凯恩斯在引入“融资动机”概念时就意识到这一点（戴维森，1965），卡莱斯基在讨论经济周期时也意识到了，当时他强调建立灵活的银行系统，因为任何投资都会带来利润，从而值得为此借债。这就产生了一种产生收入的融资过程，通过此过程，计划支出通过银行信用转化为实际的支出。摩尔（1979b）将后凯恩斯主义观点总结如下，“有证据与以下因果关系明显一致：因果链是由商业银行贷款到货币存量再到货币基础，这反过来清楚地说明了倍受注目的货币与收入的经验关系主要反映了由收入到货币的‘反因果关系’。”

2. 工资-物价定理

凯恩斯认为，关于物价上涨的原因，从长期来看，取决于货币工资的增长是否超过劳动生产率的增长，所以货币数量论的结论是错误的。戴维森从凯恩斯关于货币工资既是成本又决定有效需求的观点出发，提出名义工资的增加既有“成本推进”的作用，同时还有“需求拉动”的作用（即工资增加引起需求增加，从而使物价上涨）。温特劳布（1978）进一步把凯恩斯关于货币工资和物价的关系用“工资成本加成方程式（wage cost mark-up formula）”来说明：

$$P = kW / A$$

其中，P 代表一般物价水平，k 代表整个经济中单位劳动成本或总边际利润上的平均加成，W 代表平均货币工资，A 代表平均劳动生产率。温特劳布认为，除非国民收入分配中有“革命性的变化”，否则 k 是特别稳定的，“在经济学的所有比率中 k 最稳定，在美国企业总产值中多年来 $k \approx 1.9$”。这样，在考虑 P 的变化时可以忽视 k 的变化，“从因果关系来说，侧重点放在方程式 $P = kW / A$ 的右边，平均工资与劳动生产率的变化在物价水平波动时起主要的作用”。（温特劳布，1978）①因此，物价上涨是由于货币工资的上升超过了劳动生产率的上升，即：

① 从工资成本加成方程式导出的推论即后凯恩斯主义用“收入政策”来稳定物价。

$$P=W-A$$

温特劳布实际上提出了一个与货币数量论方程式（$M=kPQ$）完全对立的观点。卡尔多（1970）也曾指出决定货币供给变化的两个主要因素是货币收入变化率与工资膨胀率。于是，后凯恩斯主义认为货币存量的增长是“通货膨胀的结果，而不是起因”（索耶，1991）。这一点摩尔（1979a）也曾清楚地说明，他认为，货币供给增长使工资和价格上涨有了充分的依据，但不是原因，“后凯恩斯主义认为货币存量内生地对信用需求的变化做出反应，并把货币工资变化率看作主要的外生变量，价格和货币存量都对它做出调整”。

3. 货币供给是工资率的函数、货币需求是名义收入的函数

许多后凯恩斯主义者把货币供给看作工资率的函数。他们认为，工资的增加将迫使企业向银行告贷，以满足其增加了的流动资金需求；这些银行在中央银行的充分支持下将自动地满足这种需求。这种论点实际上是主张对于任何给定的利息率水平（中央银行通过其公开市场业务可以决定利息率[①]），货币供给的弹性是无限的，即对应于给定的利息率，货币供给曲线是一条水平直线。

卡尔多（1980，1981，1982）比较系统地阐述了后凯恩斯主义的内生货币理论。卡尔多（1982）认为，在货币-信用经济中，任何时候货币供给量都是由货币需求决定的，即货币供给直接随着公众对现金和银行存款的需求变化而变化；而货币需求是名义收入的函数，货币需求的变化是利息率变化所导致的生产和收入水平变化的结果。换言之，利息率对“持有货币的愿望”没有直接影响，只有因收入水平的变化所引致的间接影响。因此，货币政策的目标是确定利息率而不是货币存量；对于货币存量，中央银行在任何情况下都是没有控制能力的，货币需求的任何增加都由作为最后贷款人的中央银行予以充分满足；在既定的利率水平上，货币供给曲线的弹性是无限大或水平的。明斯基（1982）、摩尔（1988a）也从中央银行保持金融秩序稳定的职能出发，强调中央银行“最后贷款人”的身份。

摩尔（1988a）在温特劳布-卡尔多内生货币理论的基础上进一步提出了“水平主义”内生货币理论。摩尔认为，在“利率（Y 轴）-货币量（X 轴）”二维坐标系中，传统的货币外生性理论将货币供给曲线表示为一条与 X 轴相

---

① 一种观点认为，利息率是由中央银行外生决定的，其中的一个理由认为货币供给与需求相互依存，故利率只能作为外生变量；另一种观点认为，利率是加成的，理由是金融体系尤其是银行垄断。

垂直的直线，可以在货币当局的操纵下进行任意的水平移动，故称之为“垂直主义”；与此相反，他认为货币供给曲线完全是一条平行于 X 轴的直线，在既定的利率水平下，货币供给完全是适应性的，可以根据需要无限量地创造或收缩。此外，他还系统批判了数量论的“货币基础-乘数”分析方法，指出中央银行在现代复杂和国际化的金融环境中根本不可能控制基础货币。另外，货币乘数也只是一个经验意义上的比值，并不能反映创造货币的因素和货币创造的过程。在这里，摩尔引用“古德哈特定理”，[①]认为只要政府运用观察到的货币乘数进行调控和管理，基础货币和货币供给量之间的关系也会中断。此外，摩尔（1988b）用计量方法检验了真实经济变量对货币数量的影响、信贷对储蓄的重要影响，同时验证了工商企业的信贷量是由工资、原材料成本、税收支出等变量决定的，从而从经验上支持了内生货币供给的观点。摩尔等后凯恩斯主义者认为，需要将中央银行的支持职能和控制职能分离。虽然货币供给受到政策控制，但在一个复杂的货币信用经济中，真正的控制是很难实现的，供给相当程度上是内生的（德赛，1987）。摩尔强调了货币当局面临的困境：要么满足交易需要（包括工资推进的压力），要么加剧失业，采用不妥协的货币紧缩政策。这一困境的产生是由于银行系统无法辨别哪些是有意识的商业行为（“真实票据”）引起的私人投资需求，而哪些是由增加的货币工资（“通货膨胀票据”）引起的私人投资需求。[②]正如戴维森（1989）所指出的，任何能满足交易需求的健康的银行机制可能被反过来用于创造“通货膨胀票据”式的弹性货币，而不是“真实票据”；任何旨在限制银行系统发行“通货膨胀票据”能力的政策，都同时限制其为维持充分就业提供充足的“真实票据”的能力。

4. 金融创新与货币的内生性

后凯恩斯主义者很早就认识到金融创新对货币供给的影响，认为这种创新与内生货币供给过程是一致的。明斯克（1957）提出了金融创新将进一步缩小银行和非银行金融机构之间的差异，从而弱化中央银行的货币控制能力的命题。随着 20 世纪 60 年代美国金融业开始大规模地进行金融创新，众多后凯恩斯主义者都对金融创新和金融制度的演变趋势进行了分析，如罗斯艾斯（1986，1989）、摩尔（1986，1988b）、雷伊（1990，1992）等。摩尔（1986，

① 古德哈特定理原意是：原有的相关关系一旦被用作控制目的，马上就会失去相关性。

② 后凯恩斯主义关于货币供给内生性的观点，加强了其把收入政策作为可持续的充分就业策略的基础的主张。这样，在对真实交易需求做出反应时，无须担心受到以后的货币紧缩的威胁，银行系统将处于一个更安全的地位。

1988b)、雷伊（1990，1992）等人指出了商业银行经营从传统的资产管理向负债管理的转变，商业银行可以直接在金融市场上筹措资金，而无须等待中央银行基础货币的注入，减轻了商业银行对基础货币的依赖性，从而弱化了中央银行传统的数量控制手段的力度；另一方面，商业银行的主要资金来源已由原来的吸收存款，转变为直接在金融市场发行融资工具，后者几乎不受中央银行控制。"货币内生性的含义绝不是说中央银行是无能或被动的，必定是适应性的，只是说中央银行的控制工具是价格而非数量"（摩尔，1988b）。这个价格即利率、汇率等，而数量是指货币存量、贷款数量、银行准备和基础货币等。

罗斯艾斯（1986，1989）则认为，拉德克利夫委员会的一般流动性命题间接提出了"货币供给"的内生性问题，虽然没有提出这个概念本身，但却反复强调了信贷结构的弹性，以及由金融创新导致的 $V(i)$ 曲线的移动，这种金融创新使正统货币主义的货币政策（在美国）中的公开市场处于无效状态。

4.2.5 供给主义学派和结构主义学派的争论

综上所述，后凯恩斯主义内生货币供给理论事实上有两种区别较大的观点，并在二者之间展开了争论：一边是所谓的"供给主义学派"，以卡尔多和摩尔为代表。他们认为，因为中央银行希望维持金融体系的正常秩序，所以它就必须满足商业银行对准备金的需求；货币供给是水平的，利率由中央银行外生决定，故又称为"水平主义"。另一边是"结构主义学派"，以温特劳布（1978）、罗斯艾斯和珀林（1991，1993）为代表。他们认为中央银行可以对准备金的使用实施有效的数量管制。为了获得准备金，银行被迫通过发行负债来借款，如发行大额可转让存单，以改变它们的资产负债表的构成；在自发地寻找准备金的过程中，银行倾向于提高利率，以便把资产持有者吸引到流动性较差的非存款性金融工具上来。因此，尽管存在内生性，货币供给曲线在利率-货币区间仍然是向上倾斜的。

结构主义的观点即向上倾斜的货币供给曲线，目前在后凯恩斯主义者中得到了较多的支持。因为它表明中央银行可以对银行准备金和货币供给施加数量的限制。这个学派的共同特征是强调金融创新的重要性。罗斯艾斯（1986）强调货币流通速率以及银行和其他金融机构进行金融创新的重要性，在他看来，货币需求的增加不需要完全由中央银行提供，而是可以通过利用个人所持有的闲散资金余额、交易差额的节省和银行方面的金融创新来满足。

他认为，银行不必自动满足客户的贷款需求，而是定量提供贷款；不应该过分强调透支，因为透支倾向于保持“未用”状态。他强调货币流通速度的变化对于内生货币供给的重要性。部分地产生于利用交易资金和动员闲置资金的经济活动所导致的货币流通速度的上升，部分地由中央银行所支持的金融创新，整体造成了一个向上倾斜的货币供给曲线。珀林（1991，1993）则强调了金融创新在决定货币供给曲线向上倾斜中的作用。他认为，当银行寻求准备金时，金融体系的组织结构会发生改变，如果这种改变是成功的，它会提高金融资产的流动性，因此银行就可以在不必提高利率的情况下找到准备金。珀林（1993）区别了两种可能性：第一，金融创新使得货币供给曲线保持水平，直到金融创新的作用消失且利率上升为止；第二，金融创新导致货币供给曲线斜率逐渐降低，趋向于水平的位置。这两种观点中哪一种正确基本上是个实证问题，并且取决于金融创新的成功。珀林进一步指出，准备金的自发产生不会完全成功，在这种情况下可能出现流动性危机，而且金融危机也有可能出现。在珀林看来，结构主义方法的最重要的一点就是它自然而然地承认了金融危机的可能性。雷伊（1990）也持有向上倾斜的供给曲线的观点，与水平主义者[如摩尔（1988a）[①]]不同，他强调流动性偏好的重要性。雷伊认为，在经济扩张期间，企业的资产负债表变动越来越缺乏流动性，在一段时间内中央银行不可能提供所要求的流动性，这使得供给曲线暂时垂直；然而如果要维持金融稳定性，中央银行最终将提供必要的储备，但却是在更高的利率水平下提供的，因此货币供给曲线的斜率将慢慢向下倾斜。道（1996）在最近的文章中也反对水平的货币供给曲线，其理由是在经济周期的下降阶段，银行会系统地合理使用信贷；而随着信贷风险的逐渐增加，会迫使银行增加流动性偏好。[②]

概括而言，结构主义和供给主义方法的区别主要在于中央银行可以在多大程度上独立地确定利率。在回击珀林（1991）的批评时，摩尔（1991a）指出，“利率是一个有自主权的政策工具，它的水平取决于中央银行采取什么样的应对措施，因此可以没有经济周期或者经济增长的一般理论”。[③]基

① 摩尔认为，通过贷款创造出来的存款逐渐被某些人持有，在这种情况下，流动性偏好的概念不是一个重要的概念。

② 道（1996）强调他的观点与主流经济学的分析相比更依赖“凯恩斯主义”的基础；而主流分析虽然同样强调银行的信贷配给，但却是建立在银行与客户的信息不对称基础上的。

③ 摩尔（1991a）强烈表示，珀林的经济计量检验不是结论性的，它需要深入地考察信用货币和利率在资本主义实际积累过程中的作用。

于摩尔关于利率是外生性的论断，在固定汇率和没有资本管制的情况下，中央银行独立确定利率的能力是极其有限的，因此当中央银行必须保卫它的外汇储备时，所谓的利率自主性就被严格地限制了；另一方面，如果汇率是可以浮动的，中央银行就会有相当大的独立确定利率的能力（摩尔，1988a）。

实际上，摩尔关于利率是外生性的论断有局限性，它只适合小国模型；而且即使对发达国家来说，只要汇率不是无限制地浮动，中央银行独立确定利率的能力就再一次被限制了。从 20 世纪 80 年代中期开始，绝大多数经济学都不再把准备金看作一个应该严格控制的货币政策工具。古德哈特（1975）最先提出的关于对中央银行提供的准备金进行控制的企图将导致利率大幅度波动的论点，即“古德哈特定律”，得到了普遍的认同。从经验的角度来看，同样也可以证实，从 20 世纪 80 年代中期开始，货币的收入流通速度已经不再是稳定的了（B. 弗里德曼，1988）。最后，中央银行所拥有的影响经济的“真实”部门和“货币”部门最重要的政策工具是短期利率的观点现已被普遍地接受。虽然假设的利率政策运行模式完全不支持摩尔的分析，但是论据表明，由于中央银行决定的利率的变化会影响商业银行的赢利能力，并因此影响商业银行的信贷供给数量的限制；在主流分析的 IS-LM 模型中，商业银行的信贷配给是货币政策的“传导机制”（伯南克和布林德，1988；B. 弗里德曼，1995；泰勒，1995）。由此，后凯恩斯主义内生货币供给理论和新古典的“新货币经济学”一起，被称为 20 世纪 80 年代最具革命性的两个货币学派（斯密森，1994）。

第 3 节　融资动机：凯恩斯货币需求理论关键发展

在面对俄林等对凯恩斯的灵活偏好利率理论和乘数理论的批评文章中，[①] 凯恩斯（1937a，1937b）提出了融资动机（finance motive）的概念。这是“发生在实际投资进行之前的，对货币的暂时性需求”。它同计划的投资有关，因为在“进行投资之前”，须有相应的财务准备金（financial provision）或资金供给，它是为了“当前的投资决策所需要的，一笔预先提供的现金”，这是传统的交易货币的需求之外的一种货币需求。而与融资动机有关的计划投资是

① 俄林发表的题为《对斯德哥尔摩学派储蓄与投资理论的某些说明》的文章中指出，斯德哥尔摩学派在很多重要方面领先于凯恩斯的理论，并提出了一个关键的问题，那就是乘数理论如何运作，从而协调储蓄和投资的关系。

企业通过内部资金（积累的折旧基金和未分配利润）加以解决的投资的超出部分。在关于融资动机的文章中（1937a），凯恩斯强调了融资动机的重要性——“我现在认为，当初我在分析货币需求的各种源泉时，如果能更加强调这一点就好了”。

后凯恩斯主义强调在企业家筹措资金和实际进行投资之间，存在着一个空位期，在这个空位期，存在着对流动性的额外需求，但是却不存在着它的额外供应。凯恩斯认为这种可以称为货币资本的资金是一种“转动资金（revolving fund）”，随着投资的平稳进行，“当前的事前投资所需的新资金流量是由当前的事后投资所释放的资金流量提供的”。但是，如果事前投资大大超过事后投资流量，那么融资问题就会充分表现出来。在短期的空位期内，“资金完全是由银行提供的，而且正是因为这一事实才使得银行的政策在决定新投资到底能以多快速度进行方面具有如此重要的作用”。由于中央银行决定了银行所能提供的资金量，中央银行的政策在决定投资速度方面起着关键作用。“在从较低经济活动水平到较高经济活动水平的过渡过程中，银行系统的作用是关键性的。”如果不能充分满足对事前资金的要求，“在短期借贷市场”上就会出现壅塞，投资速度就会受到严重影响。与融资动机相对应的货币具有流量货币的性质，这与《通论》的存量货币形式有较大的差别。因此，罗伯特森（1940）认为，凯恩斯提出“融资动机”实际上是向可贷基金的流量货币形式妥协，认为可贷基金利率决定模型和灵活偏好利率决定模型分析是等价的。蒋硕杰（1987）总结道：“（融资性需求）具有投资的流量决策引起的流量特性。正如凯恩斯（1937）在他给俄林的回信中所述，融资是一种周转性资金。只要它是被用于现时支出，流动性的缺乏便会自动得到补偿，短期处于缺少流动性情况的打算便是再度可行的，这实际上是对传统的货币循环流动观念的再次肯定，这一观念也是可贷基金理论家从一开始就一再强调的，而凯恩斯本人却因过分强调资产现金配置中整个货币数量是人们自愿持有而最终忽视了它。”

后凯恩斯主义（如戴维森，1965）强调货币需求的“融资动机”，并称之为“第四种货币需求”，认为在融资性需求中，货币具有资本的性质，它是生产组织的手段，而不是简单的交易媒介或价值储藏，因此它是内生货币理论的基础；但另一方面，在如何协调灵活偏好理论与“融资动机”问题上，后凯恩斯主义者之间存在着分歧。在灵活偏好理论中加入融资性需求，意味着在存量货币中加入流量货币，这样就必然导致存量和流量的矛盾。戴维森认为，在“融资动机”存在的情况下，IS-LM 模型是不稳定的。由于“融资动机”的存在，投资增加必然导致货币需求的增加。也就是说，商品市场与货币市场是相互联系的，IS 曲线和 LM 曲线也是相互影响的，当融资动机导致 IS 曲线移动时，LM 曲线也随之移动（宁咏，2000）。有些后凯恩斯主义经济学家（如摩尔，1988b）认为，应该抛弃灵活偏好理论。[①]罗斯艾斯（1989）明确提出在后凯恩斯主义的理论框架内摆脱 IS-LM 模型困境的一条出路是，把强调的重点由流动偏好理论转移到信贷货币理论和银行的作用上，即把卡莱斯基的加成定价理论应用于银行对银行信贷所索取的贷款利率。而雷伊（1992）则认为灵活偏好理论能够与内生货币供给（即融资性需求）相协调，从而建立一个包含灵活偏好的货币需求理论。

罗斯艾斯（1989）认为，融资动机主要在经济迅速扩张并导致有计划的投资出现不同寻常的增加时才起作用。在正常情况下和长期条件下，融资动机终究不是货币需求的重要部分。尽管它确实存在，但它只是一种一旦所需储蓄得以实现就会消失的“临时性”需求；如果中央银行货币紧缩政策所导致的金融创新造成了货币收入流通速度的增加，或者如果中央银行充分满足了对货币的需求，这种“临时性”需求也会随之消失。从另一方面讲，罗斯艾斯（1989）认为凯恩斯并没有充分利用他的融资动机概念所提供的机会。他在《通论》中的流动偏好理论是他在《货币论》中对货币需求分析的倒退。流动偏好理论实质上是一个债券-货币模型，在这里，对货币的需求是一种对于可带来收入的资产的需求。然而，融资动机所强调的是对企业信贷流量而不是对作为资产存量的需求的货币需求，它所关心的是工业部门通过投资和资本积累过程对利润的追逐。在分析资本主义制度时，最重要的不是货币需求，而是流入工业部门的信贷货币流量。但是，在分析投资过程时应注意不要夸大银行的作用，银行体系影响投资速度能力只是一种在特殊情况下才会发生的短期现象，正常情况下，对资本的大部分事前需求将通过公司内部融资与多余的银行流动性的某种结合而得到满足。由于计划投资得到了实现，对交易货币的需求的增加（这是投资对经济活动水平的乘数作用所造成的）需由与较高的收入水平相联系的增加了的储蓄来满足，不足的部分则要由中央银行，或在较高的利率水平上由货币的流通速度的变化来补足，这是通过调动闲置资金或金融创新来实现的。

罗斯艾斯（1986）对一些后凯恩斯主义者，如温特劳布和卡尔多把货币内生性理论作为弗里德曼的反题来发展的做法提出了批评。他认为，他们这

---

① 奥地利学派经济学家拉沃（1985）也持有相同的观点。

样做显然是没有抓住机会对凯恩斯的一般流动性理论及其借助债券-货币模型对这一理论所做的表述提出质疑。内生性模型可以同凯恩斯的融资动机联系起来，货币需求主要是企业部门对金融信贷的需求，而不是一般公众对资产的需求。由于坚持后者，《通论》倒退成了一个流动偏好模型。把货币需求同投资融资和资本积累问题联系起来能提供远比只限于把内生性命题作为敲打弗里德曼和新古典凯恩斯主义者的棍子更为诱人的理论前景。他认为，在信用-货币经济中，投资有不可忽视的金融内涵。在《通论》中的流动性偏好理论应被抛弃，以便使一种从信用需求而非资产需求角度加以阐述的理论得到发展。在这种理论中，1937 年的融资动机将能得到更好的表达。

第 4 节　后凯恩斯主义货币理论：小结

外生的货币供给是主流经济学货币理论的基础，即货币数量及利息率都是由中央银行决定的。正是从这一点出发，后凯恩斯主义经济学家的批评是重要的，特别是在通货膨胀问题上（卡尔多，1982；戴维森，1994），新古典综合派的货币政策，即试图通过中央银行来控制货币数量和利息率，在实践中是失败的，这一点与货币的内生性是紧密联系在一起的。信用货币、银行作为企业和内生的货币供给是后凯恩斯主义货币理论的基础（如卡尔多，1982；奇克，1983；摩尔，1988a，1988b；罗斯艾斯，1989；考特瑞尔，1994）。然而，这一货币理论的基础并没有得到很好的说明，由此引发出一些问题。其一，这种货币理论与凯恩斯的流动偏好和投机需求理论的关系是什么这一问题一直不能被说明，如果凯恩斯的流动偏好理论被放弃，又该如何看待凯恩斯的其他理论（如利息理论），以及把凯恩斯的理论作为一个整体？例如，戴维森认为，凯恩斯货币利息理论主要依赖于货币的生产弹性和替代弹性，但货币的生产弹性和替代弹性是以外生的货币供给为基础的，当货币供给成为内生的，凯恩斯的流动偏好理论与货币的生产弹性和替代弹性之间是什么关系没有被说明；其二，什么是内生的货币供给的限制？如果货币供给不受约束而完全反映企业的货币需求，稳定状态的货币供应量又是如何决定的？其三，当一些后凯恩斯主义者强调信用货币和内生的货币供给时，货币与资本存量的关系或存量与流量的联系往往被忽视，而这是内生的货币理论的关键所在。

关于上述问题，我们在前文的分析中实际上已经给出了答案，这里不再赘述。需要表明的是，以上关于内生货币供给的讨论涉及凯恩斯关于外生的货币供给的假设及其整个货币理论。凯恩斯的货币理论与主流经济学货币理论的对立关键不是内生还是外生货币供给的假设，而是“货币数量论”与“货币的价值理论”的对立，即是否存在一种实物的总量生产函数，而一旦这种总量生产函数不存在，就不存在名义变量与实际变量的划分，那么货币量值将独立于任何技术关系，所有以货币量值计量的国民收入核算体系中的变量将独立于技术关系而被决定，由于所有的名义变量的决定都取决于货币供应量，内生的货币供给将是决定这些变量的基础。后凯恩斯主义经济学关于内生的货币供给的分析正是因为没有抓住这一根本点，其所表明的内生的货币供给理论只是局限在枝节问题上，如商业银行准备金和货币流通速度的变动都可以视为内生的货币供给，因而一旦存在实际变量，则内生的货币供给只能用于讨论价格水平的变动，或对实际变量造成冲击与扰乱。

显然，内生的货币供给并不能单独支撑货币理论的基础，在主流经济学中也有许多关于内生的货币供给的论述，如托宾、格利和肖、麦金农等都对货币的内生性进行过讨论，一个典型的例子是哈耶克的自由银行制度，其中货币供给完全是内生的。罗伯特森的可贷资金理论中的货币供给也具有内生的性质，但它们与凯恩斯的货币理论是对立的。在货币理论史上一直存在通货学派和银行学派之间的争论，还有关于信用周期理论的争论，这些争论都涉及货币的内生性问题，但这些争论在本质上依然被货币数量论所支配，因而货币数量的变动只能影响价格水平，即使加入凯恩斯效应或被迫储蓄等，货币只是对由生产函数所决定的实际变量的扰动，即在短期影响产出与就业，长期将只影响价格水平，这种新古典货币理论或货币数量论的基本命题是难以被打破的。同样，关于货币中性与非中性的讨论也是如此，只要这种争论建立在两分法的基础上，货币的非中性也只能是短期的，长期就只能影响价格水平。

在凯恩斯的《通论》发表之后，表明金融市场货币供求的资产选择理论被建立和发展起来，这种资产选择理论的发展正是要把货币与资本存量的价值联系起来，以表明收入流量和资本存量之间的关系及其变动，由此可以把货币理论的分析扩展到金融市场。然而，在这些研究中，凯恩斯的“货币价值理论”被主流经济学完全抛弃了，而代之以货币数量论的两分法，这使得凯恩斯的货币理论失去了基础。一方面，凯恩斯灵活偏好货币理论的要点是，货币市场与资本存量市场是不可分离的，通过由货币供求决定的利息率促使资本存量和收入流量联系起来，当货币连接起存量和流量，货币流通速度的变动不仅表明货币需求的变动，而且同时表明货币供给的变动。另一方面，凯恩斯所使用的外生货币供给的假设来自中央银行控制货币供给的经验。应该提到的是，前文关于内生的货币供给和银行的分析所强调的是货币是一种信用关系，并作为最直接的资产抵押，而在现实的资本主义经济关系中，这种信用关系是与政府和中央银行联系在一起的。换句话说，政府和中央银行在现实中扮演着重要的信用关系或“资产抵押”的角色，是货币经济制度的重要组成部分。因此，假设中央银行控制货币供给对于讨论现实的金融市场是重要的，从而内生的货币供给将反映在货币流通速度的变化上。同样，对于中央银行控制利率也是如此，虽然这对货币供求有很大的影响，但它并不能完全决定货币供给和名义变量。由此可见，无论是主流经济学家，还是后凯恩斯主义经济学家，对凯恩斯关于外生货币供给的假设都存在着误解。一旦实际变量以新古典生产函数为基础，结论只能是数量论的实际余额效应，失业只能归咎于价格刚性。后凯恩斯主义的批评正是集中在这一点上，即中央银行货币供给和贴现率的变动将影响相对价格和收入分配，进而影响内生的货币供给而导致主流经济学货币政策的失败。但后凯恩斯主义经济学家并不能阐明长期内生性货币供给的决定，特别是国民收入核算体系中各种变量比例的决定，而这一点正是我们所表述的内生的货币供给的核心所在。

第 5 讲　后凯恩斯主义货币经济学：明斯基投融资与金融不稳定理论

本讲文献来源：以兰德尔·雷（Randall Wray）为代表的后凯恩斯主义经济学的经典现代货币理论；明斯基关于资本主义融资-投资理论；美国列维研究所保罗·戴维森、赫德森以及巴利（Pali）等学者的最新研究，张凤林的《后凯恩斯经济学新进展追踪评析》。

本讲核心内容：后凯恩斯主义货币经济学的贡献在于揭示了社会化大生产经济的具体实现机制是抵押、雇佣关系基础上的货币金融关系，需要货币金融系统实现这种经济关系，这就出现了所谓的价值-价格转换问题，揭示了货币金融创造的内生性特征，尽管政府征税权是以法币及一切货币金融信用创造的价值尺度和制度基础，但并不意味着政府可以无限负债。确实存在戈德利（Goldley）所说的社会资产-负债关系基础上的存量-流量关系。值得讨论的是，理论上存在 Wray 所说的政府净债务等于私人净实际财富的这种极端情况，但他们在考察资本主义经济波动时，提出解决资本主义总需求不足的政策就是政府可以扩大债务，这个结论是存在问题的。他们没有考察资本积累规律在短期受收入分配关系决定的总需求水平约束，在长期受到社会资源的承载能力的束缚，所以政府负债并不是可无限扩大的。

本讲主要介绍后凯恩斯学派货币理论的基本内容及其近年来的若干新进展，主要包括关于利率决定的两种新理论方法，对于主流新共识的理论和政策的批判，以及对明斯基金融不稳定性假说模型化的新进展。

本讲中我们将介绍海曼·明斯基阐述现代资本主义中的投资融资理论。2007 年美国次贷危机引起的金融危机让我们看到明斯基的观点正适用于分析宏观的金融资本主义问题。在这种经济中，为资产头寸融资的方法对于理论和现实世界都是至关重要的。在第二节中，我们介绍了由约翰·梅纳德·凯恩斯创建的经济周期的理论，并介绍明斯基投资金融理论的扩展。明斯基所分析的现代资本主义经济向脆弱性的演变，便是众所周知的明斯基的金融不稳定假说。在后文中，我们将对资产定价和银行业发展进行更详细的研究，以更新明斯基的方法。在最后一节中，我们简要地回顾这种方法可以为当前的全球金融危机提供哪些帮助。

第 1 节 金融不稳定思想

在本节中，我们将阐述在资本主义经济中的投资融资理论。我们的解释将紧密遵循最重要的贡献者海曼·明斯基建立的研究方法。海曼·明斯基自 20 世纪 50 年代开始理论研究，而后不断完善他的理论，直至 1996 年去世。他的研究长期被学界主流忽视，即使其模型中的一些结论与新共识的相关观点相似（Lavoie，2008；Weise 和 Barbera，2008）。明斯基受到后凯恩斯主义经济学家和华尔街人员的长期拥护，其成就是广为人知的，一些传统的经济学家（包括诺贝尔得奖者）都曾受到他的观点的影响。

5.1.1 金融不稳定性假说

明斯基的金融不稳定性假说（financial instability hypothesis）是后凯恩斯信用货币理论在金融领域中的延伸，它是后凯恩斯学派货币理论的重要组成部分。明斯基认为，资本主义经济系统呈现为复杂的金融制度的信用货币经济，是一种由各种现金流和相互依存的各种资产负债表构成的动力系统。在这个系统中，决定经济运行的关键因素是货币和金融，关键人物是银行家和他们的公司客户。按照企业现金流的未来表现，一般可以将企业现金流的财务状况分成以下三个类型。

第一类，套利融资，或称为对冲融资（hedge finance）。此时，投资者负担少量负债，偿还其资本与利息支出均无问题。套利融资单位可以通过其现金流满足所有合约要求的偿付义务。在负债结构中，权益融资的分量越重，该单位称为套利融资单位的可能性越大。第二类，投机融资（speculative finance）。此时，投资者扩展其金融规模，以至于只能负担利息支出，无法偿还本金。投机融资单位能在其负债方的“收入账户”上满足偿付承诺，即通过发行新债来满足偿还到期的债务。诸如发行债务的政府及发行融资融券的公司、银行，都是典型的投机融资单位。第三类，庞兹融资（ponzi finance）。此时，投资者的债务水平需要借助于不断上涨的价格水平才能维持平衡。对于采用庞兹融资的机构来说，来自运营的现金流不足以满足偿付本金及到期利息的要求。这些机构可以卖掉资产或者借贷。采用庞兹融资方式将使机构降低其提供给债权人的安全边际。

金融不稳定性假说的第一定理是指经济系统在一些融资机制下是稳定的，在另一些融资机制下是不稳定的。金融不稳定性假说的第二定理是指，经过一段长时间的繁荣，经济会从有助于稳定系统的金融关系转向导致不稳定系统的金融关系。例如，在经济上升时期，投机融资和庞兹融资的比例会内生地增大，而投机融资和庞兹融资的比例越大，金融体系就越脆弱。因此，经济上升本身就埋下了经济衰退的种子，高消费水平、高投资水平、乐观的预期和下降的流动性偏好都为融资动机从套利融资转化为投机融资，再转化为庞兹融资创造了条件。更有甚者，如果有庞兹融资的投机类金融机构又处于通胀状态，并且当局试图通过货币紧缩来驱走通胀，那么投机融资机构将变成庞兹融资机构，以前的庞兹融资机构的净价值将很快蒸发，后果是现金流不足的机构将被迫试图通过出售头寸来建立头寸，这可能会引发资产价值的崩溃。

5.1.2 有效市场假说与金融不稳定性假说

事实上，2007 年肇始于美国次级抵押贷款市场崩溃的全球金融危机，提供了一个令人信服的证据，再次揭示了金融资本主义的运行方式带来的金融不稳定。

但应注意，我们所介绍的是从 20 世纪 70 年代早期发展起来的基于“有效市场假说”的标准方法的替代方法。在主流教科书的宏观经济原则中，新古典理论假设“货币中性”的概念，至少从长期来看，货币只决定名义价格。各种元素已经被假定为货币对相对价格实际产出、就业水平，或产出构成的短期“真实”的效果。然而，市场会消除非中性影响，因为市场主体会寻求好恶和技术一致，进而趋向于市场出清的均衡。当然主要阻碍市场出清的因素是政府。有效市场假说扩展了金融活动替代方法的研究。尽管米尔顿 • 弗里德曼（Milton Friedman）曾提出著名的论点，即好的新古典主义分析可以假设资金是从直升机上掉下来的，但正统的金融理论试图证明，放弃这一假设不会有什么不同。无论生产活动是由留存收益、债务还是股权融资产生的，在“严格”假设的基础上，都与“真实”的结果是不相关的。正如一位正统（新凯恩斯主义）的经济学家所说的那样，“在引入信息不对称之前，该框架类似于一个简单的真实经济周期模型；金融结构是无关紧要的。”（Getler 1988：581）

明斯基极力否认了这种理论，至少在复杂、昂贵的长期资本资产至关重要的现代资本主义经济中，货币永远不可能是中性的，在短期内甚至在长期内都不可能是中性的。为资产头寸融资的方法对于理论及现实中的结果同样重要。特别是，债务的使用构成了一系列为保持偿付能力而必须履行的义务。问题是，在做出承诺时，协议的任何一方都不能确保未来支付的合同将得到满足。此外，一方未能履行合同付款可能会给期望收到付款的一方造成财务危机。因此，一次违约会产生大量违约，因为持有坏账的债权人无法偿还自己的债务。随着违约行为蔓延，金融资产的价值下跌，因为每项金融资产都代表着相关资产出售的现金流或预期现金。这样一来，各金融资产的价值取决于预期付款，而如果没有兑现，则会导致资产价值下降。

因此，如果不受约束的违约普遍影响资产价格，那么欧文·费雪所说的“债务紧缩”就会成立。费雪和明斯基认为这一过程发生在20世纪30年代，这也是导致“大萧条”如此严重的原因。必须强调的是，主流的理论排除了这种过程的存在，并认为在任何情况下，通货紧缩可以通过增加实际余额来帮助经济。正如古德哈特和索莫科斯（Goodhart 和 Tsomocos，2007）所说，“严谨”的主流理论认为，违约从不会发生，这意味着当债务人发现名义价格和收入下降导致债务的实际负担上升时，通货紧缩不能产生金融危机。但是明斯基和费雪认为正是这样的原因使得“大萧条”如此严重。通过忽略违约，弗里德曼等主流经济学家认为金融危机仅是政策错误，而不是任何在现代经济中运作的基本力量造成的。出于这个原因，明斯基认为，如果将主流理论应用于我们实际生活的世界，其是无法解释危机的，甚至是误导性的。

在下一节中，我们将介绍凯恩斯提出的经济周期理论，后来由明斯基对投资金融理论进行扩展，进而分析现代资本主义经济的演变。事实上，投资金融理论在明斯基关于金融复杂的经济体趋于脆弱的假说中（即众所周知的金融不稳定假说）起到了至关重要的作用。在随后的章节中，我们将对资产定价和银行业发展进行更详细的研究来更新明斯基的方法。在最后一节中，我们将简要地回顾这种方法，可以为全球金融危机提供深刻的分析见解。

第 2 节　投资周期理论与明斯基投资金融理论

在凯恩斯的《通论》中，在确定有效需求的总体水平时，投资决策发挥了核心作用，反过来说，有效需求又是使就业和产出水平实现均衡的主要因素。正如曼昆的《宏观经济学》中所说的那样，投资是通过乘数来建立总收入的驱动变量。乘数的大小机械地计算为边际储蓄倾向的倒数，更复杂的论述可以考虑到进口和关税的流失，[①]因此投资的增加产生收入，从而导致消费上升，直到储蓄上升到与新的投资水平相等为止。投资水平是资本的边际效率（本质上是未来利润折现）与市场利率的函数，市场利率使货币供求达到平衡。当资本边际效率高于市场利率时，投资就会进行，随之通过支出乘数提高收入、产出和就业。这个过程会持续到资本边际效率下降，利率上升，或两者的某种组合消除了差距。只要资本的边际效率等于利率，投资就不会有优势，经济恢复平衡。

虽然可以在凯恩斯的著作中发现这样的论述，但是这并不足以描述凯恩斯的投资理论。要真正了解凯恩斯的理论，那就必须回到《通论》的第十七章，即一个非常复杂但总被其他追随者所忽略的理论。在这一章中，投资决定被纳入凯恩斯的资产价格流动性偏好理论，或者换句话说，他的“自有利率”理论中。他认为“对于每一个耐用消费品，究其本身，都存在一个利率——小麦的利率、铜的利率、房子的利率，甚至是钢铁厂的利率”（Keynes，2007）。所有这些自己的利息率都可以用货币来表示，货币通常具有“最高的汇率”，因此“统治”是因为货币本身具有特殊的性质（Keynes，2007）。[②]以货币计算的任何持有资产的预期回报是 $q-c+l+a$，其中 q 为该资产的预期收益率，c 是持有成本，l 是流动性，a 是预期价格升值（或贬值）。总回报率是用来计算每项资产（包括货币）的边际效率。收益的构成因资产而异，非流动资产（如资本）的大部分回报由 $q-c$ 表示，而持有流动资产的大部分回报由（主观评价）l 表示。最后，不断变化的预期差异化地影响不同种类资产的边际效率，这取决于收益的组成。对未来经济表现的信心增强将提高资本资产的 q，同时降低分配给流动性的主观价值（因此 l 下降），所以相对于从 l 获得大部分回报的资产而言，资本的边际效率上升。在这种情况下，将会产生资本资产（投资增加，引发“乘数”影响），并且所有资产价格都会调整。因此，对未来的期望将会确定产出和就业的均衡水平。

例如，如果企业家未来对小器具的需求更高，他们可能会期望在这一行

---

① 更正式的公式应写为 $\Delta Y/\Delta I = l/\left[l-b(l-t)+j\right]$，其中 Y 是国民收入水平，I 是投资水平，b 是边际消费率，t 是税收水平，j 是边际进口水平。

② 根据凯恩斯的理论，钱有三个特殊属性。它有接近零的替代弹性，这意味着当货币需求上升，很少会投入其他资产。另一个属性就是接近零的生产弹性，这意味着当货币需求上升，劳动力将不会投入其他生产（因为货币创造既不像开采金属，也不像种植作物，其不需要投入劳动）。最后，资金的账面成本可以忽略不计，钱不会被破坏（如食品），也不会贬值（如机器），回避并不会带来巨大的存储成本。由于这些原因，货币需求的增加可能会成为“蓄电池”。

业中获得更多的利润，这提高了小器具制造机器的边际效率，如果其超过了所有其他可以持有的资产的预期回报，他们当下愿意订购小器具制造机器用于生产。当机器出售后，制造配件的机器的生产将为工人提供工资，为企业提供收入。反过来，工人将支出其收入，对总需求产生“乘数”影响，从而增加就业。产生的一些额外收入将用于购买配件，从而验证对制造配件的机器的生产的预期。当然，其他种类产品的消耗也将增加，这可能会提高其他业务领域的利润预期，从而对其他类型机器产生更多投资。从逻辑上讲，在此过程中，投资、就业、产出和消费可以继续增长，直到没有任何类型的机器的边际效率超过流动性金融资产的预期收益为止。最后，我们可以看到，如果资本资产的预期收益（如上所述，$q-c+a$）下降或流动资产收益（上文描述的 l）上升，则整个增长过程可以逆转。

因此，我们可以看到凯恩斯的资产价格流动性偏好理论与乘数理论和有效需求理论有着千丝万缕的联系。只有可以通过劳动生产的某些资产（厂房、资本设备、商业和住宅建筑物、私人基础设施）的边际效率超过货币的边际效率，才会进行投资。[①]然后，通过乘数提高了有效需求。当所有利率都等于货币收益所设定的标准时，将达到有效需求（就业、收入和产出）的新平衡。[②]

明斯基认为，凯恩斯的周期投资理论是不完整的，因为它没有真正分析当某些资本资产的边际效率超过货币的边际效率时如何为投资筹集资金。在《通论》中似乎有一个隐含的假设，即投资项目将获得资金。尽管凯恩斯在1936 年之后的几份出版物中都对此进行了更为详细的论述，但他的大部分努力都用于解释为什么储蓄不能成为资金来源。因此，明斯基最重要的贡献是在凯恩斯的“周期投资理论”中增加了“投资金融理论”。图 5.1 提供了明斯

① 凯恩斯正统学派将此非常简单地表述为“利率”与资本边际效率之间的关系。凯恩斯坚持认为，有多少资产就有多少“自有利率”。因此，比较不仅仅是在一种资本回报和一种利率之间进行比较，而是在整个资产预期回报范围内进行比较，不同的组成部分（q−c+l+a）构成了回报。

② 我们在这里想强调的是，凯恩斯的均衡概念与正统分析不同。对于凯恩斯来说，均衡意味着一种“休息状态”，在这种状态下，没有诱因去进一步改变一个人的行为（在这种情况下，企业对投资水平、就业和生产水平都感到满意）；这也并不意味着所有市场都已出清。最重要的是，凯恩斯的均衡概念并不意味着劳动力资源的充分就业，而正统学派因为假设排除了非自愿失业，认为充分就业是所有市场同时出清的均衡的关键含义。另要注意，对于凯恩斯来说，均衡是一种用于分析决定收入、就业和产出总水平以及资产价格的力量的工具。预期在决定资产价格（因此也决定有效需求）方面发挥着关键作用，而且这些预期容易令人失望，也容易波动。因此，即使我们曾经达到让每个经济体都对其资产组合感到满意的位置，那也只是瞬间。调整投资组合的尝试会导致资产价格发生变化，从而导致支出和就业从一个部门转移到另一个部门，同时也会影响支出和就业的总水平（克雷格尔，1976，1986）。

基理论的图形说明。两个主要的构成要素是“两个价格体系”和“贷方和借方的风险”。继凯恩斯之后，明斯基区分了当前产出的价格体系和资产价格的体系。当前产出价格可以由“成本加成”确定，只要可以维持适当的销售价格并维持管理价格，该价格就可以产生利润。当前产出包括消费品和服务、投资品和服务、出口以及政府购买的商品和服务。

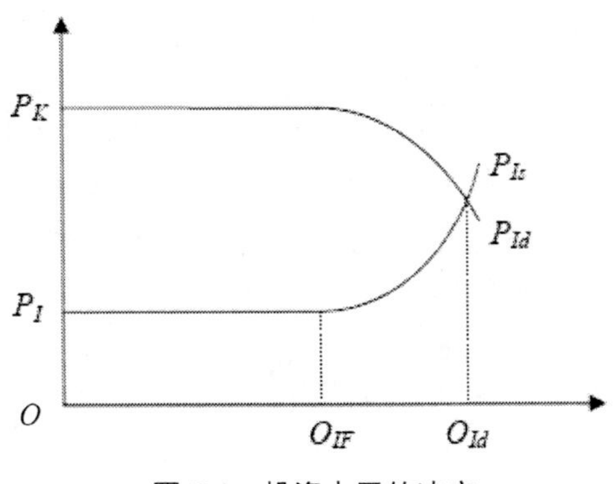

图 5.1　投资水平的决定

就投资商品而言，当前的产出价格实际上是资本的供给价格，该价格足以诱使供应商提供新的资本资产（P_I）。然而，这种简化的分析仅适用于可以从内部资金中融资的资本购买（如持续经营产生的销售收入）。如果需要外部（借入）资金，则资本的供给价格还包括明确的融资成本，最重要的是利率，但也包括所有其他费用和成本。也就是说，由于借款资金的财务费用所涵盖的“贷款人风险”，总供给价格（图 5.1 中 P_{Is}）上升至超过供应商管理的价格（P_I）。在图 5.1 中，一旦投资预期需要外部资金，P_I 曲线就会呈现上升趋势。预期将使用内部资金购买的投资商品数量由原点到 O_{IF} 的距离给出，而外部资金等于从 O_{IF} 到 O_{Id} 的距离。可以持有一段时间的资产有第二种价格系统。资产包括资本资产、金融资产和货币，本质上是可以随时间作为名义财富存储而持有的任何资产。除了货币（最具流动性的资产），这些资产预计会产生收入流和可能的资本利得。①这里，明斯基遵循了凯恩斯在《通论》第十七章中的处理。重点是预期收入流无法确定，因此它取决于主观期望。通过以之前的资本性资产（P_K）的价格作为参考点，我们得到了一个新的资

① 货币不支付利息，因此不会产生任何 q。其他形式的货币，包括银行活期存款，可能需要支付少量利率（因此，q 大于零）。重要的是，与各种非流动性资产（如公司债券或资本资产）相比，各种资产（如各种货币）的预期收益率要低。因此，对于该分析而言，我们在货币和其他类型的资产之间做确切的划分意义不大。我们可以想到一系列流动性，一端为货币，另一端为机械工厂。

本资产需求价格（P_{Id}）。

但是，这又太简单了，因为它忽略了融资安排。明斯基认为，一个人愿意支付的价格取决于所需的对外融资数量，借贷的增加使买方面临更高的破产风险。这就是“借款者的风险”也必须纳入需求价格的原因。不同于贷方的风险，此“成本”仅由主观决定，不会写入任何合同。人们可以将其视为一种“安全边际”：如果人们期望一项资产产生一系列折现价值等于一百万美元的回报，那么将不愿意为该资产支付超过 75 万美元的价格。安全边际提供了缓冲（在该情况下为 25 万元美元）以保证即使收入低于预期，也可以偿还为资产头寸提供融资的债务。那样的话，除非安全边际过小，否则人们将不会破产。很明显，没有适当的安全边际规则可以控制借款人的风险，因为无法准确地计算出借款人未来的风险。

购买的投资商品数量（O_{Id}）是在 $P_{Id} = P_{Is}$ 时确定的，而不是在 $P_K = P_I$[①] 时确定的，后者是托宾（1969）提出的投资解释。托宾 q 值是现有资本资产（P_K）的市场价值与其重置成本（P_I）之比。如果 $q>1$，公司购买新的资本资产会更便宜，即投资，而不是购买现有资本资产（通过合并、收购或其他方式）。如果 $q<1$，投资减少是因为购买现有资本资产的成本降低，因此公司不会订购新资本。然而，托宾 q 假定了不确定性和资金结构对于确定投资的重要性。需要注意的是，在明斯基版本中，需求价格随投资需求水平下降，而供给价格随投资水平上升。这是由卡莱斯基（Kalecki）增加风险的原则所致，该原则指出，鉴于预期的内部资金和适当的杠杆比率的惯例，企业家和银行家认为，随着预期的外部资金水平不断增加，投资的风险越来越大。因此，随着投资水平增加到高于 O_{IF}，企业家变得越来越不愿意投资（需求价格随着借款人风险的增加而下降），而银行家则对贷款要求越来越严格（供给价格随着贷方风险的增加而增加）。

仅当需求价格（针对借款人的风险进行调整）超过资本资产的供给价格（针对贷方的风险进行调整）时，投资才能继续进行。因为这些价格包括安全边际，所以它们受到有关未知结果的预期的影响。在从严重衰退中恢复的初期，由于悲观的预期，这一边际很高；随着时间的流逝，如果扩张产生的收益超过了预期，那么这些边际被证明比必要的更大，这会降低预期的借方风险和贷方风险，从而产生更平缓的 P_{Id} 和 P_{Is} 曲线，增加对投资商品的需求。

---

① 请注意，如果这两条曲线是水平的（没有贷方或借方的风险），除非它们相互重叠，否则就没有交点。对于所有其他情况，投资将是无限的或不存在的。

反之，这意味着鉴于内部资金的预期流动，银行家和企业家期望并接受更高比例的外部资金和更大的投资。因此，边际将减少到项目总体上成功的程度。

明斯基创建了著名的对投资企业融资概况的分类：对冲（预期收入流将以安全保证金覆盖利息和本金）、投机（短期收入流将仅覆盖利息，尽管预计财务成本将下降，收入流将增加或以后可以更高价格出售资产，在这种情况下，收入将足以支付本金）、庞氏（短期收入不足以支付利息，导致债务增加，从而借款来支付利息）。在扩张过程中，融资的立场从对冲发展到投机（包括比例不断上升）甚至庞氏头寸。一些庞氏头寸是自愿的（例如，由于期望可以以更优惠的条件为债务再融资，或者可以通过资产价格上涨实现大量资本收益），一些是欺诈性的（“金字塔”计划就是一个例子，骗子欺骗越来越多的人为其提供资金，以支付给最早的参与者），还有一些导致了令人失望的结果（收入低于预期或财务成本意外上升）。

试图提高杠杆率并转向更多投机性头寸的尝试可能（至少暂时）会受挫：如果证明结果比预期要好，则尝试投机性融资的投资者可能会继续套期保值，因为已实现的收入大于预期。这是因为当总投资增加，它会对有效需求产生乘数影响，从而使销售量超出预期。后来，明斯基明确加入了截断模型中卡莱斯基的结果，其中总利润等于投资加上政府的赤字。[①]因此，在投资热潮中，利润将随着投资而增加，这有助于证实预期，并鼓励更多的投资。

此外，在 20 世纪 60 年代早期，明斯基认为政府资产负债表的立场对私营部门资产负债表产生影响（Minsky，1963）。在私营部门资产负债表不会变得脆弱的情况下，政府赤字扩张会增加私人投资组合中的安全国债，虽然它提高了利润（卡莱斯基方程的扩展版本），并通过“政府支出乘数”[②]增加了收入和就业，但是强劲的扩张势必会导致累进所得税的收入增长速度快于私营部门的收入，因此政府预算将“改善”（转向盈余），而私营部门的余额将恶化（转向赤字）。一旦他在解释中加入了卡莱斯基方程，还可以解释预算的反周期运动如何自发稳定利润，即限制了繁荣时期的上升空间（预算赤字不断下降挤压了利润）和衰退时期的下降空间（预算赤字的增加促进了利

---

① 国民经济核算恒等式：$W+H+T=C+I+G+X-J$。其中，H 为公司税后毛利润，W 为工人可支配收入，T 为税收，C 为消费水平（资本家及工人），I 为投资水平，G 为政府支出，X 为出口，J 为进口，双边减去 W 和 T，并定义 C_c 为资本家消费水平（消费水平分为资本家消费水平和工人消费水平 Cw，可以得到 $H=C_c-Sw+I+DEF+NX$。其中，Sw 为工人储蓄水平，DEF 为政府财政赤字，NX 为净出口，卡莱斯基得出因果关系，H 不取决于公司控制，等式右边依赖于任意选择。

② 政府支出乘数与投资支出乘数完全相似。

润增长)。

此外，在将卡莱斯基关于利润的观点纳入其周期投资理论的同时，明斯基认为，只有在预期未来会有投资时，今天才会有投资，这是因为未来的投资将决定未来的利润。由于“今天”的投资产生利润来验证“昨天”做出的投资决定，对“明天”的期望会影响对现有资本资产进行融资时履行“昨天”做出的承诺的能力。虽然这听起来可能很复杂，但这仅意味着公司需要“今天”获得利润，以满足它们过去购买资本时的期望。然而，如果企业现在不投资，“今天”的利润将较低（可能是因为它们对未来感到悲观）。因此，为了验证过去所做的决定，我们“今天”需要投资，而投资又取决于对“明天”的期望。因此，明斯基的投资方法涉及一个复杂的时间关系，很容易受到干扰。通过将这一点与上文所述的“两个价格”的方法联系起来，明斯基明确指出，任何降低预期未来盈利能力的做法都可能使“今天”的资本需求价格低于供应价格，减少投资和“今天”的利润，使其低于验证以前的预期的必要水平，而“过去”的预期是在执行先前的资本项目时以需求价格为基础的。这也意味着在借款人和贷款人风险中的安全边际可能被证明是不足的，从而导致对未来所需安全边际的修正。由于失望，边际上升，资产的需求价格跌至其供应价格以下（根据贷款人和借款人的风险进行了适度调整），导致投资减少，并通过乘数降低了产出和就业率。经济可能会不断下降，陷入日益严重的衰退。

明斯基认识到美联储试图控制货币供应的努力是徒劳的，因此不断改进其对于银行和金融机构的理论认识。这是因为银行将试图避免和逃避美联储施加的限制，以便从向企业提供的资金中获得可用的利润。他还扩大了分析范围，令所有实体都被视为银行，通过发行负债获得资产。他认为，任何人都可以创造货币，问题是要让它被接受（Minsky，1986）。他认为美联储的建立是为了充当最后贷款人，使企业债务具有流动性（通过向其借贷），但美联储不再对票据进行贴现（Minsky，1986）。实际上，美联储提供的大多数储备都是通过公开市场操作来进行的，这极大地限制了美联储通过决定接受哪种抵押品，以及密切关注借款人的资产负债表来确保系统安全性和稳健性的能力。相反，在 20 世纪 70 年代末到 20 世纪 80 年代的大部分时间里，美联储开始依赖弗里德曼简化的货币主义观点，即美联储的主要作用是“控制”

货币供应，从而控制整个经济。[①]之所以不能这样做，是因为限制储备的尝试只会引发创新的银行操作，并鼓励扩大“非银行”资金来源，最终需要贷款人采取最后手段，甚至要求纾困以验证风险较大的操作（Minsky，1986）。明斯基认为这样的干预是必要的，但是他随后鼓励更多的创新来增加脆弱性。最后贷款人政策与反周期赤字相结合以维持需求，不仅防止了深度衰退，而且使得市场参与者对投机热潮产生了长期偏见，他们相信政府的干预将永远为他们纾困。

第 3 节　明斯基理论扩展：资产价格与金融

资产价格在确定投资水平方面起着至关重要的作用，因为后者依赖于双重套利。一方面，根据《通论》中第十七章的逻辑，假定资本家在所有类型的资产（金融和资本资产）之间套利，以便在考虑流动性、到期日和风险因素下获得最大的货币收益。但是，与货币主义观点相反，这并不意味着所有资产都是完全可替代的，总替代公理不成立，资本主义和不确定性的逻辑对货币及其紧密替代品产生了偏好，因为它们具有流动性。如前所述，资本主义产生的高收益回报的经济活动和高度的不确定性降低了 q 并提高了 l。[②]另一方面，旧资本资产（即现有资本设备）和新资本资产（即新生产的投资货物）之间存在套利，因此这些现有资产很重要，因为现有资产的低价格会抑制新资产的生产。

现有资本设备的价格间接由其拥有公司的股票和债券的市场报价，以及并购达成的价格决定。除了在边际生产率理论和流动性偏好理论方面有所区别以外，还可以根据个人的假定行为对资产定价文献进行分类。根据个人假定行为的分类意味着在资产定价的理性、非理性和常规方法之间进行区分，其中前两个方法被大多数分析师采用，而第三个方法与凯恩斯和明斯基的观点更为一致。一些作者认为，q、c、l 和 a 由使用先验基础指导的“理性”个

---

① 弗里德曼认为，货币是名义产出的主要驱动变量。如果中央银行保持货币增长不变，那么名义 GDP 增长也将稳定，由此产生了他著名的货币法则：目标货币的增长处于较低且稳定的速度（例如，每年 4%），而中央银行可以通过限制银行准备金的增长来实现。

② 根据新古典理论，资本获得的回报等于其边际生产率——一种由技术决定的有形产出。凯恩斯和明斯基拒绝这种关系，认为在资本主义经济中重要的是货币收益，即由拥有和经营资本资产产生的预期货币利润。凯恩斯认为，资产定价的生产率理论只适用于合作经济。正如凯恩斯所说，这是货币可能存在的经济，但这并不重要。

体确定。该理论与有效市场理论紧密相关，要求存在信息问题（信息不对称、计算能力不足或其他问题），以解释泡沫和过度投资的出现。否则，根据理性观点，信息将得到最优利用，因此资产价格始终处于其基本价值，投资水平始终处于其最佳价值："资本市场的主要作用是分配经济体资本存量的所有权，这是价格可以为资源分配提供准确信号的市场"。（Fama，1970）。非理性的方法认为，资产定价主要是由个人完成的，它们对现有的先验基础几乎不关心。对于这种方法的某些追随者（行为金融阵营）而言，这是一种异常行为，但对于其他人（例如，J. K. 加尔布雷斯）而言，这是一种正常行为（尽管不合理）。在任何情况下，人们都认为非理性行为会引起恐慌和泡沫浪潮，从而导致过度投资和投资不足。理性和非理性的方法已在主流文献中广泛使用（大多与资产定价的生产率理论结合使用），虽然确实提供了一些见解，但它们遗漏了凯恩斯《通论》第十二章中提出的一些要点。

正如凯恩斯所指出的那样，资产定价取决于"常规估值"［"这种常规估值是由大量无知个体的大众心理所决定的"和"这种行为不是错误倾向的结果"（Keynes，2007）］。在第三种资产定价理论（惯例理论）中，没有先验基础，资产价格将不可避免地趋向于此。个人是"无知"的，不是因为他们不懂得如何理性行事，而是因为未来不是一成不变的，从根本上来说，它是不确定的。为了减少对未知未来的"无知"，通过社交互动来创建基础知识，以证明当前的决策是合理的。其中有两个主要的影响。第一，就像在非理性的方法中一样，可能存在一个自我实现的过程，在这个过程中，社会确定的基本价值趋向于现有资产的价格，无论价格是多少，个人都会（在某种意义上）认为它们是自然的。第二，当前的决定可能导致惯例中包含的未来具体化，可能存在一个自我实现的过程，因为惯例使个人以某种方式行事，以使未来如预期般展开。

根据凯恩斯的观点，明斯基将惯例方法（《通论》第十二章）应用于资产价格的流动性偏好理论（《通论》第十七章），并指出在不确定的世界中，传统行为和流动性偏好在一个货币积累奖励的不确定的世界中齐头并进。资产价格流动性偏好理论的理性方法（如托宾，1958）只适用于一个没有不确定性的世界；对同一理论的非理性方法（Galbraith，1961）只能适用于疯狂和恐慌的时期。人们可能会想知道，资产价格流动性偏好理论的惯例方法是什么样的。由 q、c、l 和 a 确定的资产市场价格与正常价格进行比较，后者为经济单位提供了锚定。正常价格是由社会中的模仿过程决定的，这种模仿不是遵循个人的先前行为，而是基于对适当市场价格的平均观点的预测。因此，正常价格的惯例为确定价格变动的预期提供了一种替代“固有”基本面的方法。如果市场中的个体预期结构性变化创造了一个比“正常价格”更高的市场环境（就像它们在 20 世纪 90 年代末新经济繁荣期间对纳斯达克股票所做的那样，或者在 21 世纪初繁荣期间对房地产所做的那样），那么随之而来的是投机性繁荣。

除资产定价理论外，20 世纪 80 年代和 90 年代金融体系的发展也必须纳入投资金融理论中。明斯基对其理论的设想主要是在一个分割的金融体系中进行的，在该体系中，银行遵循银行业务的承诺模型。在银行内部，有两个明确定义的业务，即贷款业务（其任务是判断潜在借款人提议的项目质量并降低后者的乐观情绪）和融资业务（其任务是为银行收取的资产头寸融资和再融资）。在承诺模型中，银行的重点是根据信任和定期贷款协议与借款人建立长期关系，并根据银行支付的存款利率与银行赚取的贷款利率之间的利差来赚钱。现在，该模型已被原始和分布式银行模型所取代，明斯基指出，现在有“没有信贷业务的银行”（Minsky，1981）。这里，正如下一节将讨论的，银行只产生贷款，然后打包和出售，大多数获利活动已经转移到了融资业务。事实上，现在银行的大部分利润都来自结构化金融工具出售和服务（抵押支持证券、抵押债务义务等）而不是利差。银行不再寻求与经常性借款人的长期个性化关系，这种关系是客观的，并能在几分钟内通过信用评分方法进行判断（Kregel，2008）。

这种新的银行模式在安全边际中增加了两个额外的新元素。第一，金融脆弱性的发展正在加速，因为银行和信用评级机构有动机高估信用度，以刺激结构性金融工具的分配。由于他们不会持有贷款，违约风险将转移给金融工具的购买者，因此存在明显的激励问题。第二，尽管它是基于垃圾资产构建的，信贷增强技术（如信用从属、超额利差和过度抵押）会允许结构化金融工具（如抵押贷款支持证券）具有 AAA 信用评级的部分（Adelson，2006）。因此，从经济扩张之初就可能存在较高比例的庞氏融资；也就是说，长期的扩张不再是安全边际动态的原因。所有这一切所需要的是庞氏融资过程中的资产价格的有利趋势。如下所述，房地产市场的最新发展为这种动态提供了一个清晰的例子。

第 4 节　投资金融理论与学术争论

凯恩斯在《通论》第二十四章指出了资本主义体系的两个根本缺陷——无法实现充分就业和过度的不平等。明斯基则指出凯恩斯理论的第三个缺陷：现代金融资本主义中不稳定是正常结果（Minsky，1986）。此外，即使采用适当的政策，也无法维持稳定性，因为它会改变行为方式，从而促进脆弱性的发展。出于这个原因，明斯基拒绝“凯恩斯主义”促进“微调”经济的政策。即使政策确实实现了暂时的稳定，它也会再次引发经济不稳定。因此，“政策问题在于设计制度结构和措施，以在不增加严重萧条的可能性的情况下，缓解通货膨胀、失业和生活水平改善缓慢的压力”（Minsky，1986）。然而，这并不会永远成功，政策必须适应不断变化的环境。

明斯基认为，战后时期的相对稳定导致了现代货币管理资本主义的发展，这是现代资本主义更加不稳定的版本。在明斯基于 1987 年发表的论文中，他预测了最终导致 2007 年房屋抵押贷款证券化的美国次贷危机的爆发。事实上，他是了解证券化真正潜力（也就是上述所谓的“原始和分布式”模型）的少数评论者之一。银行不持有抵押（和其他类型的贷款），而只是简单地发放贷款，然后将抵押物出售给投资者。原则上，可以将所有抵押贷款打包成各种风险类别，并采用差别定价来覆盖风险。投资者可以选择所需的风险收益进行权衡。储蓄机构和其他受监管的金融机构将获得为贷款发放、评估风险及抵押进行服务的费用收入。20 年后，明斯基的预言实现了，因为证券化已远远超出抵押贷款范围，包括学生贷款、信用卡债务、汽车贷款和租赁，以及一系列其他债务。到 2008 年中期，许多市场的违约率上升，远超过人们的预期。

明斯基（2008）曾认为证券化是由两个因素的发展导致的。第一，由于金融全球化、证券化创造了出售给外国投资者的金融资产，而这些投资者无法直接获得美国的有形资产。明斯基认为第二次世界大战之后漫长的无萧条时期造成了全球寻求收益的管理资金过剩（在第二次世界大战之前，萧条伴随着债务通缩，消灭了金融财富）。由受好评的评级机构分配的具有风险权重的打包证券正在吸引全球投资者，以试图达到所需的美元计价资产比例。当美国次级抵押贷款出现问题时，金融危机迅速蔓延至世界其他地区，因为这些次级抵押贷款已被包含在许多全球投资组合中。

第二，战后时期，银行（狭义上的接受存款和贷款的金融机构）的重要性迅速削弱，有利于“市场”发展（银行在所有金融资产中的份额从 20 世纪 50 年代的 50%左右下降到 20 世纪 90 年代的 25%左右）。这种发展本身受到货币主义实验的鼓舞（1979—1982 年间消灭了监管银行和储蓄机构，部分部门赞成相对不受管制的“市场”，其中大多是大型华尔街投资银行），但它也受规则、法规和传统银行金融领域持续侵蚀的刺激。银行业务竞争的加剧（可支付市场利率的非银行金融机构的支票存款）和允许公司绕过商业银行的商业票据市场的兴起，挤压了银行的盈利能力。明斯基（2008）观察到，银行资产赚取的利率减去负债支付的利率，利差约为 450 个基点。这包括正常的资本回报率，加上对银行规定的准备金“税”（准备金是非收益资产），以及为客户提供服务的成本。

另一方面，金融市场的利差可以低得多，因为它们不受准备金率、资本要求和银行的大部分成本的限制。同时，金融市场在新政法规下更加自由。这不仅意味着金融业在法规下会更加自由，来自“市场”的竞争更会迫使决策者放松对银行的监管。随着银行竞争力受损，企业会直接转向管理资金来进行融资活动。养老金和对冲基金所拥有的管理资金受到的监管要少得多，并且不适用相同的监管。此外，管理的基金以更高的杠杆比率运作（银行通常可以利用约为自身 10 倍的权益杠杆，而对冲基金的杠杆比率为 30 倍，有时甚至更高；这意味着它们使用 1 美元的自有资金，并借入 29 美元，以增加投注的规模）。所有这些都大大增加了金融的脆弱性。在正常的扩张中，较高的公司利润意味着公司可以更多地依赖相对安全的内部资金来资助活动。然而，在 20 世纪 90 年代到 21 世纪初的扩张中，企业大大增加了外部资金的使用率，促使债务比率上升。尽管 20 世纪 80 年代因杠杆收购和使用“垃圾债券”而闻名，但在 2005 年之后的小布什扩张期间，实际上发行的“垃圾债券”要多得多。

在 20 世纪 90 年代中期到 2007 年美国房地产的繁荣时期，“商业银行”和“投资银行”不再有任何本质的区别。明斯基（1986）认为，与房地产融资有关的新政改革是由一种共同的信念推动的，即短期抵押贷款（通常需要大笔还款）导致了大萧条；讽刺的是，导致投机热潮的住房抵押贷款融资的“创新”在很大程度上重新创造了这些条件，使美国的住房部门像一个巨大的全球赌场一样运转。

如前所述，美国金融业仍处于危机之中，并在全球范围内蔓延。许多评论家称这场危机为“明斯基时刻”，质疑其是否已成为“庞氏国家”（例如，

Whalen，2008）。在这一点上，我们可以推测，过去 10 年的金融创新极大地扩展了信贷的可利用性，从而推高了资产价格。这不仅反过来鼓励了进一步的创新，以获取利润，而且助长了债务狂潮和更大的杠杆作用。格林斯潘的"放贷"（相信美联储将不允许发生坏事，从挽救长期资本管理计划以及互联网泡沫破灭后迅速降低利率中可以得到证据），加上美联储采用的新的操作程序（新货币共识），包括渐进主义、透明度和期望管理（意味着没有意外），将情绪的平衡从恐惧转移到了贪婪。克林顿（Clinton）经过 20 世纪 90 年代中期的繁荣和 2001 年的经济衰退修正了对增长的看法，根据这种观点，如果没有通货膨胀，扩张可能会更加强劲，而衰退将是短暂而相对没有痛苦的。所有这些都增加了风险偏好，降低了风险溢价，并鼓励了更多的杠杆。繁荣时期进行的许多乐观分析都是基于现代正统的金融理论，并根据过去的经验纳入了复杂的市场行为模型。这些模型似乎表明风险已得到系统的降低，并转移到最有能力承担风险的人手中。事后看来，我们现在可以说，风险既没有转移，也没有减少。

许多分析家回顾明斯基的著作，以了解当前危机的性质，这并不令人惊讶。现在，人们经常提到明斯基的金融不稳定假说。我们也很容易发现评论家指责主流有效市场理论的自满情绪导致过去 10 年系统性地低估了风险。我们甚至发现主流经济学家宣称"稳定正在破坏稳定"，这一说法与整个新古典经济学潮流相反，后者强调了市场经济所谓的寻求均衡的本质。明斯基认为，可能存在某种形式的资本主义将趋于稳定的平衡，但他坚持认为，具有复杂且昂贵的资本设备的现代金融资本主义将趋向于脆弱，并具有不稳定的倾向。为了理解我们的资本主义形式，有必要认识到投资是如何筹集资金的，以及投资如何产生周期性行为，这种行为可能会演变成债务紧缩、缺乏政府干预和适当政策的大萧条。

第 6 讲　后凯恩斯主义存量流量一致模型综述：原理与方法

本讲文献来源：张凤林、戈德利等学者的经典文献；张云、李宝伟等发表的关于存量流量一致模型研究的论文。

本讲主要内容：2007 年次贷危机之后，存量流量一致模型在预测危机方面的成功使其重回宏观经济分析的主流地位。本文阐述了存量流量一致模型的基本原理，运用模型的资产负债表矩阵和交易流量矩阵详细分析了其会计一致性的原理；然后进一步探讨了存量流量一致模型的闭合、行为设定及均衡求解方法；最后从模型构建的基本思路、行为设定及均衡求解技术方面比较分析了存量流量一致模型与动态随机一般均衡模型。本文认为后凯恩斯学派的存量流量一致模型在货币、信贷、财富、生产和分配方面提供了一体化的处理方法，此模型能够将实体经济和货币、金融市场有机衔接，从而能够更好地分析现实经济体系中的货币政策、金融化、杠杆和收入分配等现实问题。未来存量流量一致模型的研究需要借鉴马克思关于资本配置、总劳动配置及社会再生产正常进行的理论分析，挖掘存量流量一致模型背后的深层次根基，以更好地反映现代宏观经济的运行。

在 2007 年美国次贷危机爆发之后，后凯恩斯学派所创立的存量流量一致（stock-flow-consistent，SFC）模型受到了越来越多的关注，这种关注不仅来自学术界，[①]在新闻界也得到了广泛的关注，其中如金融时报的沃尔夫、[②]纽约时报的斯科夫[③]等都针对存量流量一致模型撰写了评述文章。存量流量一致模型在金融危机之后受到关注和开始流行的主要原因是现有主流新古典

① Bezemer Dirk J. Understanding Financial Crisis through Accounting Models. Accounting, Organizations and Society, 2010, 35 (7): 676-688.

② Wolf Martin. The Balance Sheet Recession in the US. Financial Times, 2012-07-19.

③ Schlefer Jonathan. Embracing Wynne Godley: an Economist Who Modeled the Crisis. The New York Times, 2013-9-10. http://www.nytimes.com/2013/09/11/business/economy/economists-em bracing-ide as-of-wynne-godley-late-colleague-who-predicted-recession.html.

宏观经济学的动态随机一般均衡（dynamic stochastic general equilibrium，DSGE）模型存在缺陷，而后凯恩斯学派的存量流量一致模型正好弥补了动态随机一般均衡模型的缺陷。总体来看，新古典宏观经济学的动态随机一般均衡模型强调供给侧，其通过抽象假设使得模型中实体经济和货币金融方面的联系被天然地分开了，而后凯恩斯学派的存量流量一致模型在货币、信贷、财富、生产和分配方面提供了一体化的处理方法，此模型能够将实体经济和货币金融方面进行有机衔接，从而更好地分析当代现实经济体系中的金融化、杠杆、货币政策效果、经济增长的可持续性、收支失衡、财政政策溢出及环境政策等经济问题。①

存量流量一致模型的最初发展可以追溯到20世纪70年代，有两个主要代表人物：一个是剑桥大学的戈德利（Wynne Godley），另一个是耶鲁大学的托宾（James Tobin）。戈德利在剑桥大学组建了经济政策讨论小组，他和讨论小组中的克瑞普斯（Francis T. Cripps）合作撰写了很多论文，②这些论文构建了存量流量一致模型的基本原理和方法。与此同时，美国的托宾和布莱奈德（William Brainard）合作提出了“陷阱”模型，③他们指出由于资产选择存在调整成本，任何金融资产在短期内的需求与其长期需求水平不同，而且从整体上来看，所有金融市场的各项资产需求是一般均衡地联系在一起的；在论文中，他们运用动态一般均衡模型首先解出金融资产价格和存量水平，进而通过计算金融资产持有的变动间接得到资金流量，这是一个典型的存量流量一致分析框架。上述属于存量流量一致模型早期研究的代表，存量流量一致模型正式形成的标志是戈德利和拉沃（Marc Lavoie）在2007年出

① Francis T Cripps, Marc Lavoie, Wynne Godley (1926—2010). The Palgrave Companion to Cambridge Economics, UK: Palgrave Macmillan, 2017.

② Wynne Godley, Francis T. Cripps. Demand, Inflation and Economic Policy. London and Cambridge Economic Bulletin, 1974, 84(1): 22-23; Francis T. Cripps, Wynne Godley. A Formal Analysis of the Cambridge Economic Policy Group Model. Economica, 1976, 43(172): 335-348; Francis T. Cripps, Wynne Godley. Control of Imports as a Means to Full Employment and the Expansion of World Trade: The UK's Case. Cambridge Journal of Economics, 1978, 2(3): 327-34.

③ William Brainard, James Tobin. Pitfalls in Financial Model Building. The American Economic Review, 1968, 58(2): 99-122.

版的《货币经济学：一个信用、货币、收入、生产和财富的综合框架》。[①]

从国内的研究状况来看，张凤林[②]对国内2013年之前的后凯恩斯学派研究进行了系统梳理。2013年以后，赵峰、马慎萧和冯志轩，[③]李黎力，[④]张云、李宝伟和葛文欣[⑤]等对后凯恩斯学派的理论进行了一些模型探讨、历史分析及实证研究。由于后凯恩斯学派是一个非主流学派，研究学者和相关文献均较少；而存量流量一致模型是后凯恩斯学派研究的前沿，所以这个方向的研究在国内更是稀缺，目前国内关于存量流量一致模型的研究从知网上能够查询到的只有两篇公开文献：一篇是刘元生、刘硕、王有贵[⑥]使用最基本的存量流量一致模型对货币流通速度进行的研究；另外一篇是柳欣、吕元祥、赵雷[⑦]对存量流量一致模型的主要特征及此模型对金融危机的分析进行了综述研究。总体来看，存量流量一致模型的研究在国内刚刚起步。

本讲结构如下：第一节分析存量流量一致模型的基本原理及基础构建；第二节解析存量流量一致模型的闭合、行为设定和均衡求解思路；第三节对后凯恩斯学派的存量流量一致模型与新古典宏观经济学的动态随机一般均衡模型进行比较分析；最后一节对全文进行总结，并就存量流量一致模型未来研究如何借鉴马克思基本理论，如何弥补其现有研究的不足进行了分析。

---

① Wynne Godley, Marc Lavoie. Monetary Economics: An Integrated Approach to Credit, Money, Income, Production and Wealth., London: Palgrave MacMillan, 2007. 该书是戈德利在1994年到达美国后凯恩斯学派研究的大本营巴德学院列维经济研究所（Levy Economics Institute of Bard College）后长期研究存量流量一致模型的成果集大成著作，这期间戈德利为了将其创立的存量流量一致模型用于政策分析，其创造了后凯恩斯学派中著名的列维宏观经济模型（Levy Macroeconomic Model），后凯恩斯学派运用该模型成功预测了美国2001年的经济衰退及美国2007年的次贷危机。这种预测的成功，以及戈德利和拉沃这一著作的出版使得越来越多的学者采用存量流量一致模型来研究各种问题。

② 张凤林. 后凯恩斯经济学新进展跟踪评析[M]. 北京：商务印书馆，2013.

③ 赵峰，马慎萧，冯志轩. 金融化与资本主义危机：后凯恩斯主义金融化理论述评[J]. 当代经济研究，2013（1）.

④ 李黎力. “大衰退”以来明斯基思潮之动向——一个批判性评述[J]. 经济评论，2014（1）；李黎力. 明斯基金融不稳定性假说评析[J]. 国际金融研究，2017（6）.

⑤ 张云，李宝伟，葛文欣. 明斯基融资类型、金融不稳定和经济增长——基于中国省际数据的实证分析[J]. 政治经济学评论，2017（5）.

⑥ 刘元生，刘硕，王有贵. 存量流量一致性模型中的货币流通速度[J]. 2011 International Conference on Applied Social Science, 2011: 526-531.

⑦ 柳欣，吕元祥，赵雷. 宏观经济学中存量流量一致模型研究述评[J]. 经济学动态，2013（12）. 这篇论文见刊之时柳欣教授已经去世。柳欣教授生前建立的宏观经济模型实际上是一个总量的存量流量一致模型，具体模型情况可以参考其著作《经济学与中国经济》，人民出版社，2006。

第1节　存量流量一致模型的基本原理及模型的构建

存量流量一致模型建立的理论基础主要是后凯恩斯学派的理论，[①]后凯恩斯学派理论框架指出，如果没有考虑货币、信贷和资本市场，实体经济的行为和运行实际上是难以理解的。存量流量一致模型正是后凯恩斯学派为了体现其核心理念而发展出来的一套能够严谨分析和考察当代现实经济运行的模型和方法。[②]

存量流量一致模型有两个非常典型的特征：第一个特征是模型的建立非常注重会计核算一致性。会计核算一致性指的是存量流量一致模型中核心变量的关系必须符合国民账户核算的准则。[③]新古典宏观经济学认为总量会计恒等式在经济分析中有效信息较少，必须通过假设、建模和行为优化推理解释宏观经济运行的机制，[④]而后凯恩斯学派认为分析现实经济问题时会计核算一致性是最基本的前提，因为“确保会计核算正确经常是打击经济分析伪逻辑的最佳方式，严密的会计核算本身就可以得出一些有意义的经济结论”，[⑤]这主要来源于会计核算等式对整体模型施加了一些限制，从而降低了模型的自由度。第二个特征就是在后凯恩斯主义模型中认为充分就业不是经济现实的常态，所以存量流量一致模型采用典型的后凯恩斯学派模型闭合方式，即有效需求决定产出。[⑥]在这两点基础之上，戈德利等学者建立了一个完整包含实体经济和金融市场及其相互依存关系的存量流量一致模型。本节首先阐述存量流量一致模型的基本原理，并分析模型的具体构建情况。此部

---

① Wynne Godley, Francis T Cripps. Macroeconomics, New York: Oxford University Press, 1974.

② 值得指出的是，由于存量流量一致模型完整包含实体经济和金融市场，从而此模型能够非常自然地验证明斯基（Hyman Minsky）提出的融资模式、实体经济与金融脆弱性的关系，存量流量一致模型研究中很多文献都是分析和规范了明斯基的金融体系内生脆弱性观点。具体可以参考 Caverzasi, Eugenio, and Antoine Godin, Post-Keynesian Stock-Flow-Consistent Modelling: A Survey, Cambridge Journal of Economics, vol. 39, no. 1 (2015), pp. 157-87.

③ 这一特点主要是由于戈德利受到了国民核算账户创立者斯通（Richard Stone）的影响。斯通是先于戈德利的前任剑桥大学应用经济系主任，其创立的社会核算矩阵（Social Accounting Matrix，SAM）对戈德利有非常大的影响。

④ 罗伯特•卢卡斯. 经济周期模型[M]. 姚志勇，鲁刚，译. 北京：中国人民大学出版社，2014.

⑤ Taylor Lance. Reconstructing Macroeconomics: Structuralist Proposals and Critiques of the Mainstream, MA: Harvard University Press, 2004.

⑥ 约翰•梅纳德•凯恩斯. 就业、利息和货币通论[M]. 徐毓枬，译. 南京：译林出版社，2011.

分内容综合了戈德利和拉沃撰写的《货币经济学：一个信用、货币、收入、生产和财富的综合框架》中的基础模型以及尼克福斯（Michalis Nikiforos）和佐若（Gennaro Zezza）的最新综述内容。①

存量流量一致模型的一个主要特点就是模型的建立必须符合国民收入核算的会计恒等式。具体来说，存量流量一致模型在会计核算一致性方面有三个主要原理。

第一，模型遵循流量一致性。这是指存量流量一致模型中每一个货币流量来自某个地方并进入某个地方，所以模型系统中没有传导机制的“黑洞”②。例如，一个家庭的收入必定是某一家公司的支出，一个国家的出口必定是另一个国家的进口。在国民收入核算体系的术语中，家庭-企业这种部门之间的流量一致性被认为是“横向”一致性，还有一种流量一致性是“纵向”一致性，即存量流量一致模型中每个交易都涉及每个单位中至少两个条目，通常称为“借记”和“贷记”。例如，当一个家庭获得收入的时候，其存款将会被贷记相同的金额。

第二，模型遵循存量一致性。这是指在存量流量一致模型中，代理人或部门的金融资产是其他代理人或部门的金融负债。例如，一笔存款是家庭的资产，同时也是银行的负债；一笔国债是政府的负债，同时也是持有单位的资产，因此，整个模型系统的金融净财富整体为零。③

第三，模型遵循存量流量一致性。这是指模型中任一流量的变化意味着一个或多个存量的变化，因此期末存量是通过相关流量积累并考虑到资本收益而获得的。存量流量一致性的正式表达式是 $S_t = S_{t-1} + F_t + CG_t$，其中 S_t 是 t 时期期末存量的货币价值，F_t 为相关流量，CG_t 为净资本收益。因此，存量流量一致性意味着其他条件不变时，正的净储蓄流量导致净资产存量增加，反之亦然。例如，当一个家庭的净储蓄为正时，其一项或多项资产增加（或一项或多项负债减少），净资产也会增加。该方程可以重写为 $\Delta S_t = F_t + CG_t$，其中 Δ 是差分算子。从这个角度来看，存量的变化本身就是流量，等于相关

① Michalis Nikiforos, Gennaro Zezza. Stock-flow Consistent Macroeconomic Models: A Survey. Levy Economics Institute of Bard College Working Paper, 2017, 1547: 1-71.

② Bernanke B S, Gertler M. Inside the Black Box: The Credit Channel of Monetary Transimission. Journal of Economic Perspective, 1995, 9(4): 27-48.

③ 前面这两个原理意味着存量流量一致模型中每笔记录的交易实际上都涉及会计中的四式入账。例如，当家庭从公司购买产品时，会计登记了企业的收入和家庭支出的增加，同时家庭减少了至少一项资产（或增加负债），相应的，企业至少增加了一项资产。四式记账法是由柯布兰德（Morris Copeland）于 1947 年引入会计核算的，现在是国民收入核算的基本会计制度。

流量和资本收益。因此，存量流量一致性是“纵向”流量一致性的逻辑推论。在实际统计中，资金流量表（flow of funds）账户通常对金融资产的流量（ΔS_t）和存量（S_t）水平有独立的表格。[①]

在会计一致性原理之上，存量流量一致模型的结构主要体现在以下两个矩阵中：第一个是如表 6.1 所示的资产负债表矩阵，第二个是如表 6.2 所示的交易流量矩阵。

表 6.1　资产负债表矩阵

资产	（1）	（2）	（3）	（4）	（5）	（6）
	家庭	生产企业	政府	中央银行	其他银行	总计
（A）物质资本		$+PK$				$+PK$
（B）存货		$+IN$				$+IN$
（C）高能货币	$+H_h$			$-H_{cb}$		0
（D）存款	$+D_h$				$-D_b$	0
（E）贷款	$-L_h$	$-L_c$			$+L_b$	0
（F）国库券	$+B_h$		$-B_g$	$+B_{cb}$	$+B_b$	0
（G）长期国债	$+p_{bl}BL_h$		$-p_{bl}BL_g$	$+p_{bl}BL_{cb}$	$+p_{bl}BL_b$	0
（H）股票	$+p_eE_h$	$-p_eE_c$			$+p_eE_b$	0
（I）余额	$-V_h$	$-V_c$	$-V_g$	$-V_{cb}$	$-V_b$	$-(PK+IN)$
（J）总计	0	0	0	0	0	0

资料来源：根据戈德利和拉沃撰写的《货币经济学：一个信用、货币、收入、生产和财富的综合框架》中基础模型编制。

注：+表示资产，–表示负债，PK 表示企业的物质资本，IN 表示存货，H_h、H_{cb} 分别表示家庭和中央银行持有的高能货币，D_h、D_b 分别表示家庭和银行的存款，L_h、L_c 分别表示家庭、企业的贷款，L_b 表示银行发放的贷款，B_h、B_{cb}、B_b 分别表示家庭、中央银行、银行持有的国库券，B_g 表示政府发放的国库券，p_{bl} 表示长期国债价格，BL_h、BL_{cb}、BL_b 分别表示家庭、中央银行、银行持有的长期国债量，BL_g 表示政府发放的长期国债，p_e 表示股票价格，E_h、E_b 分别表示家庭、银行持有的股票量，E_c 表示企业发行的股票量，V_h、V_c、V_g、V_{cb}、V_b 分别表示家庭、企业、政府、中央银行、银行的净财富。

表 6.1 列出了封闭经济的资产负债表矩阵，模型分为五个部门：家庭、企业、政府、中央银行和商业银行。模型中假设存在六种金融资产：高能货币、[②]存款、贷款、国库券、长期国债和股票。这些资产的差异主要是由其

① 在美国资金流量表由美联储公布，在欧元区国家资金流量账户通常称为“金融账户”，由各国中央银行和欧盟统计局公布。

② 高能货币是指传统货币银行学中的基础货币，即中央银行能够控制的货币供应量，包括流通中的现金及商业银行放在中央银行的准备金。

收益率的异质性来体现的：一方面，高能货币的名义回报率为零，而存款、贷款和国库券的名义回报率等于它们各自的利率；另一方面，长期国债和股票的总体回报率不仅包括其收益回报（分别为利息和股息），也包括可能的资本收益。表 6.1 中正号（+）表示资产，负号（-）表示负债；下标表示相关工具的持有人。例如，国库券（B_g）是政府的负债，在模型中也是家庭（B_h）、银行（B_b）和中央银行（B_{cb}）的资产。存量一致性原理通过在矩阵中金融资产每一行总和等于零体现，具体到国库券，即为 $B_g = B_h + B_b + B_{cb}$。表 6.1 中的有形资产是企业的物质资本（PK）和存货（IN）。由于遵循存量一致性，最终模型中所有的金融资产和金融负债都会抵消，因此模型中整体经济净财富等于有形资产，即物质资本和存货。实际建立存量流量一致模型时需要决定模型中总共涵盖多少资产，涵盖的资产种类越多，模型越现实，实际经济的真实特征就越能被模型捕捉到。①然而，这是以模型求解的复杂性为代价的。

存量流量一致模型中第二个表是交易流量矩阵，交易流量矩阵记录一定时间内（通常是一年）各部门之间发生的交易行为，如表 6.2 所示。交易流量矩阵一般记录三部分：第一部分记录实体经济中的产品和服务交易；第二部分记录工资、税收、利息收支及利润分配的金融交易；第三部分记录由市场价格变化和资产组合重新配置引起的资产价值重估的变化。交易流量矩阵中资金来源以加号（+）表示，资金使用以减号（–）表示。纵向流量一致性要求资金来源与资金的使用总和为零，从表 6.2 中的第（2）列可以看出，账户经常被分解为总消费（PC）、总投资（$PI + \Delta IN$）和政府支出（PG），在收入方面分为工资（W）和利润（Π）；横向流量一致性要求对于每个类别的交易，资金的流入和使用总和为零。从表 6.2 的（E）行中可以看出，工资是公司对资金的使用，但对于家庭而言是资金来源。同理，从第（1）列可以看出家庭的其他收入来源是分配的利润（$\Pi_{c,d}$ 和 Π_b）及其持有的各种资产的利息收入（如存款利息 $r_{d-1}D_{h-1}$、国库券利息 $r_{b-1}B_{h-1}$ 和长期国债利息 $r_{bl-1}BL_{h-1}$）；另一方面，家庭的资金主要用途是购买消费品（PC）、缴税（T_h）及偿还贷款利息（$r_{l-1}L_{h-1}$）。

① 一般而言，存量流量模型不会将现实中所有的资产都涵盖在模型中。例如，表 6.1 中住宅资本被忽略。此外，在现实中，每个部门都拥有几乎每种资产，但在建立模型时一般选择每种资产的某些持有人以使模型尽可能简单，这些都必须根据所研究的问题进行确定。

表 6.2　交易流量矩阵

资金流向	（1）	（2）		（3）	（4）	（5）	（6）
	家庭	非金融企业		政府	中央银行	银行	总计
		经常账户	资本账户				
交易							
（A）消费	$-PC$	$+PC$					0
（B）投资		$+(PI+\Delta IN)$	$+(PI+\Delta IN)$				0
（C）政府支出		$+PG$		$-PG$			0
（D）[产出]		[PY]					
（E）工资	$+W$	$-W$	$-\eta_{-1}IN_{-1}$			$+r_{l-1}IN_{-1}$	0
（G）企业利润	$+\Pi_{c,d}$	$-\Pi_{c}$	$+\Pi_{c,r}$				0
（H）税收	$-T_h$		$-T_c$	$+T$		$-T_b$	0
（I）银行利润	$+\Pi_b$			$+\Pi_{cb}$	$-\Pi_{cb}$	$-\Pi_b$	0
（J）存款利息	$+r_{d-1}D_{h-1}$					$-r_{d-1}D_{b-1}$	0
（K）贷款利息	$-r_{l-1}L_{h-1}$		$-r_{l-1}L_{c-1}$			$+r_{l-1}L_{b-1}$	0
（L）国库券利息	$+r_{b-1}B_{h-1}$			$-r_{b-1}B_g$	$+r_{b-1}B_{cb-1}$	$+r_{b-1}B_{b-1}$	0
（M）长期国债利息	$+r_{bl-1}BL_{h-1}$			$-r_{bl-1}BL_g$	$+r_{bl-1}BL_{cb-1}$	$+r_{bl-1}BL_{b-1}$	0
资金流							
（N）[净借出]	[NL_h]		[NL_c]	[NL_g]	[NL_{cb}]	[NL_b]	0
（O）高能货币变化	$-\Delta H_C$				$+\Delta H$		0
（P）存款变化	$-\Delta D_h$					$+\Delta D_b$	0
（Q）贷款变化	$+\Delta L_h$		$+\Delta L_c$			$-\Delta L_b$	0
（R）国库券变化	$-\Delta B_h$			$+\Delta B_g$	$-\Delta B_{cb}$	$-\Delta B_b$	0
（S）长期国债变化	$-p_{bl}\Delta BL_h$			$+p_{bl}\Delta BL_g$	$-p_{bl}\Delta BL_{cb}$	$-p_{bl}\Delta BL_b$	0
（T）股票变化	$-p_e\Delta E_h$		$+p_e\Delta E_c$			$-p_e\Delta E_b$	0

续表

资金流向	（1）	（2）		（3）	（4）	（5）	（6）
	家庭	非金融企业		政府	中央银行	银行	总计
		经常账户	资本账户				
（U）总计	0	0	0	0	0	0	0

资料来源：根据戈德利和拉沃撰写的《货币经济学：一个信用、货币、收入、生产和财富的综合框架》中基础模型编制。

注：+表示资金来源，-表示资金使用，PC 表示总消费，PI 表示非存货投资，ΔIN 表示存货投资变动，$(PI+\Delta IN)$ 表示总投资，PG 表示政府支出，[PY]表示总产出，W 表示工资，$\Pi_{c,d}$ 表示家庭从企业总利润中分配到的利润，Π_c 表示企业产生的利润总额，$\Pi_{c,r}$ 表示企业留存的利润（归结在其资本账户中），T_h、T_c、T_b 分别表示家庭、企业、银行缴纳的税费，T 表示政府收的总税费，Π_{cb} 表示央行利润，Π_b 表示银行利润，IN_{-1} 表示上一期存货，r_{d-1} 表示上一期存款利率，D_{h-1} 表示家庭的贷款存量，r_{l-1} 表示上一期贷款利率，L_{h-1}、L_{c-1} 分别表示家庭、企业上一期的贷款存量，L_{b-1} 表示银行上一期发放的贷款存量，r_{b-1} 表示上一期国库券利率，B_{h-1}、B_{cb-1}、B_{b-1} 分别表示家庭、央行、银行持有的上一期国库券存量，B_g 表示政府发行的国库券数量，r_{bl-1} 表示上一期长期国债利率，BL_{h-1}、BL_{cb-1}、BL_{bl-1} 分别表示家庭、央行、银行上一期持有的长期国债存量，BL_g 表示政府发行的债券量，[NL_h]、[NL_c]、[NL_g]、[NL_{cb}]、[NL_b]分别表示家庭、企业、政府、央行、银行的净借出，ΔH_C、ΔH 分别表示家庭和央行的高能货币的变化量，ΔD_h 表示家庭存款量的变化，ΔD_b. 表示银行吸收存款量的变化，ΔL_h、ΔL_c 分别表示家庭和企业贷款量变化，ΔL_b 表示银行发放贷款量变化，ΔB_h、ΔB_{cb}、ΔB_b 分别表示家庭、央行、银行持有国库券量的变化，ΔB_g 表示政府发放国库券量的变化，p_{bl} 表示长期国债价格，ΔBL_h、ΔBL_{cb}、ΔBL_b 分别表示家庭、央行、银行持有长期国债量的变化，ΔBL_g 表示政府发行长期国债量的变化，p_e 表示股票价格，ΔE_h、ΔE_b 分别表示家庭和银行持有股票量的变化，ΔE_c 表示企业发行股票量的变化。

在表 6.2 列项中，资金的总体来源和用途之间的差额等于该部门的净借出额[表 6.2 中（N）行列出]，纵向流量一致性要求表中每列的总和必须等于零。[①]具体到家庭部门净借出额如下：

$$NL_h=\left[W+\Pi_{c,d}+\Pi_b+r_{d-1}D_{h-1}+r_{b-1}B_{h-1}+r_{bl-1}BL_{h-1}\right]-\left[PC+T_h+r_{l-1}L_{h-1}\right] \tag{6.1}$$

表 6.2 在第（1）栏的底部提到了家庭持有的净借出额，家庭的净借出额是指其持有的各种金融资产增加或贷款减少，一般在模型中单列一个资本账户来记录这种净借出额的变化，即家庭将其净借出额转入资本账户，然后这个资本账户记录资产和负债的变动。为了简化整体模型布局，表 6.2 中家庭、政府、中央银行和银行的资本账户都合并进入了一个账户。但企业部门不能

① 交易流量矩阵的其余部分可以以类似的方式解读，由于篇幅限制，本文并没有详细介绍每行每列的闭合。横向流量一致性也适用于交易流量矩阵，如银行贷款增加等于家庭和企业贷款增加；因此，系统的存量一致性仍然存在，意味着交易流量矩阵每一行的总和也为零。

这样简化处理，因为总投资（$PI + \Delta IN$）是在企业部门内进行的交易，一些企业从生产商品的其他公司购买投资品；同理，扣除税款和利息支出的留存利润（$\Pi_{c,r} = \Pi_c - T_c - r_{l-1}L_{h-1} - r_{l-1}IN_{-1}$）也是在行业内企业发生的收入“转移”。为了更加清晰地刻画企业部门间的交易，模型在第（3）栏中特意列出了企业的资本账户，可以看到企业的净借款是通过发行新股权或承担更多贷款来实现的。

$$NL_c = \Pi_{c,r} - \left(PI + \Delta IN\right) = \Delta L_C + p_e \Delta E \tag{6.2}$$

观察表 6.1 和表 6.2 可以发现，存量流量一致模型中资产负债表矩阵（表 6.1）中资产的期末价值等于其期初的价值加上期间的价值变动和可能的资本收益（表 6.2 下半部分）。从这个意义来看，交易流量矩阵的下半部分提供了资产负债表矩阵和交易流量之间的动态联系。例如，就贷款存量而言（假定没有价格变化，因此不涉及资本收益），其期末价值表示为：

$$L_h = L_{h-1} + \Delta L_h \tag{6.3}$$

式（6.3）的后一项来自交易流量表。在资产具有明确价格的情况下，期末存量需要考虑资本收益。因此，股票期末存量表示为：

$$p_e E = p_{e-1} \times E_{-1} + p_e \Delta E + \Delta p_e \times E_{-1} \tag{6.4}$$

其中最后一项（$\Delta p_e \times E_{-1}$）表示资本收益，这相当于上一期（E_{-1}）期末由于资产价格变动（Δp_e）而导致股票存量价值的改变。最后会计核算一致性闭合的另一个重要推论是模型中各系统各部门的净借出额总额等于零，公式如下：

$$NL_h + NL_c + NL_g + NL_b + NL_{cb} = 0 \tag{6.5}$$

式（6.5）是 20 世纪 70 年代末由戈德利提出的，虽然这是一个简单的会计恒等式，但它对宏观经济分析具有深远的影响，式（6.5）表明负的净借出额代表着一个部门将倾向于增大其债务与收入的比例。例如，假设式（6.5）中的所有银行部门的净借出额为零，政府的盈余为正值，那么私营部门（家庭和企业）必须出现赤字，在其他条件不变的情况下，这一定会导致该部门负债的增加，用明斯基的术语来说，这种情况会导致私营部门从套期融资转向投机融资，再转变为庞氏融资，进而产生危机。

第 2 节 存量流量一致模型的闭合、行为设定和均衡求解思路

本节分析存量流量一致模型的闭合、行为设定及均衡求解思路。任何一个宏观经济模型的最后结论与其模型的闭合有密切的关系，因为闭合决定了模型中宏观经济变量之间的因果关系。存量流量一致模型延续后凯恩斯学派的传统，认为总需求既在短期也在长期内决定整体经济运行，所以存量流量一致模型总体上是从需求面进行模型的闭合，这与新古典宏观经济学中模型仅研究供给侧是完全不同的。[①]与此同时，模型的闭合还必须为模型中各代理人和部门的决策行为进行设定。从模型求解技术的角度来看，如果整个模型体系中有 n 个内生变量，其会计一致性框架提供了 m 个独立的会计恒等式，那么需要 n-m 个更多的方程来解整体模型，这些剩下的方程就是由模型中各代理人和部门的行为设定来提供的。一般来说，存量流量一致模型中有五大类的行为假设需要做出设定。[②]

第一，需要指明代理人如何确定其支出。具体到表 6.2 的模型，需要指定消费函数、投资函数和政府支出函数。[③]消费函数最一般的设定如下：

$$C_h = \alpha_1 Y_{h,d} + \alpha_2 \left(\frac{V_{h-1}}{P_{-1}} \right) \tag{6.6}$$

其中 $Y_{h,d} = Y_h - T_h$ 是家庭的名义可支配收入，α_1 和 α_2 是正的常数。换句话说，假设实际消费是实际可支配收入（$Y_{h,d}$）和滞后的实际财富 $\left(\frac{V_{h-1}}{P_{-1}} \right)$ 的函数。投资函数的设定通常如下：

$$g = \frac{I}{K} = \beta_0 + \beta_1 \frac{\Pi_{c,r-1}}{(PK)_{-1}} - \beta_2 \frac{L_{c-1}}{(PK)_{-1}} + \beta_3 \frac{L_{c-1} + p_{e-1}E_{c-1}}{(PK)_{-1}} + \beta_4 \frac{Y_{-1}}{K_{-1}} \tag{6.7}$$

---

① 新古典宏观经济学中经典增长模型索洛模型仅研究经济中的供给面，是因为其认为供给决定需求，是萨伊定律在发挥作用。具体请参考 Solow R M. A Contribution to the Theory of Economic Growth. The Quarterly Journal of Economics, vol. 70, no. 1(1956), pp. 65-94.

② 这也是存量流量一致模型中代理人行为设定的五个标准步骤，具体细节可以参考戈德利和拉沃撰写的《货币经济学：一个信用、货币、收入、生产和财富的综合框架》一书的第十章。

③ 政府支出函数通常被认为是由政府相机抉择的政策工具。

投资是留存利润 $\left(\frac{\Pi_{c,r-1}}{(PK)_{-1}}\right)$、债务程度 $\left(\frac{L_{c-1}}{(PK)_{-1}}\right)$、估值比率 $\left(q=\frac{L_{c-1}+p_{e-1}E_{c-1}}{(PK)_{-1}}\right)$ 和产能利用率 $\left(\frac{Y_{-1}}{K_{-1}}\right)$ 的函数。[①]上述消费和投资设定中一个重要特征是它们依赖于资产和负债上一期的存量价值（财富、贷款、资本等的存量）。换句话说，在每个期间上一期末的存量决定下一期的流量，下一期间的流量又决定了下一期末的存量。这使得模型能够动态化，并且系统在每个时间段的位置由其历史路径决定。

第二，代理人需要确定如何为其支出和净借款头寸融资。在表 6.2 中，政府需要决定如何发行国库券和长期国债来弥补其赤字，家庭需要决定贷款多少来支持其消费。在存量流量模型中一般将这组决策行为设定为线性函数。例如，设定家庭的贷款需求是其收入的不变比例，或者设定企业发行新股票的融资额也是其新增投资的一个固定比例。[②]

第三，代理人（特别是家庭）如何配置金融资产。从表 6.1 和表 6.2 中可以发现，一个家庭关于消费和借款的决定实际上也意味着其储蓄多少，这又与前一期的财富存量和可能的投资资本收益一起决定了期末财富存量的价值。其中的核心问题是家庭如何将其储蓄分配在各种可能的金融资产之间。[③]存量流量一致模型中，代理人对金融资产的配置通常按照“托宾资产组合”的原理进行配置。具体来讲，模型中将家庭对各种金融资产的需求设定为：

$$a=\lambda_0+\Lambda R+\lambda_m\left(Y_{d,h}/V_h\right) \tag{6.8}$$

其中，a 是家庭对 m 种资产的需求占总财产的向量，λ_0 是常数的向量，R 是

① 投资函数的设定比较有争议，但这是凯恩斯框架内从需求层面闭合模型必须要设定的。公式（6.7）建立在最近的后凯恩斯主义研究（Bhaduri and Marglin, 1990）和托宾（Tobin, 1969）提出的 q 投资理论之上。详见 Bhaduri A, Marglin S. Unemployment and the Real Wage: the Economic Basis for Contesting Political Ideologies, Cambridge Journal of Economics, vol. 14, no. 4(1990), pp. 375-39; JamesTobin. A General Equilibrium Approach To Monetary Theory, Journal of Money, Credit and Banking, vol. 1, no. 1(1969), pp. 15-29.

② 更复杂的非线性设定是可能的，但这增加了模型求解的复杂度。

③ 如果有 S 种可能的资产，则需要具体说明其中 S−1 种的需求，对最后一种资产的需求则是被动剩余需求。

各种金融资产的（预期）实际收益率的向量，Λ 是关于每个资产回报率对该资产需求及对其他资产需求的影响的方阵（矩阵的主对角线刻画了每个资产的回报率对自身需求的影响），λ_m 是一个刻画可支配收入对资产需求影响的矩阵，向量 Λ 的秩是 m。每个金融资产的实际回报率由其收益率（利息或股息）和经通胀率修正后得到的资本收益组成。在式（6.8）中，还有一些对参数的基本约束条件，[①]如 λ_0 列向量元素的总和等于 1，这意味着每种资产的份额总和等于 1；同时还要设定 Λ 每列之和及 λ_m 列向量的元素之和都等于 0，这意味着由资产收益率或可支配收入的变化导致的资产需求增加与一个或多个其他资产需求的下降相对应。

第四，关于模型中生产率、工资和通货膨胀率的设定。目前存量流量一致模型研究中没有特别关注生产率，模型中一般设置生产率是恒定的或者以一个外生给定的速度增长。延续后凯恩斯学派的传统，存量流量一致模型中通货膨胀被认为是工人和企业家之间冲突和协调的结果：工人（或工会）对真实工资有一定期望标准，真实工资（w）一般被设置为取决于劳动生产率（pr）及整体劳动力市场的供求状况（ER）：

$$w = a_0 + a_1 pr + a_3 ER \tag{6.9}$$

在此基础上，名义工资被设定为通过特定的参数对目标工资与实际工资之间的差距做出反应，进而产品价格水平（p）被设置为企业主在正常历史情况下单位生产成本（$NHUC$）加成定价（φ 为加成比率），设定形式如下：

$$p = (1+\varphi) \times NHUC \tag{6.10}$$

第五，设定金融系统的行为。具体是指设定商业银行及中央银行的行为。存量流量一致模型中对中央银行行为的一个普遍设定就是其购买所有私人部门不需要的政府债券（包括国库券和长期国债），中央银行在市场上提供等于这些政府债券的高能货币，这种设定体现了后凯恩斯学派中关于货币数量内生的认知。在存量流量一致模型中，一般外生设定利率，而将货币数量变得内生。[②]在商业银行行为设定方面，模型中需要指定其他部门发行的资产，商业银行选择持有这些资产的数量及其如何提供信贷，后凯恩斯学派一般认为商业银行会满足所有有需求的贷款。

---

① Wynne Godley. Money and Credit in a Keynesian Model of Income Determination. Cambridge Journal of Economics, 1999, 23(4): 393-411.

② 这是对中央银行能够外生决定货币数量这一新古典货币数量理论的反对。

上述五大方面的行为假设，加上会计一致性框架和由需求导向的模型总闭合，使得存量流量一致模型可以对金融资产存量和流量进行清晰的处理，从而可以对实体经济和金融市场进行全面和一致的分析。这种模型与新古典宏观经济学中的动态随机一般均衡模型完全不同，因为在动态随机一般均衡模型中实际变量与货币金融变量基本无关。而在存量流量一致模型中，经济中的行为主体对债券、信贷、资产和负债的分配做出决定，这对实际变量有确定影响，反之，模型中实际变量变化也会影响金融变量。近年来，资本主义国家的金融化①及金融危机使得这一特征非常明显，因此存量流量一致模型是更贴近现代资本主义经济的模型。

存量流量一致模型在均衡求解方面的主要特点是其模型的长期均衡定义，②*SFC* 模型中长期均衡被定义为存量流量比率稳定的状态。换句话说，存量流量一致模型在稳态（steady state）时存量和流量以相同的速度增长。SFC 动态模型系统通过一系列短期均衡调整并收敛于该长期均衡。例如，模型在短期内金融市场中资产需求和供给通过价格调整达到"均衡"，产出调整保证总储蓄等于投资，然而这种短期"均衡"不是稳定的，因为推动支出和投资组合决策的期望值可能没有实现，这表明经济中至少一种存量的期末值没有达到目标水平，而这种差异会影响下一个时期的决定。这种均衡求解的思路遵循后凯恩斯学派的卡莱斯基（Kalecki）提出的"长期趋势是一连串短期运行状态中一个缓慢变化的组成部分，它没有独立的实体"，③存量流量一致模型中之所以发生调整是因为存量流量比率与代理人的决定相关，如使用恒等式 $\Delta V = PY_{h,d} - PC_h$，可以将消费函数公式（6.6）重写为如下形式：

$$\frac{\Delta V_h}{P} = \alpha_2\left[\alpha_3 Y_{h,d} - \left(\frac{V_{h-1}}{P_{-1}}\right)\right] \tag{6.11}$$

其中，$\alpha_3 = (1-\alpha_1)/\alpha_2$ 是家庭财富与收入的目标比率（存量流量比率），④财

① Greta R Krippner. The Financilization of American Economy. Socio-Economic Review, 2005, 3(2): 173-208.

② 宏观经济模型求解的第一个问题就是寻找整个模型体系的稳定状态。

③ Michal Kalecki. Selected Essays on the Dynamics of the Capitalist Economy. UK: Cambridge University Press, 1971.

④ 这也是模型中长期稳态时候的比率，因为此模型在求解长期稳态时实际财富变化 $\frac{\Delta V_h}{P}=0$，从而 $\alpha_3 Y_{h,d} - \left(\frac{V_{h-1}}{P_{-1}}\right)=0$，所以家庭实际财富 $\frac{V_h}{P}$（存量）和收入 Y_h（流量）的稳态比率为 α_3。

富和消费的变化是对这一目标比率与实际比率差异的反应。当（滞后）财富与收入的比率低于目标比率时（方括号中的项为正），家庭将相应调整其行为以接近目标，在长期均衡中家庭财富与收入的目标比率得以实现。这样定义的长期均衡除了政策分析中的理论意义外，还可以作为经济实践中分析的基准，因为一个存量流量比率不增加（或减少）的状况可能是不可持续的。[①]

第 3 节　存量流量一致模型与动态随机一般均衡模型的比较分析

前文详细介绍了存量流量一致模型的构建、闭合及模型的均衡求解思路，本节将其与现代主流新古典宏观经济学的动态随机一般均衡模型进行比较分析，希望通过逻辑的比较分析来凸显存量流量一致模型的优点。下面将具体从模型构建的基本思路、行为设定及模型均衡求解等方面对这两类模型进行全面的比较分析。

6.3.1 模型构建基本思路的区别

存量流量一致模型建立的基础是现实经济中会计核算的一致性，这种会计核算的一致性能够将实体经济（如消费、投资、产出、就业等）和金融（如各类金融资产、债务、货币、信贷等）天然地结合在一起，而且这种结合允许模型可以考察代理人关于其实体变量的决策如何影响其资产负债表中金融资产的持有，以及这些金融资产变量变化如何反馈到其“真实”决定中，因此资产负债表矩阵（表 6.1）和交易流量矩阵（表 6.2）是分析当代货币经济不可缺少的工具。[②]其次，存量流量一致模型的另一个重要特征是其模型闭合是后凯恩斯主义的，存量流量一致模型不认为短期内萨伊定律和充分就业成立，或者中长期时间过程中经济会趋于这样一个状态。这是真正意义上凯

---

① 例如，戈德利（1999）之所以将美国经济的配置视为不可持续的，是因为私人部门的净借款高会导致其负债收入比持续上升。详见 Wynne Godley. Seven Unsustainable Process: Medium-term Prospects and Policies for the United States and the World. Levy Economics Institute of Bard College Special Report, 1999, pp. 1-28.

② 托宾在其关于“陷阱模型”的论文也已明确指出了“现有金融模型构建的主要缺陷是没有清晰地模型化‘金融市场中被决定的价格和利率及其所涉及的数量与实体经济相互影响’这一特征”，但这一论点并没有被后来的新古典学派研究人员所重视，反而是其在论文中提出的资产组合研究方法受到了广泛的关注。

恩斯主义的闭合，①凯恩斯在其著作《就业、利息和货币通论》中指出，资本主义经济的一般状态不是充分就业，而且经济体系没有向充分就业靠近的趋势，并且其指出了货币经济状态下的结论和实物交换经济状态下存在根本的区别。新古典宏观经济学动态随机一般均衡模型中设定的充分就业只是一个特例。整个经济体系由需求驱动的模型闭合方式使得模型可以将实体经济和金融部门联合在一起进行分析，因为需求和金融资产、债务、信贷、杠杆及股票市场等都有联系，这一点也更加符合现实经济。

新古典宏观经济学动态随机一般均衡方法建立的模型在本质上是基于供给侧的充分就业模型，模型中设定的经济状态一般由供给侧决定，并具有充分就业（或存在自然失业率）的特征。虽然引入价格刚性②会使得动态随机一般均衡模型在短期内得出一些凯恩斯主义的结论，③但在中长期，这个模型会回到充分就业的状态。基本上，在现有的动态随机一般均衡模型中，需求效应都会在短期内消失，经济体系恢复到完全由供给侧决定的均衡。因此，在此类模型中，经济波动主要是由生产率冲击或其他一些冲击，如偏好冲击、投资专有技术冲击、风险冲击引起的，保罗·罗默（Paul Romer）撰写的《宏观经济学的困境》④一文中称之为“假想的冲击”（imaginary shock）。基于供给侧的动态随机一般均衡模型的闭合方式使得模型中金融的作用非常小，这也是新古典经济学货币中性定理、莫迪里安尼·米勒（Modigliani Miller）融资定理的延续，在动态随机一般均衡模型中金融只是“面纱”，可以影响名义变量，但难以影响实际变量，这是模型在实体经济和金融方面之间所谓的二分法。在动态随机一般均衡模型中，打破这种二分法的唯一方法是介绍一些金融摩擦，⑤这些摩擦主要是通过金融加速器机制、⑥抵押品约束机制⑦和银

① Paul Davidson. Money, Portfolio Balance, Capital Accumulation, and Economic Growth. Econometrica, 1968, 36(2): 291-321.

② Calvo Guillermo A. Temporary Stabilization: Predetermined Exchange Rates. Journal of Political Economy, 1986, 94(6): 1319-1329.

③ 如短期内货币存在真实效应，详见 Jordi Gali. Monetary Policy, Inflation, and the Business Cycle: An Introduction to the New Keynesian Framework and Its Applications. Princeton University Press, 2015.

④ Paul Romer. The Trouble with Macroeconomics. The American Economist. Forthcoming, 2017.

⑤ 在 2010 年之后在动态随机一般均衡模型中植入金融因素的模型大量出现，可以参考如下书籍：马勇. DSGE 宏观金融建模及政策模拟分析[M]. 北京：中国金融出版，2017.

⑥ Bernanke Ben S, Mark Gertler, Simon Gilchrist. The Financial Accelerator in a Quantitative Business Cycle Framework. Handbook of Macroeconomics, 1999, (1): 1341-1393.

⑦ Kiyotaki Nobuhiro, John Moore. Credit Cycles. Journal of Political Economy, 1997, 105(2): 211-248.

行资本机制[①]来进行建模，这些摩擦的引入能够有效地放大模型中外生冲击对产出的影响，从而在数据上拟合出经济危机性质的产出波动程度，但是这种过程在模型中是非常短暂的，经济还是会在中长期恢复到由供给决定的充分就业均衡，货币和金融在长期没有任何作用。

因此，从模型构建的基本思路来说，由于其假设，动态随机一般均衡模型中实体经济和金融被天然地分割了；而后凯恩斯存量流量一致模型建立的目的正好相反，其将实体经济和金融市场整合在一起，从而为考察货币、信贷、财富、生产和分配提供了一体化的处理方法。

6.3.2 模型行为设定方面的区别

新古典宏观经济学的动态随机一般均衡模型后来取代了凯恩斯主义的模型，主要的一个原因就是其行为设定方面。卢卡斯（Robert Lucas）在其论文《预期和货币中性》[②]中指出了凯恩斯总量模型设定方面的重要问题——凯恩斯的总量函数如消费函数和投资函数并非建立在代理人最优化行为之上，而且考虑到预期之后代理人的行为会和政策函数之间形成互动，凯恩斯形式总量函数中的参数是会随着代理人的预期改变而变化的，这就是著名的“卢卡斯批判”。在这个逻辑批判基础之上，建立在代表性行为主体之上的动态随机一般均衡模型开始流行，因为其中有代理人的优化行为，能够避免凯恩斯总量函数设定方面的缺陷。从这个角度来看，现代新古典宏观经济学仍然认为存量流量一致模型是缺乏行为基础的，因为似乎代理人行为仍然是凯恩斯总量模型的设定。为了解决这个问题，在近期存量流量一致模型研究中大规模引进了代理人行为的最优设定方法，但这种设定并非像动态随机一般均衡模型中基于效用最大化或预期利润最大化的代表性行为者的最优化设定。[③]桑托斯（Santos）[④]曾经指出，动态随机一般均衡模型似乎为代理人提

---

① Christiano Lawrence J, Roberto Motto, Massimo Rostagno. Financial Factors in Economic Fluctuations. ECB Working Paper, 2010, 1192.

② Robert Lucas. Expectations and the Neutrality of Money. Journal of Economic Theory, 1972, 4(2): 103-124.

③ 标准 DSGE 模型可以简单描述为：在一个完全竞争和无货币的经济中，在资源禀赋和技术水平给定下，代表性家庭选择能够实现永久性效用水平最大化的消费、储蓄和劳动供给水平，厂商选择能够实现利润最大化的资本需求水平和劳动需求水平，进而通过家庭和厂商的最优决策方程及资源约束等条件来描述理性经济主体的决策如何随着时间演变，进而解释经济的总量波动。DSGE 模型的具体设定可以参考：卡尔・瓦什. 货币理论和政策（第三版）[M]. 彭兴韵，曾刚，译. 北京：格致出版社，2012.

④ Dos Santos. Keynesian Theorising during Hard Times: Stock-Flow Consistent Models as an Unexplored “Frontier” of Keynesian Macroeconomics. Cambridge Journal of Economics, 2006, 30(4): 541-565.

供了行为基础，但这种行为基础需要的理性条件和信息条件都极为不现实，所以其认为新古典宏观经济学这种行为基础建模实际上是一种假象。目前存量流量一致模型中代理人的行为设定基础采用的是基于行为个体的建模方式（agent-based modelling，ABM），[①]这种基于行为个体建模方式的最大好处是可以在模型中设置异质性的行为主体。

目前在基于行动者建模的存量流量一致模型中，一般设定交易流量矩阵的每个部门有多个代理人，如存在 n 个家庭、m 个企业和 k 个银行，政府和中央银行通常各被视为一个代理人。这个时候模型不是对每个部门整体设定行为准则，而是必须制定部门中各个具体代理人的行为规则及代理人之间的匹配准则。例如，不仅需要设定不同的家庭如何在不同的公司中选择消费品购买，还需要设定企业和家庭如何在众多的银行中选择去哪家银行存款，以及去哪家银行贷款。

目前基于行动者建模（ABM）编程的主要语言是 Java，塞派克（Seppecher）于 2012 年开发了一个免费的建模软件"Jamel"（a Java agent-based macro-economic laboratory），其程序的核心就是存量流量一致模型（SFC）和基于行动者建模（ABM）的组合，塞派克在其系列论文[②]中分别讨论了后凯恩斯主义理论中的货币生产理论、通货紧缩螺旋及企业的杠杆行为。目前 SFC 和 ABM 组合起来的宏观经济模型已经可以模拟重现一些重要的微观和宏观的特征化事实。[③] 2016 年，卡安诺（Caiani）等人[④]构建了基于行动建模的存量流量一致

---

① 奈吉尔·吉尔伯特. 基于行动者的模型[M]. 盛智明，译. 北京：格致出版社，2012. 基于行动者模型建模的基本思想如下：现代经济体系是一个复杂的代理人相互作用的系统，从而可以通过精确地研究其复杂性来理解这一系统。

② Seppecher Pascal. Monnaie Endogène et Agents Hétérogènes Dans Un Modèle Stock-Flux Cohérent, HAL Archives Working Paper hal-01071391. Lyon: Centre Pour la Communication Scientifique Directe, 2014; Seppecher, Pascal, and Isabelle Salle. Deleveraging Crises and Deep Recessions: A Behavioural Approach. Applied Economics, vol. 47, no. 34-35 (2015), pp. 3771-3790; Seppecher Pascal, Isabelle Salle, and Dany Lang. Is the Market Really a Good Teacher: Market Selection, Collective Adaptation and Financial Instability, 20th Conference of the Research Network Macroeconomics and Macroeconomic Policies—Towards Pluralism in Macroeconomics, Berlin, October 20-22 (2016).

③ Riccetti, Luca, Alberto Russo, and Mauro Gallegati. An Agent Based Decentralized Matching Macroeconomic Model. Journal of Economic Interaction and Coordination, vol. 10, no. 2 (2015), pp. 305-32; Carvalho, Laura, and Corrado Di Guilmi. Income Inequality and Macroeconomic Instability: A Stock-Flow Consistent Approach with Heterogeneous Agents. CAMA Working Paper No. 60/2014. Canberra: Centre for Applied Macroeconomic Analysis, Australian National University, 2014.

模型的一个简单示意图（图 6.1），可以发现此类模型既包含了实体经济，也包含了金融部门，并且各种金融资产都得到了体现，这种模型应该是新一代的更加现实的宏观经济模型。总之，基于行动者建模的存量流量一致模型已经为 SFC 模型奠定了坚实的行为基础，有效地避开了卢卡斯批判，并将实体经济和金融市场融合在整体系统中进行分析。

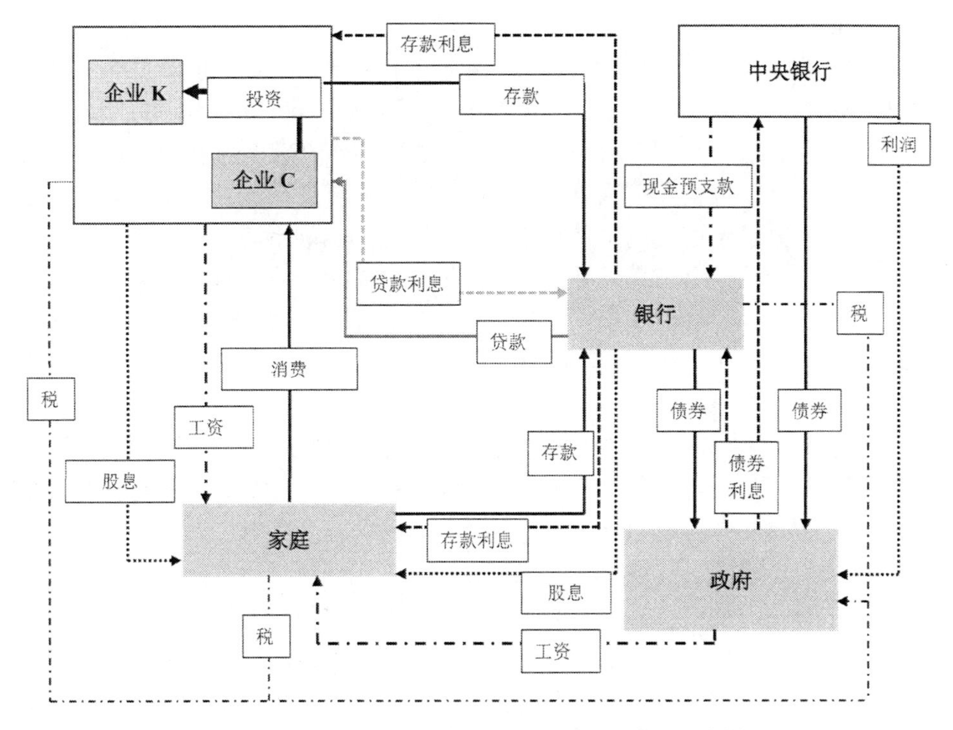

图 6.1　基于行动者建模的存量流量一致模型示意图

注：箭头从支付部门指向接收部门，企业 K 是资本品生产企业，企业 C 是消费品生产企业。示意图来源为 Caianietal（2016）。

6.3.3 模型均衡求解方面的区别

SFC 模型和 DSGE 模型在均衡求解方面存在较大的差异，SFC 模型的长期均衡是指存量流量比率稳定的状态。也就是说，SFC 模型长期均衡稳态时存量和流量以相同的速度增长。而 DSGE 模型均衡求解主要是先将模型中深

① A Caiani, A Godin, Eugenio Caverzasi, Mauro Gallegati, Stephen Kinsella, Joseph E Stighlitz. Agent Based-Stock Flow Consistent Macroeconomics: Towards a Benchmark Model. Journal of Economic Dynamics and Control, vol. 69, no 8, 2016: 375-408.

层次参数进行校准赋值，然后求解模型中各个变量的稳定状态，存在稳态值的必须是DSGE模型开始设定时就包含的变量，这种稳定状态是模型中这些变量长期必须收敛的均衡状态，关键问题是在DSGE模型中长期金融资产和金融负债相互抵消，金融变量如债券变量稳态的值为零，这和SFC模型中最后求解出各个金融资产存量占财富稳态比率的均衡存在根本区别。

下面再来对比分析一下两种模型的求解技术。新古典宏观经济学动态随机一般均衡模型的求解技术被称为“新古典宏观经济学的顶峰难度”。[①]之所以有这种说法主要是因为DSGE模型由包含理性预期的家庭和厂商的最优决策行为方程、政府行为方程和市场出清条件等构成的差分方程组来描述，其模型求解实质上是消去期望算子并得到内生变量随着时间变化的动态路径，即将内生变量表示成上期变量和当期外生冲击的函数形式。其中最大的难度在于如何在随机差分方程组中消去期望算子。实际上，这种随机差分方程的求解方法直到20世纪80年代才被布兰查德（Blanchard）和卡恩（Kahn）[②]提出的BK方法解决。但即使BK解法原则提出之后，在计算机数值求解技术没有突破的情况下，编程求解仍然很麻烦。

一般而言，描述DSGE模型的差分方程组往往包含非线性方程，导致得到模型的解析解非常困难，甚至模型没有解析解，需要借助数值计算方法得到模型的数值解。目前DSGE模型的数值求解方法主要分为两类：一类是直接对非线性方程组进行求解，适用范围广，得到的解精确度高，但是求解非常耗时，有些大型模型甚至花费数小时才能完成模型的求解，主要包括投影法、值函数迭代和政策函数迭代三种方法，可参考德龙（Delong Dave）的著作；[③]另一类则对模型的差分方程组进行对数变换，并在其稳态附近进行泰勒级数展开，得到模型的近似线性系统。当对模型变量的一阶矩感兴趣时，可以对模型进行一阶近似，该方法被称为对数线性化方法，求解方法主要是尤里格（Uhlig）等[④]提出的待定系数方法、西蒙（Sims）等[⑤]的QZ分解法和

① 伍德福德. 利息与价格：货币政策理论基础[M]. 刘凤良，等译. 北京：中国人民大学出版社，2010.

② Olivier Blanchard, Charles M Kahn. The Solution of Linear Difference Models under Rational Expectations. Econometrica, 1980, 48(5): 1305-1311.

③ 戴维·德容. 结构宏观计量经济学[M]. 龚关，许玲丽，译. 上海：上海财经大学出版社，2010.

④ Beetsma, Roel, Harald Uhlig. An Analysis of the Stability and Growth Pact. The Economic Journal, 1999, 109(458): 546-571.

⑤ Sims, Christopher A. Solving Linear Rational Expectations Models. Computational Economics, 2002, 20(1): 1-20.

克莱因（Klein）等[①]的广义舒尔（Schur）分解法。因此，DSGE 模型的求解方法确实是比较复杂的，随着计算机数值计算能力的提高才得到广泛普及。

与 DSGE 模型的求解方法相比，SFC 模型的求解技术比较简单。因为SFC模型依据后凯恩斯主义的观点一般将代理人的预期方式设定为适应性预期，从而有效地在整个 SFC 模型体系中避开了附加期望算子的内生变量。因此，即使在 SFC 模型中有资产负债表矩阵及交易流量矩阵，最后整个 SFC 模型系统需要列出很多方程式，但其本质上属于联立方程组模型，[②]由于矩阵方程求解方法比较成熟，整个模型的求解技术并不是很复杂。

从模型求解角度来讲，SFC 模型的求解技术比 DSGE 模型的求解技术要简单，但模型的正确性和合理性并不是由模型求解技术的复杂性体现的。因此，即使 SFC 求解模型的技术比较简单，但这种简化的联立方程组模型完整地包含了实体经济和金融市场，更好地拟合了真实世界的经济体系，从而能够有效地研究宏观经济运行。

第 4 节　结论与研究展望

自凯恩斯创立宏观经济学以来，宏观经济分析方法已经经历了两轮整合：在 20 世纪 70 年代以前，凯恩斯的总量宏观模型是分析主流；而 20 世纪 70 年代发达国家经济滞胀及卢卡斯理性预期批判之后，动态随机一般均衡模型成为宏观经济分析绝对主流的研究范式。在 2007 年美国次贷危机之后，以凯恩斯正统理论自居的后凯恩斯学派推崇的存量流量一致模型正在重新回到宏观经济分析主流的道路上。本讲具体分析了后凯恩斯存量流量一致模型构建的基本原理，探讨了 SFC 模型的闭合、行为设定和均衡求解思路，并在此基础上着力将存量流量一致模型和新古典宏观经济学的动态随机一般均衡模型进行了对比分析。我们认为，宏观经济分析模型的背后主要是世界观和方法论的差异，在新古典动态随机一般均衡模型之外，存量流量一致模型实质上提供了一种全新考察宏观经济运行的思路，这种模型能够从资产负债和交易流量角度显化货币、金融市场及实体经济相互影响的机制，故从 SFC 模型考

---

① Klein, Paul. Using the Generalized Schur Form to Solve A Multivariate Linear Rational Expectations Model. Journal of Economic Dynamics and Control, 2000, 24(10): 1405-1423.

② 所以很多学者，甚至戈德利自己也认为存量流量一致模型延续了考尔斯经济委员会联立方程组模型的传统。

察宏观经济运行具有重要的理论意义和现实意义。

在后凯恩斯存量流量一致模型及新古典动态随机一般均衡模型背后，两大学派真正的分歧是如何看待货币和金融。在新古典的传统经典理论——货币数量学说中，货币仅仅是交易的媒介，从长期来看，它对经济过程没有影响，无论是价格决定还是利润和利息决定都与货币数量无关，它们是由偏好和技术等实际变量决定的，货币被视为中性的。新古典学派将货币仅仅看作交换的媒介，所以新古典宏观经济学的动态随机一般均衡模型在长期稳态中一定要体现货币中性的思路，即所有实际变量的稳态解必须和货币等名义变量无关。而凯恩斯理论的诞生对货币数量理论提出了挑战，其将货币市场与产品市场相互联系起来，认为货币在实际经济运行中发挥作用，他认为货币不仅仅是一种交易媒介，还是价值储藏手段，是一种流动性资产，需要纳入广泛的资产选择之中，货币不再是中性的，它的多少会影响利息率，进而影响消费和投资，从而影响总需求和整个经济过程。所以后凯恩斯的存量流量一致模型创建的时候就将货币、信贷和金融资产都包含在内了。

实际上，在金融危机之后，新古典宏观经济学的动态随机一般均衡模型受到了广泛的抨击，最著名的是保罗·罗默撰写的《宏观经济学的困境》一文，其将动态随机一般均衡模型称为“后真实模型”，因为这种模型本质上认为货币政策变动对总产出的影响很小，其模型设定一定能够推导出波动是由模型的外生技术冲击引起的。保罗·罗默抨击这种“负技术冲击”是现代动态随机一般均衡研究者假想出来的，并指出随着动态随机一般均衡模型的发展，这种模型正在被引入越来越多的假想冲击，进而保罗·罗默从动态随机一般均衡模型的识别问题、科学准则等方面对DSGE进行了全方位的批判。正是在这种情况之下，后凯恩斯的存量流量一致模型由于预测危机方面巨大的优势而重回宏观经济研究人员的视野。

但实际上即使是保罗·罗默如此全方位的批判，在后凯恩斯学派看来也没有揭示真正的问题。在20世纪50～80年代发生的“剑桥资本争论”中，后凯恩斯学派学者罗宾逊[①]早就指出了新古典总量生产函数中的资本加总问题。[②]剑桥资本争论揭示了新古典宏观经济学中的矛盾，但现实中由于罗宾逊、卡尔多和斯拉法等后凯恩斯主义代表人物的故去而被主流新古典宏观经济学“刻意”地忽略和遗忘了。在我们看来，后凯恩斯学派指出的新古典宏

① 罗宾逊. 生产函数与资本理论[M]// 经济学论文集：第2卷. 北京：商务印书馆，1988.

② 柳欣. 剑桥资本争论之谜——实物还是货币、技术关系还是社会关系[J]. 学术月刊，2012（10）.

观经济学中总量生产函数加总问题，至少是和卢卡斯对凯恩斯总量函数设定的批判是一个等级的，卢卡斯的批判导致动态随机一般均衡模型的盛行，而剑桥资本争论中对新古典总量生产函数的批判却在学术历史中逐渐消失了。按照上述分析可以得出，新古典宏观经济学的动态随机一般均衡模型是在存有逻辑矛盾问题下发展的，现在如果转回到后凯恩斯存量流量一致模型只不过是宏观经济分析重回正确轨道而已。

目前现有的经济学研究体系中探讨的往往是某些经济学理论和实证数据之间的关系问题，一般很少探讨经济学理论体系内部的逻辑矛盾。因为按照弗里德曼（Friedman，1953）①关于经济学方法论的主张，其认为“理论的正确性不在于其假设，而在于其与实证所体现的样本数据是否符合”，这也是新古典宏观经济学目前所提倡的。但问题是宏观经济分析中最后被新古典宏观经济学抽象出来的产出、消费、就业等一些变量样本的方差、协方差及其之间的相关系数是否真能体现经济体系中变量的特征？可以这么说，在任何一个科学体系中，很少出现存在逻辑起点问题还能向前发展的理论，因为按照波普（Popper）②的证伪观点，逻辑起点的问题会在实际中遇到越来越多的证伪反例，从而证明其非科学性，似乎目前动态随机一般均衡模型受到冲击就是由于其不能预测金融危机，但在现实中危机确实发生了。但是库恩（Kuhn）③的科学范式革命理论告诉我们，即使现有的范式所预测的结果在现实中存在反例，所谓的科学家也不会认为其范式有问题；只有当可替代现有范式的新科学范式出现，并且反例达到了一定的数量，现有科学范式才可能被证伪，科学革命才会发生。库恩还指出，能够加速这种科学范式革命的方法就是对旧有的科学范式进行逻辑的批判分析，其认为对一种科学范式进行逻辑批判，既是否定逻辑，也是发现逻辑。本讲正是基于上述考虑，将后凯恩斯存量流量一致模型和新古典宏观经济学的动态随机一般均衡模型进行了详细的比较分析，通过比较分析得出后凯恩斯存量流量一致模型的优点，从而加深对后凯恩斯经济学的理解。

当然，后凯恩斯存量流量一致模型在目前发展中也存在一些不足，我们认为 SFC 模型在未来研究中要充分吸收和借鉴马克思理论来弥补其短板。整体来看，马克思理论对后凯恩斯学派的经济增长理论、分配理论和货币理论

---

① Friedman Milton. The Methodology of Positive Economics. University of Chicago Press, 1953.

② Popper K. Objective Knowledge. Oxford University Press, 1962.

③ Kuhn T S. The Structure of Scientific Revolution. University of Chicago Press, 1962.

的影响非常大，[①]但目前在 SFC 模型构建和分析中尚未完全体现。具体来说，有如下两点需要改进。

第一，存量流量一致模型构建了一个包括货币、金融市场和实体经济的整体系统，并建立了递归动态联立方程组来刻画现实经济的运行，这个模型能够有效地分析货币、金融资产及实体经济变量从哪来、到哪去的问题，但问题是 SFC 模型没有给出整个经济系统中货币和金融循环的逻辑起点，在这一点上寻求答案必须回到马克思理论的基本原理之中。因为马克思理论指出了市场经济整个体系中本质的关系，[②]这种关系就是马克思提出的市场经济资源配置理论中总劳动配置问题，[③]马克思认为总劳动配置在市场经济商品价值决定理论中起着决定性的作用。马克思指出，资本达到均衡配置的时候，总劳动配置也完成了，这个过程也是经济体系中均衡利润率形成、相对价格形成及资源配置形成的过程。所以未来存量流量一致模型研究必须从资本配置和总劳动配置角度出发，进一步寻找 SFC 模型中货币、金融运行及实体经济运转的基础动力，进一步明晰宏观经济运行的原动力。

第二，存量流量一致模型中长期均衡被定义为存量流量比率稳定的状态，问题是 SFC 模型没有给出存量流量稳定比率会导致经济体系稳定的深层次原因，至少 SFC 模型没有给出充分的解释。我们认为，解释这个问题也需要充分借鉴马克思的基本理论。马克思在研究资本积累和社会再生产[④]的时候，指出了社会扩大再生产正常进行要求各部门生产按照比例进行，这种按照比例进行就蕴含了经济体系要想稳定运行，其中一些存量和流量比率必须稳定的观点。国内经济学家宋则行[⑤]对上述问题进行了深入的研究。

综上所述，在未来存量流量一致模型研究之中，需要充分借鉴马克思的基本理论来弥补其模型认知和分析中的一些短板，从马克思的资本配置、总劳动配置及社会再生产正常进行的分析中挖掘存量流量一致模型背后的深层次含义，从而更好地刻画现代宏观经济的运行。

---

① 张凤林. 马克思经济学对后凯恩斯学派的影响[J]. 马克思主义研究，2008（12）.

② 一种理论如果揭示的经济运行规律足够本质，这种理论就不会过时。马克思理论就是这样的理论，其指出的运行规律将伴随市场经济始终，不论现代宏观经济学多么复杂、专业术语多么晦涩难懂。

③ 马克思在《资本论》第三卷中提出了社会必要劳动时间的第二重含义，并指出了总劳动配置问题。具体参考马克思. 资本论（第三卷）[M]. 北京：人民出版社，2004.

④ 马克思. 资本论（第二卷）[M]. 北京：人民出版社，2004.

⑤ 宋则行. 马克思经济理论再认识[M]. 北京：经济科学出版社，1997.

第 7 讲　新古典货币经济学模型简介与评述

本讲文献主要来源：卡尔·瓦什的《货币理论与政策（第三版）》。

本讲核心内容：本讲主要介绍了经典的新古典货币经济学模型并做出评述，阐述了开放经济条件的新凯恩斯主义货币经济学模型。虽然忽略不同经济体之间的联系，也能得到关于货币现象的一些非常有用的见解。但是要充分分析某些问题，显然需要建立开放经济模型。在开放经济中，会有货币因素影响经济的其他渠道。例如，汇率变动在货币冲击影响产出与通货膨胀波动的传导中就发挥着重要作用。开放经济可能会受到源于其他国家冲击的影响，这就会引出一些封闭经济环境下所没有的货币政策设计问题。比如，货币政策应当对汇率的变动做出响应吗？货币政策应当用来稳定汇率吗？应当协调各国间的货币政策吗？

本讲从奥伯斯菲尔德-罗戈夫的两国模型着手。两国模型有利于抓住经济体之间的一些重要联系，同时又保持了一定程度的简化性与易处理性。对于小国开放经济的分析，都是用如下模型来处理的：在模型中直接规定行为关系，而不是从个人和企业行为的基本假设中推导出来。结果，将这类框架应用到规范分析时，就在很大程度上受到了局限，因为它们无法对该模型中人们的福利进行预测。这就是在本讲中要先用奥伯斯菲尔德-罗戈夫模型来讨论开放经济的原因。该模型建立在人们明确最优化假设的基础上，因此提供了一个自然度量标准（以人们的效用表示）来解决规范性政策问题。

第 1 节　基础模型：奥伯斯菲尔德-罗戈夫两国模型

7.1.1 两国模型

奥伯斯菲尔德和罗戈夫在一个模型中考察了两个经济体之间的联系，其模型有三个基本方面。第一个方面是强调个人的跨期决策，对外贸易与开放中的资产交易，资产交易转移封闭经济中无法获得的资源。临时正向生产率冲击提高了当期相对未来的产出，当人们试图平滑消费路径时，就会引致人们增加当期与未来的消费。由于国内消费与国内产出相比增加得少，其净出口就会增加，因此会积累更多的对国外产品未来的要求权，以便在临时性生产率上升结束后，维持未来更高的消费。因此，贸易余额在便利资源的跨期转移中发挥着重要作用。

奥伯斯菲尔德-罗戈夫模型的第二个方面是商品市场的垄断竞争。这本身并不能解释货币政策冲击的效应，但它为模型的第三个方面，即黏性价格奠定了基础。我们已经讨论了模型垄断竞争与黏性价格的基本方面，鉴于此，我们集中于由开放经济引入的新方面。为了简便起见，我们只讨论开放经济中新因素的非随机模型。

每个国家都居住着连续的人口，以 $z \in [0,1]$ 来表示，生产不同的商品，且具有垄断性。以 $z \in [0,n]$ 表示国内居民，$z \in [n,1]$ 表示国外居民。因此，n 是两个国家规模相对大小的指标。若两个国家一样大，则 $n = \frac{1}{2}$。国外变量以上标“*”表示。

国内居民 j 生命期内的效用函数为：

$$U^j = \sum_{t=0}^{\infty} \beta^t \left[\log C_t^j + b \log \frac{M_t^j}{P_t} - \frac{k}{2} Y_t(j)^2 \right] \tag{7.1}$$

其中，C_t^j 是消费者 j 在 t 期的总量消费，定义为：

$$C_t^j = \left[\int_0^1 C_t^j(z)^q \, \mathrm{d}z \right]^{1/q}, 0 < q < 1 \tag{7.2}$$

消费者 j 对商品 z 的消费为 $C_t^j(z)$，$z \in [1,n]$。国内总价格指数 P 为：

$$P_t = \left[\int_0^1 P_t(z)^{q/(q-1)} \, \mathrm{d}z \right]^{(q-1)/q} \tag{7.3}$$

价格指数 P 取决于国内居民消费的所有商品的价格（从 0 到 1 的积分）。它既纳入了国内生产商品的价格 $\{P(z), 对z \in [0，n]\}$，也纳入了国外生产商品的价格 $\{P(z), 对z \in [n，1]\}$。因此，P 相当于价格水平中的消费者价格指数，而不仅包含国内生产的商品价格的 GDP 平减指数。

效用也取决于人们持有的实际货币余额。假设人们仅持有其国内货币，只有 M_t^j / P_t 出现在效用函数式（7.1）中。由于消费者 j 又是商品 j 的生产者，生产产出 $Y_t(j)$ 付出的劳动会产生负效用。假设国外居民也有类似的效用函数：

$$U^{*j} = \sum_{t=0}^{\infty}\beta^t\left[\log C_t^{*j} + b\log\frac{M_t^{*j}}{P_t^*} - \frac{k}{2}Y_t^*(j)^2\right]$$

其中，C_t^{*j} 和 P_t^* 的定义与 C_t^j 和 P_t 类似。

消费者 j 选择消费、货币持有量、可在国际上交易的债券和产出 j，使其效用最大化，其预算约束为：

$$P_tC_t^j + M_t^j + P_tT_t + P_tB_t^j \leqslant P_t(j)Y_t(j) + R_{t-1}P_tB_{t-1}^j + M_{t-1}^j$$

R 表示总名义利率，T 表示实际税收与转移支付之差。在 t-1 期购买的债券 B_{t-1}^j 得到的总实际回报为 R_{t-1}。T 的作用在于，它可以使名义货币供应量发生变动，$P_tT_t = (M_t - M_{t-1})$。对于预算约束两边同除以 P_t，可得到：

$$C_t^j + \frac{M_t^j}{P_t} + T_t + B_t^j \leqslant \left[\frac{P_t(j)}{P_t}\right]Y_t(j) + R_{t-1}B_{t-1}^j + \left(\frac{1}{1+\pi_t}\right)\frac{M_{t-1}^j}{P_{t-1}} \quad (7.4)$$

其中，π_t 为 t-1 到 t 期的通货膨胀率。为了完成对消费者决策问题的描述，需要规定对消费者生产的商品的需求。

求以下问题的解，便可得到单个生产者面临的需求函数：

$$\max\left[\int_0^1 c(z)^q \mathrm{d}z\right]^{1/q}，约束条件：\int_0^1 p(z)c(z)\mathrm{d}z = Z$$

Z 为给定的总支出。θ 表示预算约束的拉格朗日乘子，对于所有 z，根据一阶条件有：

$$c(z)^{q-1}\left[\int_0^1 c(z)^q \mathrm{d}z\right]^{1/q-1} = \theta p(z)$$

因此，对于任何两种商品 z 和 z'，有 $[c(z)/c(z')]^{q-1} = p(z)/p(z')$，或者：

$$c(z) = c(z')\left[\frac{p(z')}{p(z)}\right]^{1/(1-q)}$$

将其代入预算约束，得到：

$$\int_0^1 p(z)c(z')\left[\frac{p(z')}{p(z)}\right]^{1/(1-q)} \mathrm{d}z = c(z')p(z')^{1/(1-q)}\left[\int_0^1 p(z)^{q/(q-1)}\mathrm{d}z\right] = Z \qquad (7.5)$$

利用式（7.3）对 P 的定义，将式两边同除以 P，可得：

$$\frac{c(z')p(z')^{1/(1-q)}\left[\int_0^1 p(z)^{q/(q-1)}\mathrm{d}z\right]}{\left[\int_0^1 p(z)^{q/(q-1)}\mathrm{d}z\right]^{(q-1)/q}} = \frac{Z}{P}$$

这可以简化为：$c(z')\left[\frac{p(z')}{P}\right]^{1/(1-p)} = \frac{Z}{P}$，或者 $c(z') = \left[\frac{p(z')}{P}\right]^{1/(q-1)} C$　（7.6）

其中，$C \equiv \frac{Z}{P}$ 为实际总量消费。方程式（7.6）表明，经济人 j 对商品 z 的需求为 $c^j(z) = [p(z)/P]^{1/(q-1)} C^j$。因此，世界对商品 z 的需求为：

$$y_t^d(z) \equiv n\left[\frac{p_t(z)}{P_t}\right]^{1/(q-1)} C_t + (1-n)\left[\frac{p_t^*(z)}{P_t^*}\right]^{1/(q-1)} C_t^* = \left[\frac{p_t(z)}{P_t}\right]^{1/(q-1)} C_t^{\varpi} \qquad (7.7)$$

其中，$C^{\varpi} = nC + (1-n)C^*$ 为世界实际消费。注意，这里应用了一价定律，因为它隐含着商品 z 对国内与国外消费的相对价格是相同的：

$$p(z)/P = Sp^*(z)/SP = p^*(z)/P^*$$

最后，注意，由式（7.7）得到：

$$p_t(z) = P_t\left[\frac{y_t^d(z)}{C_t^{\varpi}}\right]^{(q-1)} \qquad (7.8)$$

在 t 期开始时，每人持有既定的资产 B_{t-1}^j 和 M_{t-1}^j，并选择商品 j 的产量（受世界对商品 j 的需求函数的约束）、消费量、债券与货币持有量。最大化效用式（7.1），即可确定上述变量，但受下列预算约束：

$$C_t^j + B_t^j + \frac{M_t^j}{P_t} \leqslant \frac{p_t(j)y_t(j)}{P_t} + R_{t-1}B_{t-1}^j + \frac{M_{t-1}^j}{P_t} + \tau_t$$

其中，τ_t 为政府得到的净转移支付，R_t 为总实际回报率。根据式（7.8），个人 j 为生产 $y(j)$ 中得到的实际收入为：$y(j)^q (C_t^{\omega})^{1-q}$，因此，预算约束可写成：

$$C_t^j + B_t^j + \frac{M_t^j}{P_t} \leqslant y(j)^q (C_t^{\varpi})^{1-q} + R_{t-1} B_{t-1}^j + \frac{M_{t-1}^j}{P_t} + \tau_t \tag{7.9}$$

个人决策问题的价值函数为：

$$V(B_{t-1}^j, M_{t-1}^j) = max\left\{\log C_t^j + b\log\frac{M_t^j}{P_t} - \frac{k}{2} y_t(j)^2 + \beta V(B_t^j, M_t^j)\right\}$$

其最大化受式（7.9）的约束。λ 表示预算约束的拉格朗日乘子，一阶条件为：

$$\frac{1}{C_t^j} - \lambda_t = 0 \tag{7.10}$$

$$\frac{b}{M_t^j} + \beta V_2(B_t^j, M_t^j) - \frac{\lambda_t}{P_t} = 0 \tag{7.11}$$

$$-ky_t(j) + \lambda_t q y_t(j)^{q-1} (C_t^{\varpi})^{1-q} = 0 \tag{7.12}$$

$$\beta V_1(B_t^j, M_t^j) - \lambda_t = 0 \tag{7.13}$$

$$V_1(B_{t-1}^j, M_{t-1}^j) = \lambda_t R_{t-1} \tag{7.14}$$

$$V_2(B_{t-1}^j, M_{t-1}^j) = \frac{\lambda_t}{P_t} \tag{7.15}$$

横截条件为 $\lim_{i\to\infty}\prod_{k=0}^{i} R_{t+s+1}(B_{t+1}^j + M_{t+i}^{\mathrm{j}} / P_{t+i}) = 0$。

由一阶条件得到对数效用标准的消费欧拉方程：

$$C_{t+1}^j = \beta R_t C_t^j \tag{7.16}$$

个人选择的最优产量满足：

$$y_t(j)^{2-q} = \frac{q}{k'} \frac{\left(C_t^{\varpi}\right)^{1-q}}{C_t^j} \tag{7.17}$$

由公式可得实际货币需求的表达式：

$$\frac{M_t^j}{P_t} = bC_t^j\left(\frac{1+i_t}{i_t}\right)$$

其中，$(1+i_t) = R_t P_{t+1} / P_t^*$ 为从 t 期到 t+1 期的总名义利率。

式(7.16)给出了由单个消费者、生产者决策问题推导出的一阶必要条件：

$$C_{t+1}^j = \beta R_t C_t^j$$

$$kY_t(j) = q\left(\frac{1}{C_t^j}\right)\left(\frac{Y_t(j)}{C_t^{\varpi}}\right)^{q-1} \tag{7.18}$$

$$\frac{M_t^j}{P_t} = bC_t^j\left(\frac{1+i_t}{i_t}\right) \tag{7.19}$$

再加上预算约束式（7.4）及横截条件：

$$\lim_{i\to\infty}\prod_{s=0}^{i} R_{t+s-1}^{-1}\left(B_{t+i}^j + \frac{M_{t+i}^j}{P_{t+i}}\right) = 0 \tag{7.20}$$

在表达式(7.19)中，i_t 表示名义利率，定义为 $R_t(1+\pi_{t+1})-1$。在式(7.18)中，$C_t^{\varpi} \equiv nC_t + (1-n)C_t^*$，为世界消费，其中，$C_t = \int_0^n C_t^j \mathrm{d}j$，$C_t^* = \int_n^1 C_t^j \mathrm{d}j$ 分别为总国内消费与总国外消费。

式（7.16）是最优消费路径的标准欧拉方程。式（7.18）表明，工作的负边际效应与消费的边际效用之间的比率，必须等于劳动的边际产量。式（7.19）是人们熟悉的对国内货币实际余额需求的条件，它要求货币的边际效用与消费的边际效用之比等于 $\frac{i_t}{1+i_t}$。国外消费者与生产者之间也有类似的表达式。

S_t 表示两国间的名义利率，即以国内货币表示的国外货币的价格。S_t 增加意味着以国内货币表示的国外货币的价格上升，结果为 1 单位的国内货币所能换回的国外货币的数量就减少了。因此，S_t 上升表示国内货币的价值下降了。

国内生产的商品与国外生产的商品之间的交换比率也具有重要意义。一价定律要求，以同一种货币表示时，商品 z 在国内与国外的价格是相同的。这要求：

$$P_t(z)=S_tP_t^*(z)$$

根据国内与国外价格水平的定义：

$$P_t=S_tP_t^* \tag{7.21}$$

均衡必须满足人们决策问题的一阶条件、一价定律及以下市场出清条件。

商品市场出清：

$$C_t^{\omega}=n\left[\frac{P_t(h)}{P_t}\right]Y_t(h)+(1-n)\left[\frac{P_t^*(f)}{P_t^*}\right]Y_t^*(f)\equiv Y_t^{\omega}$$

其中，P（h）和 Y（h）分别表示国内产品的价格和产量[$P^*(f)$ 和 $Y^*(f)$ 类似]，以及债券市场出清：$nB_t+(1-n)B_t^*=0$。

根据模型的结构可以很明显地看出，名义货币供给量一次性变动一定比例时，所有国内价格和名义利率也会同比例地变动，经济均衡时，所有实际变量不会受到影响。因此，该模型具有货币中性。M 增加，以商品表示的国内货币的实际价值会同比例地下降[即所有 P（j）同比例地上升]，以 M' 表示的价值下降（即 S 一定比例地上升）会导致两国的均衡消费、产出及国外的价格保持不变。

在稳态时，模型的预算约束式（7.4）变为：

$$C=\frac{P(h)}{P}Y(f)-(R-1)\left(\frac{n}{1-n}\right)B \tag{7.22}$$

$$C^*=\frac{P(f)}{P}Y(f)-(R-1)\left(\frac{n}{1-n}\right)B \tag{7.23}$$

式（7.22）和式（7.23）意味着，在稳态时，实际消费等于实际收入（产出加上净资产提供的收入的实际价值）。

7.1.2 线性近似

对基本奥伯斯菲尔德-罗戈夫模型以偏离稳态的百分比进行线性近似，可以更清晰地展现两国之间的经济联系，为与更传统的模型进行比较奠定了基础，而传统模型不是直接从人们的最优化假设中推导出来的。以小写字母表示对稳态偏离的百分比，则均衡条件可以表示为：

$$p_t = np_t(h) + (1-n)\left[s_t + p_t^*(f)\right] \tag{7.24}$$

$$p_t^* = n\left[p_t(h) - s_t\right] + (1-n)p_t^*(f) \tag{7.25}$$

$$y_t = \frac{1}{1-q}\left[p_t - p_t(h)\right] + c_t^{\omega} \tag{7.26}$$

$$y_t^* = \frac{1}{1-q}\left[p_t^* - p_t^*(h)\right] + c_t^{\omega} \tag{7.27}$$

$$nc_t + (1-n)c_t^* = c_t^{\omega} \; nc_t + (1-n)c_t^* = c_t^{\omega} \tag{7.28}$$

$$c_{t+1} = c_t + r_t \tag{7.29}$$

$$c_{t+1}^* = c_t^* + r_t \tag{7.30}$$

$$(2-q)y_t = (1-q)c_t^{\omega} - c_t \tag{7.31}$$

$$(2-q)y_t^* = (1-q)c_t^{\omega} - c_t^* \tag{7.32}$$

$$m_t - p_t = c_t - \delta(r_t + \pi_{t+1}) \tag{7.33}$$

$$m_t^* - p_t^* = c_t^* - \delta\left(r_t + \pi_{t+1}^*\right) \tag{7.34}$$

其中，$\delta=\beta/(\bar{\prod}-\beta)$，$\bar{\prod}$ 等于 1 与稳态通货膨胀率（假设两个国家相等）之和。式（7.24）和式（7.25）表明，国内与国外的价格水平等于以同一货币表示国内与国外生产的商品价格的加权平均。权重取决于两个国家以 n 来衡量的相对规模。式（7.26）和式（7.27）表示对各国产出的需求是世界消费与相对价格的函数。世界消费（c^{ω}）增加，则对两国产品的需求也会增加，需求也取决于相对价格变量。例如，国内产品的价格 p（h）相对于总产品价格上升，则其需求会减少。式（7.28）表示，世界消费为两国消费的加权平均。

式（7.29）至式（7.34）是从一阶条件式得来的。前两个方程式是最优跨期消费配置的欧拉方程，消费的变化等于真实回报率。式(7.31)和式(7.32)表明了最优的产量决策。最后，式（7.33）和式（7.34）表明，对国内和国外货币的实际需求为消费与名义利率的函数。尽管两国面对的实际利率 r_t 相同，若两国间的通货膨胀率不同，则名义利率也会有所差异。

国内与国外产出（y_t，y_t^*），国内、国外与世界消费（c_t，c_t^*，c_t^ω），价格与名义汇率[$p_t(h)$、p_t、$p_t^*(f)$、p_t^*、s_t]，以及实际利率（r_t），必须与这些均衡条件一致。注意，式（7.24）减去式（7.25）得到：

$$s_t = p_t - p_t^* \tag{7.35}$$

此外，n 乘以式（7.26）再加上 1-n 乘以式（7.27）可得出以商品市场出清条件，即世界产量等于世界消费：$ny_t + (1-n)y_t^* = c_t^\omega$。

7.1.3 灵活价格均衡

线性化两国模型为我们考察建立开放经济提供了方法。利用该模型，首先讨论价格完全灵活时货币的作用。与封闭经济一样，当价格灵活变动抵消名义货币供给变动的影响时，真实均衡也是独立于货币现象的。价格与名义利率取决于两国的货币供给行为，名义利率的调整是均衡机制的一部分，它消除了货币对实际产出与消费的影响。

共同资本市场的假设，意味着两国消费者面对相同的真实利率，根据欧拉方程，$c_{t+1} - c_{t+1}^* = c_t - c_t^*$，两国相对消费之差永久不变。世界消费 c_t^ω 是国内与国外生产者面临的需求的相对规模变量。

1. 货币二分法

由于国内与国外货币供给变动时，价格与名义汇率会立即灵活调整，因此，该模型具有古典二分特征，在均衡时，所有实际变量值的决定，都与货币供给和货币需求因素无关。为了明确这一点，需定义两个相对变量：$\chi_t \equiv p_t(h) - p_t$，$\chi_t^* \equiv p_t^*(h) - p_t^*$。这意味着：$n\chi_t + (1-n)\chi_t^* = 0$。

公式可以写成：

$$y_t = -\frac{\chi_t}{1-q} + c_t^\omega \tag{7.36}$$

$$y_t^* = -\frac{\chi_t^*}{1-q} + c_t^\omega \tag{7.37}$$

式（7.36）和式（7.37）与式（7.28）—（7.32）足以决定实体经济均衡。货币需求公式决定价格路径。因此，该模型的一个重要含义便是货币政策对两国的实际汇率、产出或消费没有短期效应。进一步地说，只有名义利率、价格与名义汇率受名义货币存量变动的影响。M 的一次性变化只会导致 p、$p(h)$ 和 s 等比例地变动。

式（7.33）同时表明，通货膨胀影响实际货币需求。名义货币供给增长率的变化会导致通货膨胀率和名义利率的变动，因此，会影响持有货币的机会成本及均衡时的实际货币存量。价格水平与名义汇率会跳跃性地变化，以确保实际货币供给与新的实际货币需求相等。

式（7.33）减去式（7.34）可得到：

$$m_t - m_t^* - (p_t - p_t^*) = c_t - c_t^* - \delta(\pi_{t+1} - \pi_{t+1}^*)$$

利用式（7.35），上式意味着：

$$m_t - m_t^* - s_t = (c_t - c_t^*) - \delta(s_{t+1} - s_t) \tag{7.38}$$

将名义汇率向前求解，非泡沫解为：

$$s_t = \frac{1}{1+\delta}\sum_{i=0}^{\infty}\left(\frac{\delta}{1+\delta}\right)^i\left[(m_{t+i} - m_{t+i}^*) - (c_{t+i} - c_{t+i}^*)\right] \tag{7.39}$$

由于式（7.29）和式（7.30）意味着 $c_{t+1} - c_{t+1}^* = c_t - c_t^*$，名义汇率表达式可写成：

$$s_t = -\left(c_t - c_t^*\right) + \frac{1}{1+\delta}\sum_{i=0}^{\infty}\left(\frac{\delta}{1+\delta}\right)^i\left(m_{t+i} - m_{t+i}^*\right)$$

当期名义汇率取决于两国当期与未来名义货币供给的路径及消费之差。汇率是以一种货币表示的另一种货币的价格，正如式（7.39）表明的，汇率取决于两种货币的相对供给，一国货币相对另一国货币供给增加，会使该国的汇率贬值。根据标准的稳态条件 $\beta R^{ss} = 1$，以及 δ 为 $\beta/\left(\overline{\Pi} - \beta\right)$，式（7.39）中的贴现因子 $\delta/(1+\delta) = \beta/\overline{\Pi} = 1/R^{ss}\overline{\Pi} = 1/\left(1+i^{ss}\right)$。未来名义货币供给差由稳态名义利率进行贴现。由于人们在决策时是前瞻性的，因此，只有相对货币供给的贴现值具有重要影响。换言之，名义汇率取决于持久货币供给之差。设 $x_{t+i} \equiv \left(m_{t+i} - m^*_{t+i}\right) - \left(c_{t+i} - c^*_{t+i}\right)$，名义汇率均衡条件可写成：

$$s_t = \frac{1}{1+\delta}\sum_{i=0}^{\infty}(\frac{\delta}{1+\delta})^i x_{t+i} = \frac{1}{1+\delta}x_t + \frac{\delta}{1+\delta}\sum_{i=0}^{\infty}(\frac{\delta}{1+\delta})^i x_{t+1+i}$$

重新整理，并利用式（7.39），可得到：

$$\begin{aligned} s_{t+1} - s_t &= -\frac{1}{\delta}(x_t - s_t) \\ &= -\frac{1}{\delta}\left[(m_t - m^*_t) - \frac{1}{1+\delta}\sum_{i=0}^{\infty}(\frac{\delta}{1+\delta})^i (m_{t+1+i} - m^*_{t+1+i})\right] \end{aligned}$$

与弗里德曼的恒久性收入概念类似：

$$\frac{1}{1+\delta}\sum_{i=0}^{\infty}(\frac{\delta}{1+\delta})^i (m_{t+1+i} - m^*_{t+1+i})$$

可视作恒久性货币供给差。若（$m_t - m^*_t$）的当期值高于其恒久性水平，则名义汇率会下降。若 s_t 反映了 t 时的恒久性货币供给差异，m_t 只是临时相对高于 m^*_t，则恒久性差异会在 t+1 期初下降，结果，本币会升值。

若假定名义货币供给过程的具体形式，则可以得到名义汇率的显性解。举一个非常简单的例子，设 m 和 m^*均遵循不变的、确定性增长路径：

$$m_t = m_0 + \mu t$$

和

$$m^*_t = m^*_0 + \mu^* t$$

严格地说，式（7.39）只适用于稳态附近的偏离，并不适于具有确定性趋势的货币供给过程。

然而，常见的是，以变量的对数值或再加上恒定的稳态值来表示式（7.33）和式（7.34），式（7.39）就是从这两个式推导出来的。将式（7.39）解释为变量的对数值的一个有利之处在于，可以用它来分析名义货币供给趋势增长路径的变化，而不仅仅是用于分析在趋势附近的偏离。然而，重要的是，基本的代表性经济人模型意味着，货币需求方程中的利率的系数是稳态通货膨胀率的函数。假设该系数在两国是相同的，则意味着参数δ在两国也是相同的。两国模型中系数相同的假设非常普遍，在以下例子中也保持了该假设。但是，要记住该假设的局限性。

式（7.39）意味着：

$$\begin{aligned} s_t &= -\left(c_t - c_t^*\right) + \frac{1}{1+\delta}\sum_{i=0}^{\infty}\left(\frac{\delta}{1+\delta}\right)^i \left[m_0 - m_0^* + (\mu - \mu^*)(t+i)\right] \\ &= s_0 + (\mu - \mu^*)t - \left(c_t - c_t^*\right) \end{aligned}.$$

其中，$s_0 = m_0 - m_0^* + \delta(\mu - \mu^*)$。在这种情况下，名义汇率具有确定性趋势，它等于两国趋势货币增长率之差。若国内货币供给增长超过国外货币供给增长（即$\mu > \mu^*$），随着时间的推移，s将会上升，本币相对外币的价值会下跌。

2. 无抛补利率平价

由于已假定两国实际回报率相等，因此，最优消费路径的欧拉方程式（7.29）和式（7.30）表明，每个经济体预期消费增长相同。根据实际回报率的等式，名义利率必须满足$i_t - \pi_{t+1} = r_t = i_t^* - \pi_{t+1}^*$，利用式（7.35），这意味着：

$$i_t - i_t^* = \pi_{t+1} - \pi_{t+1}^* = s_{t+1} - s_t$$

两国名义利差之差等于完美预期均衡时汇率的实际变化。当出现不确定性时，该式便不再成立，因为t+1期的变量要由其预期值代替，该预期值又依赖于t期可得的信息集。此时有：

$$E_t s_{t+1} - s_t = i_t - i_t^* \tag{7.40}$$

名义利率之差会反映预期利率的变化。若国内的名义利率高于均衡水平，人们就会预期本币贬值，以使两国间的实际回报率相等。该条件被称为无抛补名义利率平价，它表明了一体化金融市场中两个不同经济体之间的利率与汇率预期之间的关系。在理性预期下，t+1期的实际的汇率等于预期汇率的预期值再加上与$E_t s_{t+1}$无关的预测误差：$\varphi_t : s_{t+1} = E_t s_{t+1} + \varphi_t$。则无抛补利率平价意味着：

$$s_{t+1} - s_t = i_t - i_t^* + \varphi_{t+1}$$

事后观察到的t期与t+1期之间的汇率变动等于t期的利率之差再加上均值为0的随机预测误差。由于在理性预期下，预测误差与信息无关，t期i_t和i_t^*又是已知的。因此，可以将无抛补利率平价写成回归方程的形式：

$$s_{t+1}-s_t=a+b\left(i_t-i_t^*\right)+\varphi_{t+1} \tag{7.41}$$

在零假设下，无抛补利率平价意味着 a=0 和 b=1。不幸的是，证据拒绝该假设。事实上，b 的估计值通常为负值。

对拒绝零假设的一种解释是，式（7.41）中的误差项不仅仅是预测误差，更实际地说，假设式（7.40）并不严格成立：

$$E_t s_{t+1}-s_t=i_t-i_t^*+v_t$$

其中，v_t 反映了风险溢价之类的因素，这些因素会导致两国间的实际回报率出现差异。在这种情况下，$s_{t+1}-s_t$ 对 $i_t-i_t^*$ 的回归方程式中的误差项就变成了 $v_t+\varphi_{t+1}$。若 v_t 与 $i_t-i_t^*$ 是相关的，则对式（7.41）中参数 b 的最小二乘估计就是有偏离且不一致的。

若货币政策的实施导致名义利率之差会对当期的汇率做出响应，则会引起 v_t 和 $i_t-i_t^*$ 之间的相关性。例如，假设各国的货币当局在其货币贬值时会倾向于紧缩货币，若货币当局关注通货膨胀，就会出现这种状况，贬值提高了国外商品的本币价格，也会提高国内价格水平。为简化分析，假设此类政策导致的名义利率之差为：

$$i_t-i_t^*=\mu s_t+u_t+v_t,\mu>0$$

其中，u_t 为影响利差的其他因素。假设 u 为外生的白噪声过程，将其代入无抛补利率平价条件，可得到：

$$E_t s_{t+1}=(1+\mu)s_t+u_t+v_t \tag{7.42}$$

该式的解为：

$$s_t=-\left(\frac{1}{1+\mu}\right)(u_t+v_t)$$

由该解，有 $E_t s_{t+1}=-E_t(u_{t+1}+v_{t+1})/(1+\mu)=0$，则利率平价条件为：

$$E_t s_{t+1}-s_t=\left(\frac{1}{1+\mu}\right)(u_t+v_t)=i_t-i_t^*+v_t$$

或者 $i_t-i_t^*=(u_t-\mu v_t)/(1+\mu)$

这对检验利率平价有何意义呢？由 s_t 的解有：

$$s_{t+1}-s_t=-(u_{t+1}-u_t+v_{t+1}-v_t)/(1+\mu)$$

在 $s_{t+1}-s_t$ 对 $i_t-i_t^*$ 的回归中，利率系数的概率极限为：

$$\frac{\mathrm{cov}\left(s_{t+1}-s_t,i_t-i_t^*\right)}{\mathrm{var}(i_t-i_t^*)}=\frac{\frac{1}{(1+\mu)^2}(\sigma_u^2-\mu\sigma_v^2)}{\frac{1}{(1+\mu)^2}(\sigma_u^2-\mu^2\sigma_v^2)}=\frac{(\sigma_u^2-\mu\sigma_v^2)}{(\sigma_u^2-\mu^2\sigma_v^2)}$$

它一般不等于 1，即利率平价检验中的标准零假设。若 u=0，回归系数的概率极限为 $-1/\mu$，即回归估计无抛补政策参数 μ。汇率变化对利率差的回归系数，不仅不是无抛补利率平价条件所预测的那样为 1，而且估计值是负数。

麦卡伦提供了更有说服力的证据，认为由于标准检验将平价条件与实施货币政策的方式混在一起，因此就可能出现拒绝无抛补利率平价的情况。虽然模型暗含着利率平价与实施货币政策的方式无关，但统计检验的结果事实上会依赖于货币政策行为，因为货币政策会影响名义利率差的时间序列特征。

如前所述，利率平价的检验经常会得到式（7.41）中利率差的负回归系数。这一发现也与艾肯鲍姆和尹万斯提供的经验证据相吻合。他们估计了货币政策冲击对名义利率、实际汇率，以及美国与法国、德国、意大利和英国之间利差的影响。美国紧缩性货币政策冲击，导致美元名义汇率和实际汇率持续性地上升，以及 $i_t^*-i_t+s_{t+1}-s_t$ 持续性地下降，其中，i 为美国的利率，i^*为其他国家的利率。无抛补利率平价意味着该式应有一个为 0 的预期值，可以预见的是，它还会保持几个月的低水平。在美国紧缩货币政策冲击后，不仅没有导致预期贬值以抵消 i 的冲击，反而导致美元证券会保持几个月的超额回报率。

7.1.4 黏性价格

与封闭经济情形一样，在开放经济灵活价格模型中，货币冲击对真实变量没有影响，也没有持续性。与封闭经济模型一样，引入名义刚性便可修正这一点。奥伯斯菲尔德和罗戈夫奠定了基本两国模型的分析框架，他们假定价格是提前一期设定的。名义刚性导致货币冲击具有实际效应。在开放经济中，增加了一个新渠道而使货币扰动具有真实效应，下文将讨论该渠道。

假设 p（h），即以本币表示的国内生产的商品的价格是前一期设定的，且固定一期。对国外生产的商品的外币价格 $p^*(f)$ 给予类似的假设。虽然 $p(h)$和$p^*(f)$ 是事先设定的，根据式（7.24）和式（7.25），各国的总价格指数会随名义汇率的波动而变化。例如，名义升值提高了国外商品的本币价格，因而会提高国内价格指数 p。这就引入了一个封闭经济所没有的新渠道，通过该渠道，货币扰动会立即影响价格水平。回想一下，在封闭经济中，国内产品的价格与总产品价格之间是没有区别的。名义价格刚性意味着，价格水平不能根据货币扰动立即做出调整。汇率变动改变了国外商品的本币价格，即使存在名义刚性，消费者价格指数也会发生变动，以对汇率的扰动做出响应。

现在，假设 t 期国内的货币供给相对于国外出人意料地上升。在奥伯斯菲尔德-罗戈夫的简化假设下，价格调整完全滞后一期，在 m 变动一期后两国的经济恢复到稳态水平。但是，在这一期当中，产品价格是实现设定的，因而实际产出与消费就会受到影响。这些真实效应意味着，在对 m 的变化做出响应时，国内就可能出现经常账户顺差或逆差。对经济账户的这一影响，会改变两国的资产头寸，也会影响新的稳态平衡。

式（7.24）至式（7.34）构成的模型为对其初始稳态均衡的偏离，欧拉方程式（7.29）和式（7.30）意味着 $c_{t+1}-c^*_{t+1}=c_t-c^*_t$。由于在一期之后经济处于新的稳态，$c_{t+1}-c^*_{t+1}=c$ 为两国间的稳态消费之差。但由于 $c_t-c^*_t=c_{t+1}-c^*_{t+1}=c$，这一关系意味着两国间的相对消费会在 t 期立即跳跃到新的稳态值。两国相对货币需求表达式（7.36）可以写成 $m_t-m^*_t-s_t=c-\delta(s_{t+1}-s_t)$，向前求解此方程，得到名义汇率：

$$s_t=\frac{1}{1+\delta}\sum_{i=0}^{\infty}\left(\frac{\delta}{1+\delta}\right)^i(m_{t+i}-m^*_{t+i}-c)$$

若 $m_t-m^*_t$ 出现一次性的永久变动，设 $\Omega\equiv m-m^*$，即无时间下标来表示其永久变动。则均衡利率为：

$$s_t=\frac{1}{1+\delta}\sum_{i=0}^{\infty}\left(\frac{\delta}{1+\delta}\right)^i(\Omega-c)=\Omega-c \tag{7.43}$$

由于 $\Omega-c$ 是常数，式（7.43）意味着，在相对货币供给永久性变化后，汇率会立即跳跃至新的稳态值。若相对消费水平没有调整（即若 c=0），则 s 的永久变动幅度就刚好等于名义货币供给 Ω 的相对变动。M 相对于 m^*上升，导致本币贬值。若 $c\neq 0$，则根据式（7.33）和式（7.34），相对消费的变化影响相对货币需求。例如，若$c>0$，国内的消费与货币都高于其初始值。国内价格水平较小幅度地上升，即可使国内货币供给与需求恢复平衡。由于$p(h)$、$p^*(f)$固定一期，汇率贬值会使p必然上升，使实际货币需求与货币供给相等。国内消费上升得越多，实际货币需求增加得越多，则s上升得就越少。式（7.43）就恰好表明了这一点。

该分析是假定货币供给的变动是出人意料的。若人们预期到了货币供给的变动，则价格设定者在设定每个商品的价格时，就会考虑到预期的货币供给变动。完全被预期到的名义货币供给变动，就没有未被预期到的货币供给变动那种真实效应。意外地扩张货币供给的激励，只会导致均衡稳态通货膨胀率的变化，而不会像没有未预期到的货币扩张那样改善福利。

在奥伯斯菲尔德-罗戈夫模型里，当具有名义刚性时，未预期到的货币供给的永久性变化，会对国际财富分配也有永久性的影响。

第 2 节 理论总结

本讲简单考察了新凯恩斯主义的两国模型，其均衡条件实际上是从人们的效用最优化中推导出来的。该模型是基于奥伯斯菲尔德和罗戈夫的成果，若假定价格与工资具有完全灵活性，则该模型保留了实际因素与货币因素之间的古典二分法特征。在此情况下，价格水平与名义汇率可以简单地以两国当前和预期的未来名义货币供给路径来表示。

在开放经济中，货币因素影响经济还有其他新的渠道；汇率制度的选择对货币政策具有重要影响。由于名义工资具有黏性，货币因素对实际汇率具有重要短期影响。汇率变动改变了国内商品与国外商品之间的相对价格，影响了总供给与总需求。此外，由于消费者价格是国内生产的商品与国外生产的商品的本币价格指数，因此它会对汇率变动做出响应。汇率变动会影响消费者价格上涨率，意味着在更开放的经济中，货币政策可以更快地影响通货膨胀。

与封闭经济的分析不同，奥伯斯菲尔德-罗戈夫模型表明，货币改变了两国间的财富分配，它所引出的产出变动具有持续的真实效应。一般而言，用于政策分析的标准开放经济框架，都假设货币政策只在短期内具有真实效应，且源于名义刚性。随着时间的推移，当工资与价格调整后，实际产出、实际利率与实际汇率会恢复到独立于货币政策的均衡水平。长期中性意味着，与封闭经济中的长期中性一样，货币政策对价格、通货膨胀、名义利率与名义汇率的长期影响会下降。然而，在短期内，货币政策对实际产出、实际汇率围绕其长期均衡值的波动具有重要影响。

第8讲　金融不稳定、金融周期与非常规货币金融政策

本讲文献来源：盛松成、翟春的《中央银行与货币供给》；米尔顿·弗里德曼的《美国货币史》《货币稳定方案》；古德哈特的《古德哈特货币经济学文集》；伯南克等人的《通货膨胀目标制：国际经验》；朱太辉的《货币信贷内生扩张及其经济效应研究》；基思·贝恩、彼得·豪厄尔的《货币政策：理论与实务》。

本讲核心内容：货币政策能同时肩负起金融稳定的责任吗？很多非流行货币经济文献都在持续探讨各类金融危机的根源、机制和政策。从1997年亚洲金融危机到2007年次贷危机和2008年欧洲债务危机，各国形成了一系列组合政策。

20世纪70年代以后，发达国家货币政策制定和金融市场的关系变得愈加复杂。充当政策工具的银行准备金短期再融资利率对经济的影响却取决于市场利率对其做出的反应；短期利率由政策制定者设定，但经济决策主要基于长期利率做出。如果市场判断当前（官方）利率不太合理，则会产生利率调整的预期，而这种预期足以改变市场利率，金融资产的现值与利率呈反向变动；如果低通胀政策可信，那么市场利率将会对其做出反应，对资产价格的冲击将会产生财富效应，而财富效应可能通过传导机制改变总需求水平。那些需要在长期和短期借贷之间进行抉择的投资者必须考虑远期利率的变化。基于上述原因，货币政策制定者必须敏锐地感知金融市场上正在发生和可能发生的事件。

货币市场是指一系列短期借贷市场，包括一系列子市场：①传统市场或贴现市场，在该市场上，票据可以贴现发行；②银行间市场，在该市场上，银行间可以按照拆借利率进行资金借贷；③大额可转让定期存单市场（即CD市场），在该市场上，存单所有权可以相互转让；④国债回收市场，该市场实际上是以国债为抵押物的抵押贷款市场。货币市场是由专业机构交易商主导的批发市场，市场规模巨大，银行的操作规模相对于总交易量而言微不足道，

而中央银行改变官方借贷利率的决定能对市场产生巨大的杠杆效应，甚至预期央行会有行动，市场也会迅速产生巨大的效应，中央银行是流动性的垄断者，而市场对央行货币的需求极其缺乏弹性。央行的操作只占货币市场交易量的极小部分，其货币创造行为几乎无成本，因此可以创造出它所需要的任意数量货币，通过回购买入债券来降低市场利率。相反的，当央行希望提高利率时，其力量却受限于能够卖出的债券数量。

第 1 节　新凯恩斯主义金融周期研究

本节梳理了马克思政治经济学、后凯恩斯主义货币经济理论和新凯恩斯主义经济学中货币金融思想，对各理论体系中的货币金融和金融周期研究的核心思想、理论模型和实证方法进行了比较。首先，马克思政治经济学基于劳动价值论、资本积累规律，形成了包含货币、货币资本、金融信用与虚拟资本的货币金融思想体系，这个体系是历史发展和开放的体系。后凯恩斯主义货币经济学和金融不稳定理论认为资本主义经济的核心是资本积累，而资本积累的核心是融资和投资，货币金融信用创造是内生于这种经济关系的。马克思政治经济货币金融思想与后凯恩斯主义货币金融理论在这个层面具有共通性。其次，后凯恩斯主义货币金融理论发展的存量流量一致模型方法在预测和分析金融不稳定时，具有很强的预测力和解释力，所以马克思政治经济货币金融思想与后凯恩斯主义货币经济学可以在以上两个层面相互借鉴。最后，介绍了存量流量一致模型和社会融资统计数据体系的发展，探讨了马克思-后凯恩斯主义货币金融思想在金融周期方面可进行的研究。

8.1.1 经济周期与金融周期

2007—2008 年全球范围爆发的金融危机再次激发了学术界对货币金融因素在宏观经济中作用的讨论，使宏观经济中的货币金融问题再次成为研究的热点。

20 世纪 60 年代以后，主流宏观经济学已有成果中基本上淡化了货币金融内容，只有明斯基（Minsky，1982）和金德尔伯格（Kindleberger，2000）等非主流经济学家对其保持高度关注。20 世纪 80 年代，伯南克（Bernanke）等人的系列论文否定了货币中性论之后，以金融加速器为代表的金融波动理论文献和实证研究显著增多。格利和肖（1969）提出了内在流动性和外在流动性的广义、内生货币金融体系。让·第诺尔（2016）试图在信息不对称理论基础上，完善格利和肖的理论，建立内生的、广义流动性的货币经济研究框架，他从微观企业融资需求层面为货币金融研究做出贡献；柳欣（1995，2005，2013）、刘骏民（1994，1998，2008）、伊藤·诚（2001）等则从马克思劳动价值和资本积累理论出发，阐述了货币、生息资本、各类金融信用、虚拟资本的性质和历史演化，以及金融危机与金融不稳定。Goldley（1980）、Wray（2015）明确表示受到马克思资本积累理论影响，并吸收了马克思货币、信用理论思想，基于 Goldley 存量流量一致模型阐述了资本主义内生、广义货币思想体系，研究了现代货币金融体系的创造机制、运行机制和波动机制，以及其对实体经济的影响。

克劳迪奥·博里奥（2014）认为，金融周期研究是随着货币金融因素对宏观经济影响的研究出现的，甚至早于经济周期研究，金融周期是投资者风险认知、信贷约束与资产价值间互相增强作用的表现。彼得·普雷特（2016）将全球经济中金融资产价格和信用创造具有明显波动特征这一模式泛称为“金融周期”。BIS（国际清算银行）综合使用滤波法和转折点分析法两种方法测度金融周期，选取信贷、信贷/GDP、房地产价格的季度数据进行中期滤波，测算出各国金融周期，学者们在此基础上开始对金融周期进行实证研究。

笔者认为，新凯恩斯主义金融加速器研究和金融摩擦理论研究在阐述金融周期问题时，在具体机制分析和研究技术上提供了重要思路和贡献，提出的具体政策具有一定价值。但是，这些理论缺乏金融周期波动的经济关系理论分析，将金融周期波动归因于技术性问题，即信息不对称，导致这些理论缺乏对现代经济中经济关系的深刻洞察，所以针对经济虚拟化、经济结构失衡和金融周期对实体经济影响的研究就是表面化的，无法提出有效解决发达国家经济虚拟化、经济结构失衡、金融周期波动的根本政策。

为此，笔者希望通过系统梳理马克思主义政治经济学、后凯恩斯主义货币经济理论和新凯恩斯主义经济学中货币金融思想，简要综述关于货币金融和金融周期各种研究的核心思想、理论模型和实证方法，进行比较研究。一方面，马克思政治经济学与后凯恩斯主义货币经济学在资本积累和经济关系上有相通之处，都用于解释货币金融在宏观经济中的作用和波动。不同之处是马克思主义政治经济学基于劳动价值论、资本积累规律，形成了货币、货币资本、金融信用与虚拟资本的货币金融思想体系，后凯恩斯主义货币经济学缺乏深刻的劳动价值论基础。后凯恩斯主义货币经济学和金融不稳定理论认为资本主义经济的核心是资本积累，而资本积累的核心是融资和投资，货币金融创造是内生于这种经济关系的。马克思主义政治经济货币金融思想与后凯恩斯主义货币金融理论在这个层面具有共通性。后凯恩斯主义货币金融理论发展的存量流量一致模型在预测和分析金融不稳定时，具有很强的预测力和解释力，所以马克思主义政治经济货币金融思想与后凯恩斯主义货币经济学可以在以上两个层面相互借鉴。另一方面，本讲介绍了马克思主义政治经济学-后凯恩斯主义货币金融理论的最新发展，以及存量流量一致模型和社会融资统计数据体系的发展，我们可以尝试运用不同方法研究金融周期，而后我们将探讨马克思-后凯恩斯主义货币金融思想在金融周期理论研究中的未来发展方向。

8.1.2 新凯恩斯主义货币理论中的金融周期研究：信息不对称、预期与金融波动

1. 早期宏观经济理论对金融波动与影响的研究

1929—1933 年全球经济大萧条以后，以费雪（Fisher，1933）的债务-通缩理论为代表的金融周期理论已经进入经济学研究的视野。凯恩斯、哈耶克、熊比特和弗里德曼等众多经济学家从不同角度阐述了货币和金融因素对宏观经济运行和波动的影响。费雪债务-通缩理论认为，过多的债务和通货紧缩互相作用是导致经济衰退的重要原因之一。凯恩斯在《货币论》和《通论》中提出有效需求是造成短期经济波动的主要原因，是资本主义经济内在不稳定的根本机制，他特别提出流动性偏好是有效需求理论的重要内容，强调货币需求变化会通过利率机制对投资产生消极影响，由此产生的经济危机是无法完全依靠市场自身恢复的，政府采取逆周期的系统干预是必要的。但是，20 世纪 70 年代后期，美国经济出现了“滞胀”，货币主义和新古典宏观理论以新自由主义经济学的面貌重新崛起，这两种经济思想的共同特点在于，在承认市场经济的内在稳定性的基础上解释经济波动，忽视了货币内生、金融重要性不断提升等因素对于现代资本主义经济运行的重要影响。

2. 流行理论中经济周期与金融周期研究：金融加速器与金融摩擦

20 世纪 60 年代之后，主流经济学范式开始忽略金融因素，大多数与经济周期有关的研究都忽略了金融因素的作用。

（1）实际经济周期理论

实际经济周期理论（real business cycle，RBC）关注的经济变量有就业、产出、价格等，之后的新古典学派和新凯恩斯学派基本上都继承了 RBC 理论的核心理念和建模方法，即使考虑到金融因素，也仅仅局限于利率或者货币

等个别经济变量。伯南克（2016）曾经提到 RBC 和 IS-LM 模型有一个共同假设，即金融市场和信用市场的各种变化不影响真实经济活动。实际经济周期理论与凯恩斯主义理论不断改进，金和沃特森（King and Watson，1996），艾兰尔（Ireland，1997）和金（Kim，1999）等在 20 世纪 90 年代开始形成了广义周期理论，打破了实际经济周期理论中对经济背景的完备假设，将凯恩斯主义理论中提倡的价格黏性机制和不完全竞争机制纳入分析框架。这种突破对于金融周期理论的产生具有重大意义。

（2）信息不对称与金融加速器理论

伯南克在 20 世纪 80 年代提出了金融加速器理论，也称为资产负债表路径，掀开了金融周期理论新研究阶段。伯南克和布林德（Bernanke and Blinder，1988），伯南克和格特勒（Bernanke and Gertler，1989）构建了纳入信贷市场均衡的宏观经济模型，即 CC-LM 模型和金融加速器模型。在此基础上伯南克、格特勒和吉尔克里斯特（Bernanke、Gertler and Gilchrist，1999）将金融加速器机制加入宏观经济学的动态一般均衡模型当中，提出了 BGG 模型，其核心思想强调信息不对称问题导致两类金融摩擦，金融摩擦问题通过金融加速器机制影响实际产出。现在的金融经济学家普遍认为，金融加速器是金融周期理论的核心。这一传导机制同时作用于银行和贷款方，银行在经济衰退期间会遭受更大的贷款损失，从而在放贷时变得谨慎；当家庭和企业收入、财富减少之际，可抵押物价值减少，信誉度会降低，更加谨慎的银行和信誉度降低的借方会有意减少信贷流量，从而阻碍家庭采购计划和企业投资计划的实施，进而加剧衰退。在经济上行之际，金融加速器以相反的方式发挥作用。

（3）信息不对称与金融摩擦理论

清泷信宏和摩尔（Kiyotaki and Moore，1997）的信贷周期理论与主流宏观经济学模型也具有较好的兼容性，成为很多经济、金融周期模型的建模基础。新凯恩斯主义学者吉纳科普洛斯（Geanakoplos，2003，2008）、福斯泰尔（Fostel）阐释了关于经济前景的不良信息是如何导致抵押品价格降低的，继而导致了流动性的枯竭和紧急销售的经济效应。格鲁伯和瓦亚诺（Gromb and Vayanos，2002）、布鲁纳米尔和佩德森（Brunnermeier and Pedersen，2009）展示了代理商借款量，即资金流动性和资产价格，即市场流动性之间是如何相互影响的，也显示了一个突然的流动性冲击如何导致急售现象的出现和整个市场的破坏。施莱弗和维什尼（Shleifer and Vishny），清泷信宏、摩尔和熊（Kiyotaki，Moore and Xiong，2001），莫里斯和申（Morris and Shin，2004）模拟了由于不利的产量和资金冲击导致的减价出售，以验证债务-紧缩对于资产价格的影响是如何导致损失和金融不稳定的。

针对新时期金融危机，Tobias Adrian，Paolo Colla 和 Hyun Song Shin（2012）认为，Bernanke 和 Gertler（1989）及 Bernanke，Gertler 和 Gilchrist（1999）的金融加速器理论只阐述了五个程式化事实中的一个——信用利差在经济衰退期间增加。然而，在金融加速器方法中，金融摩擦依存于企业借款人。这里没有银行，因此模型没有提到贷款和债券之间的可置换性。Gertler 和 Kiyotaki（2010）将 Bernanke 和 Gertler（1989）的金融摩擦假设应用于公司部门和银行业，但是 Gertler 和 Kiyotaki 仍然没有有效阐述金融中介机构的顺周期的杠杆行为。2007—2008 年全球金融危机引发了他们对金融摩擦模型及其对宏观经济活动影响的浓厚兴趣。许多模型观察到了公司借款人经受了信贷数量的收缩的冲击。然而，有迹象表明，尽管在危机期间银行贷款紧缩，但是债券融资实际的增加弥补了这个缺口。

比亚斯·阿德里安、保罗和申炫松（Tobias Adrian，Paolo Colla and Hyun Song Shin，2012）提出，尽管在宏观经济学中使用的金融摩擦的主流模型捕捉到一些关键的经验特征，但无法有效解决其他经验特征的问题。他们回顾了宏观和微观层面的数据，突出指出了信用贷款和债券之间构成的转变的重要性。他们总结了现实宏观经济波动中的五个程式化事实：银行和债券融资对于向非金融企业提供信贷是很重要的；在最近更普遍的金融危机和经济衰退中，信用以贷款收缩的形式表现出来，但债券融资的增加弥补了这个缺口；两种信用类型的信用利差在经济低迷时都增大了；随着债务改变和股权黏性增加，银行贷款变更为美元，银行信贷的供给是他们选择杠杆的结果；银行杠杆顺周期性。基于这些证据，他们构建了包括直接信用和间接信用的模型，模型包括了这五个程式化事实。在模型中，对实际活动的影响来自风险溢价飙升，而不是信贷总量的萎缩。他们认为把一般均衡框架嵌入模型中似乎是一种很有前景的研究方法。

第 2 节　马克思主义政治经济学-后凯恩斯主义货币经济理论中的金融周期

8.2.1 马克思主义政治经济学：货币、信用、生息资本、金融信用与虚拟资本

相对于新古典和新凯恩斯主义货币经济理论中的金融周期研究，马克思

主义政治经济学-后凯恩斯主义货币经济学更强调资本主义，以及市场经济中货币经济关系是经济和金融周期波动的根源。伊藤·诚（2001）认为，只有遵循劳动价值理论的资本积累理论和金融信用创造的历史研究逻辑，才能深刻理解货币、金融在资本主义经济关系中的核心地位，才能理解信用货币时代的种种“奇特现象”，即金融信用膨胀与紧缩。马克思主义政治经济学的货币思想是建立在劳动价值理论基础上的，资本积累和资本逐利的融资和投资是资本主义经济的核心问题之一，马克思主义政治经济学是围绕货币职能、生息资本、金融信用、虚拟资本展开研究的。在资本主义社会中，货币是资本主义再生产的必要组成部分，是与资本主义再生产和资本积累紧密联系的，资本主义经济中的生息资本产生于交换、生产与资本积累过程中。生息资本在资本主义资本积累中的作用是创造信用，实现雇佣、抵押关系，扩大积累规模，最后实现以利润形式占有剩余价值。柳欣（1994）、王璐（2005，2013）与樊苗江（2005）更为凝练地总结了《资本论》中货币与金融思想，总结出马克思从商品的二重性（即价值和使用价值）和劳动的二重性（即抽象劳动与具体劳动）出发，把由技术关系所决定的使用价值、具体劳动与作为社会关系的价值、抽象劳动加以明确区分，表明价值只取决于商品经济中人们之间的社会关系，而不是技术关系。《资本论》从劳动价值论到剩余价值理论的论述，是要揭示“资本家雇佣劳动进行生产的目的就是为了利润”这样一种资本主义经济的基本性质。在现代金融时代，金融资本规模更加庞大，形式更为复杂，使上述过程变得更加复杂。何干强（2017）详述了马克思社会再生产与货币回流规律的关系。

笔者认为，可以从马克思货币、信用和虚拟资本理论出发，结合后凯恩斯广义、内生货币思想分析方法，使用存量流量一致（stock-flow consistent，SFC）模型，揭示现代经济广义货币系统内生机制与金融不稳定机制。马克思货币、资本、金融信用和虚拟资本理论实际上蕴含了广义货币（金融信用）内生的观点，而后凯恩斯结构货币理论和金融不稳定理论提供了更具体的分析方法，将两者结合，能更好地推动理论发展和解决现实问题。Goodhart（2012）构建了一个包含杠杆的贝叶斯金融不稳定模型，为实证检验各层次流动性对经济增长和金融稳定的影响奠定了基础。存量流量一致模型就是广义内生货币经济的模型化，其理论基础是广义内生货币理论、金融不稳定理论，曾高度借鉴了马克思资本积累理论和货币、信用理论。尽管后凯恩斯主义货币理论没有深刻阐述和强调劳动价值论基础，但是资本积累理论与马克思主义政治经济学是有共通性的。盛松成（2014，2015）等学者对社会融资规模和结构的统计与分析做出重大推进。李斌和武戈（2016）从货币内生角度，研究了中国信贷扩展与影响。朱太辉（2016）在后凯恩斯主义货币信贷内生理论基础上研究并检验了中国货币内生问题。

8.2.2 后凯恩斯主义货币经济理论的核心思想

后凯恩斯货币经济学认为，货币是现代市场经济最重要的制度安排之一，在充满不确定性的社会经济环境中，企业为了实现生产而需要采取耗费时间的迂回生产方式，企业为了应对不确定性可能带来的风险以及事前合约所规定的各种支付行为，必须持有货币。后凯恩斯货币经济学者认为，无论是在短期还是长期，货币的作用都不是中性的，广义、内生的货币金融系统对经济运行、就业等产生重要的影响。后凯恩斯主义经济学代表着对凯恩斯本意的回归，强调有效需求和财政政策，这与新古典理论中强调供给和货币政策截然不同，同时其货币金融金融理论旨在强调货币的内生供给及利率的外生性，强调资本主义经济的内在不稳定性，坚持凯恩斯国家干预主义的理念，对新古典理论中主张的自由市场理念提出了批判。

1. 后凯恩斯学派的货币本质观点：债务、信用与贮藏功能

后凯恩斯主义货币经济理论最早可以追溯到 19 世纪 30 和 40 年代的“银行学派”，他们认为除了金银和钞票以外，其他信用手段也可以进入货币流通市场，也属于货币。之后凯恩斯区分了计算货币和货币，赋予了信用货币分析一个逻辑上的起点，在他的货币理论体系中，作为正式货币的国家货币（包括商品货币、不兑换货币和管理货币）和作为债券支付证券的银行货币的本质都是充当计算货币，其总和构成流通货币的总量，其中银行货币已经取得压倒性优势，国家货币处于从属地位。

后凯恩斯主义者们在更普遍的意义上开始寻求信用货币存在的社会历史基础，其中有两种观点产生了比较大的影响，分别为新货币国定说及金融体系演化说。前者认为货币的本质是债务和信用关系，任何货币从本质上看都是信用货币，是用于债务支付和结算的手段，政府拥有以货币的形式向国民征税的权力，因此政府有能力决定并且控制经济体系中的基础货币，同时按照社会性的方式构建货币秩序。而后者认为当今的资本主义货币经济是信用货币不断演化的产物，货币体系和信用体系经历的是一个自然发生的渐变式演化过程，随着资本主义金融体系和私有产权关系的发展演化，资本主义信用体系发展到更高级的阶段，各种金融机构的存款负债成为主要的交易媒介，商品货币和法定货币逐渐演化为信用货币。

以保罗·戴维森为代表的后凯恩斯主义学者提出货币是发行银行的负债，是一种债权债务关系，这是由信用需求内生决定的。在后凯恩斯主义货币理论中，信用即货币，这两种形式都是以融资动机作为分析的出发点，而融资动机和信用需求都等同于货币需求，货币对就业、产出等实际变量都会造成影响。因此，后凯恩斯主义提出的是广义、内生货币理论，认为货币是一种达成契约的工具，首先其作为一种记账单位，同时履行着价值贮藏的职能，是随着时间传递一般化购买力的工具，在经济体系的运行中是非中性的。

2. 现代货币经济的内生性

在传统的理论中，外生货币供给理论没有考虑到银行贷款在货币供给中发挥的重要作用，认为银行的作用是连接借款人和存款人，银行首先需要吸收存款再对外发放贷款，而后凯恩斯主义学者强调银行贷款对货币供给有原因性作用，主张内生货币供给理论。

（1）从贷款到存款的货币创造机制。波林（Pollin，1991）、拉沃（Lavoie，1992）和艾克纳（Eichner，1987）认为，发放贷款之前，商业银行更多的是通过扩大自身的资产和负债来寻求利润，银行扩张信用，创造贷款，随后产生存款，商业银行只需要寻找储备资产来保障存款达到准备金要求即可，央行作为最后贷款人，有义务保证准备金的可用性及存款的流动性。

（2）投资到储蓄的逆向因果关系。企业最初需要融资，企业投资又创造了储蓄，只要国家的经济资源没有被完全利用，完成经济活动所需要的资本投入就取决于借款者的信誉和已经存在的金融规则，收入水平决定对货币的需求。

（3）基础利率是外生的。当前的经济中，众多金融资产都具有各自不同的回报率，这些回报率中至少有一种是由中央银行设定并控制的，这是金融市场中其他回报率变化的参照点，称为基础利率，它是短期货币市场中其他利率的基础。

（4）货币供给是由需求决定的，而且是由信用驱动的。货币存在于一个持续的循环流当中，是信用需求的结果，主要是一个流量，由信用创造，通过贷款的清偿而灭失（Eichner，1987；Lavoie，1992）。

3. 后凯恩斯主义货币经济理论中金融不稳定与金融周期研究

明斯基的金融不稳定性假说（FIH）是后凯恩斯主义信用货币理论在金融领域中的延伸，明斯基在其著作中描述自己对资本主义经济体制的认识，逐步发展形成了自己的理论体系，即“金融不稳定假说”。后凯恩斯主义经济学在经济危机与周期理论方面体现出了相对较强的解释力，它吸收了马克思主义政治经济学当中关于制度和阶级的学说，认为资本主义经济存在着内在的不稳定性，是从发展变化着的资本主义出发去解释危机和周期。在危机之后，后凯恩斯主义又逐步将注意力转移至现代资本主要的新变化上，认为金融在现代资本主义经济中占据了非常重要的位置，资本主义实际上已经金融化了，而现代金融又具有一系列内在不稳定性。基于这些经验事实，后凯恩斯主义将金融化引入研究，并结合一些学者关于金融和资本主义不稳定的理论，建立起一套系统的金融化背景下的危机和周期理论。

明斯基认为，资本主义经济系统的本质是具有复杂的金融制度的信用货币经济，是一种由各种现金流和相互依存的各种资产负债表构成的动力系统，其中决定经济运行的关键因素是货币和金融，关键人物是银行家和他们的公司客户。他认为，诱发性投资需求是经济波动的直接原因，在不断变化的市场中，不同公司特别是异质性公司的内在联系会改变投资活动，信息是私有的，企业是异质的，并且可以根据他们的资产负债表状况进行分类，而资产负债表的好坏又与经济周期呈正相关。

金融不稳定假说就是按照企业的现金流的未来表现，将企业的现金流的财务状况分为三种类型：套利融资 6F、[1]投机融资 7F、[2]庞氏融资 8F。[3]金融不稳定假说的第一定理是指经济系统在一些融资机制下是稳定的，在一些融资机制下是不稳定的；第二定理是经过一段长时间的繁荣，经济会从有助于稳定系统的金融关系转向会导致不稳定系统的金融关系。这个假说的基础是信用货币理论，与新凯恩斯主义的信息不对称和道德风险的微观分析有着本质上的区别。在明斯基看来，金融脆弱性不是联邦储备过于放纵的结果，

---

① 或者称为对冲融资，每期的现金流能够偿付支付承诺中任意时期的本金和利息，此时投资者负担少量负债，偿还资本和利息支出均无问题。套利融资单位可以通过现金流满足所有合约要求的偿付义务，一个单位的套利融资在融资结构中的占比越大，越可能是保值型单位，长期债由于期限较长，迫切性没有那么高，所以是套保单位中常见的融资成分。

② 每期收入的现金流能够偿付利息，但是不一定能够偿付本金，此时投资者扩展其金融规模，以至于只能负担利息支出，这在经济发展时期非常常见。一个项目，从整体来看，预期现金流能够满足债务支付，但债务可能是分期偿还的，项目现金流入如果集中于期末，就不一定能够满足每期的本金支付。项目单位需要通过对到期债务进行展期（即发行新债以满足偿还到期债务的承诺）来确保项目继续开展。发行融资债券的公司和银行都是典型的投机融资单位。

③ 即每期的现金流入不但无法偿还到期本金，连利息都无法偿付的经济单位，因而它不但要展期本金，还要对新增贷款支付利息，反映在资产负债表方面就是增加了债务而减少了股权价值，提高了杠杆率，从而提升了借方风险。这些经济单位可以卖掉资产或者借贷，借贷偿付利息或者出售资产偿付普通股的利息（甚至红利）降低了一个机构的权益，也降低了其提供给债权人的安全边际。一旦市场有变化，它们就只能通过变卖资产偿还债务，从而面临破产境地。

政府不去有效地干预金融危机才是真正的“祸根”。他认为，资本主义经济具有内在的不稳定性，而且集中体现在金融的不稳定性上。由于预期具有不确定性，经济主体对未来收益的预期经常表现出非理性，非理性的预期会掀起投机狂潮，驱使经济体系从套利型向投机型再到庞氏型转变，充沛的流动性是投机型和庞氏型形态得以维持的根本，但是流动性不可持续，金融危机随时有可能爆发。

后凯恩斯学派的 Goodhart（2011）在明斯基理论的基础上，具体分析了金融机构在杠杆周期中的风险承担行为，探讨的主要问题是高杠杆率是否意味着更高的风险承担。明斯基的金融不稳定假设（1992）的第二定理认为，在持续的繁荣和对于未来的乐观主义的作用下，金融机构会更多地在更具风险性的资产上进行投资，导致当其面临违约时，经济系统会更加脆弱。Goodhart 等人研究的结论与明斯基的观点相一致。在周期中的预期是过度杠杆和投资高风险项目的主要驱动力，当代理商观察到良好的现实状况时，他们会提高他们的预期。不仅金融机构，他们的债权人也都是贝叶斯定理的学习者，并且知道随着时间变化投资组合面临的真正风险；信息是不完全对称的，对于好的或坏的结果的实际概率，他们都只具备不完全的信息；因此，在一段时间的优良回报之后，更具风险性的项目更能吸引金融机构的注意，这促使他们增加借债来扩展资产负债表。由于债权人的观点同样促使经济预期提高，故而他们也希望在低利率时放款，这也导致一旦出现坏的经济状况，违约和经济的不稳定性都会变得更加严重。总的来说，我们通过把学习和风险承担行为联系起来来研究具有路径依赖性质的杠杆对金融稳定性的影响。

模型中借贷机制是内生性的，其取决于金融机构投资项目的意愿和债权人为扩大信贷而索要的利率的高低；而利率又内生于对于未来信贷风险的预期，项目的收益却并不经常变化，变化的只是对于未来良好状况的可能性的主观信念罢了。这使得我们能够方便地检测到银行投资组合从较安全的资产向高风险资产的转变，也有利于对识别杠杆周期的方法进行评估。通过我们的方法得出的启示，与那些探讨一旦出现不良冲击将出现降价销售的文章的结论是相同的，违约会大量出现，金融系统会变得脆弱。我们扩展了已有的理论，因为我们强烈地认为是主观的预期导致了过度的杠杆，并且在情况变得糟糕时加剧了金融的不稳定性。并不是坏消息损害了系统的弹性，而是长期的繁荣使得坏消息的负面影响变得如此巨大[1]，这对政策响应具有重要的指示性意义。正如我们指出的那样，严格控制杠杆和保证金并不足以使整个系统稳定，金融机构会通过将资金从安全的项目向高风险项目转移来达到这些控制要求，债权人对金融机构的惩罚也达不到预期的力度。

第 3 节　金融周期的实证研究

8.3.1 实证研究新进展

虽然对金融周期没有统一的定义，但广义概念包括了数量型和价格型金融变量的联合波动。中外学者在刻画金融周期时选用的指标也不尽相同。这些变量主要有广义货币供给（M2）、金融业总资产规模、信贷总额、股票价值、保险金额、资产价格等。BIS 研究表明，信贷总量（作为杠杆的替代变量）、房地产价格（作为可用抵押品的衡量标准）扮演了重要的角色，两者相互强化带来顺周期性，快速增长的信贷，特别是抵押贷款推高房地产价格，从而增加抵押品的价值，增加私营部门可获得信贷。其他变量，如信贷息差、风险溢价和违约率，提供了对压力和风险的补充信息。

克雷森斯、阿伊汉 · 高斯和特隆斯（Claessens，Ayhan Kose and Terrones，2011）首先提供了一个详细的跨国实证分析，记录了金融周期的主要特征及使用大样本在不同周期阶段之间的相互作用。其次，与经济周期文献并行，使用完善且可重复的方法来确定金融衰退和上升的时间。此外，由于采用季度数据，而不是通常用于其他跨国研究的年度数据，我们可以更好地识别和记录金融周期的属性。最后，利用大数据集和回归模型，研究了与金融周期的持续时间和幅度相关的各种因素。

BIS 的克雷森斯（2011）等人使用美国权威的经济研究机构美国国家经济研究局（NBER）的经济周期转折点分析方法，分析了信贷、房地产价格和股票价格的周期情况。发现在周期频率方面，信贷和房地产价格周期与经济周期更具可比性，股价周期比经济周期更加频繁；在周期长度方面，金融

---

[1] 阿查利亚和维斯瓦纳坦（Acharya and Viswanathan，2010）也强烈地认为在经济状况良好时期，杠杆的增加导致的不良冲击由于减价销售而具有极大的破坏性。在这篇文章中，他们讨论杠杆的上升只是问题的一个方面，由于普遍存在的乐观情绪造成高风险资产的增持和更高的杠杆才是灾难性事件背后的主要原因。

周期比经济周期持续时间更长。BIS 的德赫曼等（Drehmann et al.，2012）综合使用滤波和转折点分析两种方法，通过对七大工业样本国 1960—2011 年的信贷、信贷/GDP、房地产价格的季度数据进行分析，测算出各国的金融周期。结果发现，金融周期的振幅和长度高于经济周期，且金融周期的波峰之后往往伴随着金融危机。

米兰达·阿格里皮诺和海伦·瑞（Silvia Miranda-Agrippino and Helene Rey，2018）分析了"全球金融周期"的运行机制，研究了国际货币体系核心国美国的货币政策对全球信贷增长、跨境信用流动、全球性银行杠杆和风险资产价格等真实经济变量和国际金融变量的综合的动态影响。其中，一个部分地由美国货币政策驱动的全球性因素在解释全球风险资产回报率波动中扮演了重要角色。他们发现了具有全球霸主地位的美国对世界上其他国家的巨大金融溢出效应的证据，并用贝叶斯风险价值模型（VaR）分析了美国货币政策、国际金融市场和机构，以及世界其他地区的信贷和金融状况之间的动态的相互影响，体现了国内经济周期波动和消费者情绪的变量是标准的变量选择，但本讲在此基础上增加了一系列变量，这些变量可以表示全球信贷流动的演变、全球杠杆水平和财务指标汇总。他们还将风险资产价格、吉尔克里斯特和扎克拉伊舍克（Gilchrist and Zakrajsek，2012）提出的超额债券溢价、国内期限溢价，以及全球市场波动性中的全球性因素纳入考量，对风险资产价格这一全球性因素进行估计，以概括世界范围内交易的大量种类繁多的风险资产价格的共同变动。Silvia Miranda-Agrippino 和 Helene Rey 利用包含大量异质投资者的简单程式化模型将这一全球性因素结构性地分解为市场范围内有效风险厌恶程度的波动和预期回报率的波动。

Silvia Miranda-Agrippino 和 Helene Rey 的研究显示，美国的货币政策对世界其他国家有强大的金融溢出效应。当美联储实行紧缩的货币政策时，国内的产出、投资、消费者信心、房地产投资和通货膨胀率都会发生紧缩性变化。重要的是，我们也观察到了国际金融变量的重要变化：资产价格中的全球性因素下降，利差升高，全球范围的国内和跨境信贷明显下降，杠杆水平下降。这些现象首先发生在美国经纪商和欧元区与英国的全球性银行中，然后蔓延到美国和欧洲的银行业中。

奥利维尔·吉恩和达米亚诺·桑德里（Olivier Jeanne and Damiano Sandri，2017）研究了新兴市场经济体如何通过国外流动资产的（私人和公共）积累与化解来平滑全球金融周期的影响。他们研究了存在大量私人代理机构的新兴市场经济体，其私人部门向外国投资者借入资金来为其支出融资，同时积累"私人储备"。这个新兴市场经济体模型将面临全球金融紧缩的风险，当出现全球金融紧缩时，外国投资者可投资于新兴市场国家的资金数量会受到限制，而新兴市场国家的私人储备则用于购回本国债券，两国之间的资产的转换采取"紧缩"的形式，新兴市场经济体在外国人出售新兴市场国家资产的同时会出售外国资产。模型局部均衡时的私人储备水平是这样的：低价购买资产的储备收益恰好被持有储备的机会成本所抵消。

新兴市场经济体国家的资本流动管理政策的目的是缓冲全球金融周期的起落对新兴市场经济体的影响。在 Olivier Jeanne 和 Damiano Sandri 的模型中，私人资本流出有抵消私人资本流入的自然趋势，但同时仍存在需要政策干预的部分。私人资本流动的稳定作用不够充分，因为私人借款者不会将其行为对风险溢价（由支付外债的国内借款者支付）的影响内部化。因此，政府试图通过资本流入和流出而不是放任自流来稳定国内资产的价格。这个目标可以通过在金融不发达的经济体中使用冲销性外汇干预来实现。然而，在李嘉图等价适用的较发达经济体中，还需要运用其他政策工具。但无论采用何种政策手段，政策干预的目标都是增加总资本流动规模而不是减少资本流动规模。

Olivier Jeanne 和 Damiano Sandri 的分析表明，最优政策配置是对国外资产（储备）进行补贴并对外国借款征税。仅靠对储备的补贴是不够的，因为它会导致过度的资本流入。政策制定者可以扩大资本流动总量，但会减少资本净流入。Olivier Jeanne 和 Damiano Sandri 的简单模型也指出了执行最优政策的潜在时间一致性问题。在经济繁荣时期，持有储备的好处来自储备将用于在危机时期稳定资产价格的预期。然而，当危机来临时，政策制定者动用储备的动机变弱，因为该国从国外投资者购回其资产的收益变低了。从最优储备管理中获得充分福利收益的目标要求社会规划者承诺在全球金融环境收紧时让资本流出。

对金融周期特征事实进行研究的前提是选取适当的金融指标，指标选择方法谱系的一端是专注于信贷指标——考察信贷周期。Alessi 和 Detken（2009），Schularich 和 Taylor（2012）的研究发现，资产价格涨跌周期及金融危机最有力的预警指标是信贷。方法谱系的另一端是结合各种价格和数量型金融变量考察金融周期特征，常用的指标包括利率、波动性、风险溢价、违约率和坏账等。韩艾和郑桂环等（2010）基于增长率周期理论，创新性地应用了广义动态因子模型（GDFM）方法，构建多维景气指数来进行金融周期景气分析。由于经济系统之间的关系越来越紧密，应将景气分析放在整个宏观经济的背景下进行研究。陈雨露和马勇等（2016）对 1981—2012 年间全球 68 个主要经济体的面板数据进行了实证分析，系统考察了金融周期和金融波动对经济增长与金融稳定的影响。马勇和冯心悦等（2016）构建了综合性的金融周期指数，对金融周期和经济周期之间的关系进行了系统的实证研究，并探讨了金融周期、货币周期与信贷周期在经济周期中的不同影响和作用机制。他们在鲁迪 • 布什、古德哈特和霍夫曼（Goodhart and Hofmann，2000）以及阿德里安（Adrian，2010）等的基本模型设定之上，植入金融周期变量来扩展模型，得到了包含金融周期变量的产出方程、通胀方程和衰退预测方程，并由此建立回归分析模型，研究了金融周期和经济周期间的关系。范小云和袁梦怡等（2017）系统地测算了中日两国的金融周期与金融波动，对比研究了两国金融周期波动性的区别。他们度量了金融周期，根据金融周期的定义，选择信贷总量与房地产价格作为度量中日两国金融周期的基准变量，选择信贷/GDP 作为宏观经济杠杆的近似度量指标来衡量金融系统吸收损失的能力。这里的信贷指标采用的是两国国内私人部门的信贷总量，房地产价格采用的是全国范围内各种类型商品房销售价格，而后采用带通滤波方法来测算中日两国的金融周期。马勇和张靖岚等（2017）构建了包含内生性金融周期变量的宏观经济模型，分析了金融周期、经济周期和货币政策之间的关系。他们研究了金融周期和经济周期之间的关系，并构建了综合性的金融周期指数来反映金融体系的整体运行态势，基本指标包括房价、股价、银行利差、金融杠杆率、长期风险溢价、货币供应量、社会融资规模和资本流动性 8 个代表性的金融变量，采用标准的极小-极大值（Min-Max）方法对各变量的缺口值进行了无量纲转换，再通过一定的加权方法将这些金融变量最终融合成一个综合性的总体金融周期指标。此外，他们构建了八方程新凯恩斯主义模型，研究了金融周期和内生性的金融不稳定对宏观经济波动的影响。

8.3.2 马克思-后凯恩斯主义金融周期研究的实证方法：存量流量一致模型（SFC）发展

马克思主义政治经济学与后凯恩斯主义货币经济理论的金融周期研究，可采用的数理技术和实证方法可以依托存量流量一致模型。2007 年出版的由 Wynne Godley 和 Marc Lavoie（2007a）撰写的《货币经济学》总结并综合了基础原理和建模方法；基于 SFC 框架的模型和政策分析（例如，Godley，1999a）能够预测危机。SFC 方法的主要特点和优点在于它为一体化处理实体经济和金融市场提供了一个框架。在现代资本主义经济中，在不涉及金融市场（货币、债务和资产市场）的情况下，实体经济的行为是无法理解的。如果要以严谨和分析的方式考察现代资本主义的政治经济，那么 SFC 方法是一个必不可少的工具。

佛利（Foley，2003），梅里莱和利马（Meirelles and Lima，2006）构建了融资方式与金融不稳定的模型，Goodhart（2009）等建立了具有杠杆机制的贝叶斯金融不稳定模型数理分析方法。威廉·布雷纳德和詹姆斯·托宾（William Brainard and James Tobin，1968）提出了存量流量一致的原始思想；由 Wynne Godley 和 Marc Lavoie（2007）完善的存量流量一致模型，在货币、信贷、财富、生产和分配方面提供了一体化的处理方法，能够实现实体经济和货币、金融市场的有机衔接，更好地分析现实经济体系中的货币政策、金融化、杠杆和收入分配等现实问题；雷（Wray，2011，2014）阐述了货币的广义性、内生性和贮藏性，并运用国家资产负债表和 SFC 模型阐述了广义货币经济与经济周期问题；多斯·桑托斯（Dos Santos，2005），多斯·桑托斯和马塞多·席尔瓦（Dos Santos and Macedo e Silva，2009），贝洛菲奥里和帕萨雷拉（Bellofiore and Passarella，2010），莫里斯和朱尼珀（Morris and Juniper，2012），达菲莫斯（Dafermos，2015）的研究试图将明斯基的金融不稳定理论与 SFC 模型方法融合起来。Dos Santos（2005）指出，SFC 方法可以提供一个能更好地处理明斯基观点的模型。后来的文献试图展示 SFC 模型如何为具有明斯基特征的商业周期的动态分析提供一个起点，如 Dos Santos 和 Macedo e Silva（2009），Dafermos（2015）是通过更复杂的模型实现的，他们将 Godley 的新剑桥方法与明斯基的一些假设相结合。在模型中，私人支出是由净资产与收入的目标比率推动的，但是和明斯基一样，这样的目标比率由于期望以及借款人和贷款人习惯的改变而周期性变化。按照这种方式，该模型对于理解不稳定性如何出现以及哪些政策适用于应对这种不稳定性是有价值的。

张凤林（2014）对后凯恩斯主义研究进行了系统梳理；刘元生、刘硕、王有贵（2011）使用最基本的存量流量一致模型研究货币流通速度；柳欣、吕元祥、赵雷（2013），赵峰、马慎萧和冯志轩（2013），李黎力（2017）都对该理论模型进行了应用研究，为今后的研究奠定了基础。

马国旺（2013）运用中国的数据对后凯恩斯主义信用货币供给的假说进行了实证研究，其基本思路是：如果传统的货币乘数理论成立，则会在信用货币供给量、基础货币量和广义货币乘数之间存在协整关系和格兰杰因果关系；如果后凯恩斯主义货币运行机制成立，则会在信用货币供给量、金融机构贷款量和国内生产总值之间存在协整关系和格兰杰因果关系，并会否定信用货币供给量、基础货币量和广义货币乘数之间存在协整关系和格兰杰因果关系。他根据 Wind 资讯、《中国金融年鉴（2002—2011）》和同时期的中国人民银行季度报告，选取了 2001 年第 1 季度到 2012 年第 3 季度的名义值，进行了季节调整并取了自然对数，之后对数据进行了分析。最终，他得到的结论为，在金融机构贷款量和信用货币供给量之间不仅具有协整关系，它们还互为因果关系，在信用货币和基础货币量之间、信用货币供给量和广义货币乘数之间不存在协整关系和因果关系，这支持了后凯恩斯主义贷款创造存款的基本假说。同时，国内生产总值和信用货币供给量之间不存在协整关系，而是只存在从国内生产总值到信用货币供给量的因果关系；国内生产总值与贷款量之间存在协整关系，但是只存在从国内生产总值到贷款量的因果关系，这个结果与后凯恩斯主义信用货币假设不完全一致。

8.3.3 总结与未来研究

综合以上文献，关于金融周期的研究主要有两大理论来源。第一，以信息不对称为基础的新凯恩斯主义宏观经济学与货币经济理论。由欧文·费雪的债务紧缩思想，到 Bernanke 和 Blinder，Gertler 的金融加速器理论，再到 King 和 Watson，Ireland 和 Kim 等发展的广义周期理论，打破了实际经济周期理论中对经济背景的完备假设，将凯恩斯主义理论中提倡的价格黏性机制和不完全竞争机制纳入分析框架，这种突破对于金融周期理论的产生具有重大意义。而后新凯恩斯主义学者，如 Geanakoplos、Fostel 研究了关于经济前景的不良消息是如何导致抵押品价格降低，又是如何导致流动性枯竭和紧急销售的经济效应的。这些学者的研究在信息不对称理论的基础上，建立了新凯恩斯主义理论的金融周期研究框架。

第二，马克思-后凯恩斯主义在货币的创造、循环等机制上进行了与传统经济学不同的解释，也对金融危机产生的原因做出了更加深刻的解释，他们提出的一些观点和得到的结论对于我们今后制定政策、维护国家乃至全球的经济安全有着很重要的参考价值和意义。Goodhart 等人的金融周期与不稳定理论的核心思想是预期投资机会的风险状况是在不断变化的，金融代理人是贝叶斯的追随者，并且通过观察过去良好情况出现的序列来调整他们对于未来良好情况出现的预期。在一段长时期的好消息之后，预期会上调，金融机构发现把投资组合转向平均风险更大的项目是有利可图的，但是会承诺更高的预期收益。债权人愿意为他们提供资金，因为他们的预期也上调了。结果是，杠杆上升了，风险利差下降了，银行的投资组合中包含了更高风险的项目；当坏消息成为现实的时候，违约增加了，而对于金融不稳定性的影响也变得更为严重。

关于金融周期的具体研究目前存在以上两种研究思路，不同的学者在不同框架下都在推动金融周期具体机制的研究，未来可以进一步推动金融周期影响的实证研究和具体政策研究。

第 9 讲　货币金融政策发展：宏观审慎监管

本讲主要文献来源：克劳迪奥·博里奥（Claudio Borio）、查尔斯·古德哈特（Charles Goodhart）、阿维纳什·佩尔绍德（Avinash Persaud）、阿德里安（Tobias Adrian）、申炫松（Hyun Song Shin）、格罗斯曼（Grossman）的相关研究成果，以及中国人民银行、国际货币基金组织研究报告。

本讲核心内容：2008 年美国次贷危机引起全球金融动荡，暴露了微观审慎监管的不足，关于超越微观审慎路径、实行宏观审慎监管的呼声越来越强，宏观审慎的概念被广泛提及，各国纷纷开始探索宏观审慎框架的建设。尽管当前对于宏观审慎的研究仍然不足，宏观审慎框架的建设也处于起步阶段，但宏观审慎监管领域的研究正处在快速发展之中，大量关于宏观审慎监管的构思被提出，其中一些政策建议和政策工具已开始应用于实践中。

本讲着重阐述：①当前已应用于实践的宏观审慎政策与监管工具的发展情况；②简要总结了宏观审慎政策与监管的理论研究现状。为此，本讲首先阐述了宏观审慎框架的建立，包括宏观审慎提出的现实背景和理论基础、宏观审慎概念提出的过程，以及宏观审慎的计量和分析；其次，在对宏观审慎工具的介绍中，根据工具的性质，将其划分为测度工具、时间维度工具和空间维度工具，具体论述工具内容和实践情况；最后，介绍了宏观审慎政策工具在各国的实践情况，以及宏观审慎政策工具的发展对我国的启示。

第 1 节　宏观审慎框架的建立

9.1.1 宏观审慎出现的现实背景

在金融危机后的反思与研究中，“宏观审慎”一词频繁出现，本节主要介绍实践中宏观审慎框架下所包含的具体政策工具。宏观审慎框架包含诸多内容，旨在应对系统性风险、维护金融稳定的宏观层面的措施都可以被视作处于宏观审慎框架之中，这个框架还在进一步动态发展中，不断有新的内容添加进来。

长期以来，监管部门一直注重于对个体金融机构的监管，认为只要确保每一家金融机构都能采取有效措施规避、应对风险，整个金融系统就是安全的。然而，宏观经济的稳定并不是每家金融机构稳健运行的简单加总就可以实现的，当整个金融系统面临共同的外部性冲击时，金融机构传统的规避风险的手段，如在危机时出售手中资产以降低自身风险，会在系统范畴内形成抛售资产的巨浪，导致资产价格崩溃，进一步加剧危机。一家机构谋求自身低风险的行为反而会导致整个金融体系的动荡和危机，这是由于金融机构行为带来的社会成本远远超过其自身成本。

近期的金融危机凸显了理论分析框架缺乏的弊端，难以帮助预测和应对全球范围内的金融失衡，以至于引发全球失衡，产生了严重的宏观经济后果。同时，传统理论对金融系统的自我调节能力的过度自信导致了对于债务和杠杆积累的后果的低估。而且，对于金融创新和放松金融管制的作用方面，传统理论也存在认识不足。传统的微观审慎监管方式的弊端在此次金融危机中暴露无遗，对金融危机的深层研究也显示出需要转变监管方式，其中的核心就是加强宏观审慎方面的监管，将整个金融体系看作一个整体纳入监管，而非仅仅针对一家金融机构，应考虑每家金融机构与宏观经济的关联。表 9.1 描述了微观审慎监管和宏观审慎监管的区别。

表 9.1　宏观审慎和微观审慎监管的区别

项目	宏观审慎监管	微观审慎监管
直接目标	限制金融系统内的风险	限制单个机构的风险
最终目标	避免同金融不稳定相关的宏观经济成本	保护消费者（投资者/储蓄者）
风险描述	内生的（取决于全体性的行为）	外生的（同单个机构的行为无关）
机构间的相互关系和披露	重要	无关
审慎控制标准	全系统内的风险；自上而下	个别机构的风险；自下而上

资料来源：Borio（2003）。

9.1.2 宏观审慎概念的提出

在短时间内，“宏观审慎”一词被频繁提起，但是在 2000—2007 年期间却鲜少有人提及。事实上，“宏观审慎”一词的起源最早可以追溯到 1979 年，在库克委员会（巴塞尔委员会的前身）的一次会议上讨论了国际银行贷款期限转换相关的数据收集问题，会议发言提及“微观层面的经济问题开始转换为宏观层面的问题，从这一点来讲‘微观审慎’将变为‘宏观审慎’方面的问题”，宏观审慎开始作为一个新的名词出现，因此它并非是完全陌生的概念。会议当局日益担忧对发展中国家的借款会带来宏观层面的金融不稳定，但“宏观审慎”这一概念在很长时间内没有得到普及。此后，国际上加快了推进宏观审慎监管的步伐，宏观审慎这一概念被反复提及。2009 年 4 月，二十国集团（G20）伦敦峰会召开，将宏观审慎框架列入公报文件，此后历次峰会皆把宏观审慎列入公报文件。2009 年 9 月，G20 匹兹堡峰会召开，在会议文件中正式引用“宏观审慎管理”和“宏观审慎政策”的提法。2010 年 6 月，G20 多伦多峰会召开，继续探讨宏观审慎框架的建立问题。2010 年 11 月，G20 首尔峰会召开，宏观审慎监管被列为峰会六大议题之一，通过“宏观审慎性管理”的基础性框架，全球宏观审慎金融监管体系初成。2011 年 2 月，金融稳定理事会向 G20 提交了《宏观审慎政策工具和框架》的最新报告，报告系统阐述了当前宏观审慎框架建设的进展情况。

9.1.3 宏观审慎的理论基础

关于宏观审慎政策的研究仍处于起步阶段，远远达不到能为政策框架提供分析基础的地步，其原因在于：宏观审慎的方法只是在最近才在政策讨论中发挥显著的作用，对金融稳定性的定义和宏观审慎政策的目标并不明确；缺乏反映金融体系和宏观经济之间互动的模型；对于微观审慎政策和宏观审慎政策之间的关系缺乏清晰的共识。学术界目前对其的研究包括定义金融稳定性和明确宏观审慎政策的目标，迄今为止并未形成与宏观审慎相匹配的金融稳定性定义，研究大多以金融不稳定的概念替代。与之相关的模型有三种，即由外生冲击所产生的自我实现均衡的模型、具有异质性或系统性负面冲击的模型、内生周期性金融不稳定模型。相关研究指出，与金融不稳定相联系的是系统性风险的概念，有研究认为系统性风险是经历系统性事件的风险，在这些事件里，受影响的机构在第二轮或之后受到第一轮冲击的冲击而破产，尽管它们在事发前是有清偿能力的；也可以将系统性风险看作传播的风险，当冲击的蔓延超出了它们的直接经济影响，会造成危机的扩散和对实体经济的破坏。也有研究认为，金融不稳定的起源并非是扩散和蔓延，而是因为系统性风险随时间的演化，最终同商业周期密切相关。根据这种观点，风险从根本上是内生的，且反映了金融体系和实体经济之间过度繁荣的互动、过度扩张的结果，这也为随后的低迷和金融困境埋下了种子。在量化金融不稳定和系统风险方面，学术界提出了大量指标和模型，其中一些已经应用于实践，如金融稳定性指标、预警指标、压力测试、VAR 值等。其中个别金融机构对系统的重要性评估提出了 CoVaR 值的概念，利用其调查由一个机构或市场的问题所造成的系统性影响，突出了规模、相关性和替代品可得性的作用。在研究金融体系和宏观经济之间的互动方面，已有的研究尚不能提供一个可操作的平台以进行风险分析和政策模拟，大多只是在现有的 DSGE 模型上进行改进，加入资本监管、金融摩擦及银行资本等因素进行模拟，相关研究仍未获得突破性进展。

第 2 节　宏观审慎工具

9.2.1 测度工具

有效、准确地测量风险是应对风险的前提，风险测量工具是宏观审慎工具的一个重要组成部分。如何衡量系统性风险、测度金融体系稳定性是美国和欧盟当前进行改革的重点之一，2009 年 4 月成立的金融稳定理事会建立了独立的系统性风险衡量体系。宏观审慎的风险测量工具的核心在于将整个金融系统看作一个整体，在全系统范围内诊断系统的脆弱性，并对金融领域同宏观经济之间的联系给予特别关注。通常这些测量工具可以分为定量工具和定性工具。定性分析工具包括对制度、监管框架、市场结构、标准与准则等方面的信息分析，如评估宏观经济政策的稳健性和透明度、监管质量和金融基础设施的有效性等；定量分析工具包括金融稳健指标分析、宏观压力测试、早期预警指标等，也可以将定性工具和定量工具结合起来进行分析，下文主要介绍定量分析工具。

（一）金融稳健指标

金融稳健指标是指利用一系列指标从多方面检测金融体系和市场运行的健康程度，既可以通过微观指标的加总来进行衡量，也可以直接使用宏观方面的指标。微观层面的指标便于监管者把握整个金融体系在资本、资产、管理、收益情况、流动性，以及对市场风险的敏感度等方面的健康程度，而宏观层面的指标主要从总体经济增长率、支出平衡度、通货膨胀的波动性、利率及汇率、贷款和资产泡沫、危机的传染性，以及资源禀赋等方面衡量经济的健康程度。无论是微观层面的指标还是宏观层面的指标，都是旨在对金融体系的健康程度进行测量，监测并发现全系统内的风险，都可以看作宏观审慎的测量工具之一。金融稳健指标分为核心指标和鼓励指标。核心指标主要针对银行金融机构，包括资本充足性、资产质量、收益率、流动性和对市场风险的敏感程度；鼓励指标包括存款机构的相关补充指标、市场流动性指标、非银行金融机构相关指标和房地产市场、家庭、企业部门的指标。金融稳健指标是测量风险、判断金融体系稳定性的必要性指标，但对于风险测量来说只是一个起点，远远不能满足其要求。金融稳健指标最主要的缺陷是某些描述金融系统健康程度的数据往往是滞后的，最好的结果也只是同步于经济现状，故此类工具需要前瞻性的变革以测量动态的危机。

（二）宏观压力测试

压力测试（stress test）是指在某一特定的极端市场情况下（如某些异常的负面经济冲击），考察金融体系在此冲击下的脆弱性情况，以检测金融体系能否承受负面冲击带来的压力。宏观压力测试不同于只用于评估单个机构或者单个投资组合的微观压力测试，它是建立在整个金融系统的层级上的，它将金融系统或者其子行业看作一个整体，考察其对于某些严重的负面冲击的应对弹性。这种冲击既包括个别的风险因素，如汇率、利率或资产价格等，也包括各种因素结合共同形成冲击的复杂情况。宏观压力测试的一个显著特点是它并不评估一种负面冲击发生的可能性，而是评估此种冲击发生所带来的成本。宏观压力测试可以只评估宏观潜在的极端事件（如市场突变带来的金融危机）给金融系统稳定性（脆弱性）带来的后果，故而在实践中得到了广泛的运用，各政策当局将其视作金融稳定性的分析方法，金融部门评估规划（FSAP）将其列为识别一国金融体系脆弱性的重要工具之一。然而，尽管宏观压力测试前景看好，其发展仍处于起步阶段，远远不如微观层面的压力测试完善，仍需要进一步的开发。表 9.2 总结了宏观压力测试的具体步骤。

表 9.2　宏观压力测试步骤

步骤	具体内容
定义纳入测试的机构和资产范围	决定是否将大型银行机构、外国银行、非银行金融机构、保险公司、养老基金均纳入分析范围或者只考虑其中几种，对资产范围的选择取决于分析风险的本质和数据可得性
宏观经济压力情景设计与校准	具体考虑风险类别的选取（市场风险、信用风险还是流动性风险）、冲击参数的选择（价格、波动性或相关性）、冲击的程度（历史或假设情景）、时间长度等

续表

步骤	具体内容
评估对具体因子的脆弱性	评估对风险来源的脆弱性影响时，常用时间序列、横截面或面板数据计量模型来估计变量之间的关系。评估对具体风险因子的脆弱性时，关键是分析冲击传染的途径、微观主体间交互反应等
综合各种风险因子脆弱性的分析	各种风险因子间可能存在相关关系，应寻找能综合考虑各种风险因子的统一分析框架或仅针对重点因子对其他因子进行简化，以处理相关关系
评估金融业的整体风险承受能力和反馈效应	在动态系统的框架内将金融业整体风险水平内生化纳入风险因子识别过程，并考虑金融业内部以及金融业与宏观经济层面的反馈效应

资料来源：根据已有文献整理。

（三）早期预警系统

早期预警系统利用一系列反映金融危机发生条件的指标对经济金融变量进行监测，以预测危机爆发的可能性，其目标是建立起一个危机发生的可能性的定量评估。早期预警指标最开始将研究重点放在货币危机和主权危机上，随着时间的推移，越来越多的研究开始关注银行领域的危机及其与其他类型危机的关系。早期预警指标并不是简单观察即可得出的传统市场指标，这类指标往往不能针对危机发出正确的预警信号。理想的早期预警系统由一系列综合性强、敏感性高的指标组成，具有良好的可操作性，能够针对即将发生的金融危机发出信号。传统早期预警系统以线性模型为主，如 KLR 模型、FR 模型、STV 模型和 DCSD 模型等。表 9.3 对上述部分模型进行了简要介绍。以 KLR 模型为例，早期预警指标包括：反映宏观经济发展状况的指标，如 GDP 增长率、通货膨胀率等；反映国内金融市场运行的指标，如信贷增长率、M2 增长率、国内金融机构不良贷款占总资产的比例等；反映经济对外联系程度的指标，如经济开放度、最后清偿率、外汇储备、外债总额等，这一类指标的选取考虑的是金融危机具有较强的传染性。通常每个指标会基于历史数据确定一个临界值，短时间内指标的临界值被突破得越多，危机发生的可能性越大。另一类早期预警系统是构建金融压力指数，通过一系列子行业压力状况的指标合成衡量金融体系压力状况的综合性指数，这一类指数包括股票收益率、银行部门 β 系数、债券利差、汇率波动率等，能够更加直观地反映金融系统性风险，预测危机。同宏观压力测试一样，早期预警系统的研究也处于起步阶段，仍需进一步发展。

表 9.3　早期预警模型的基本原理及模型变量

模型	基本原理及对危机的定义	选取的经济变量
KLR 模型	研究经济周期转折的信号理论，确定用于货币危机预测的经济变量并运用历史数据进行统计分析，确定货币危机发生的先行指标并选择其安全阈值。当某个指标的阈值被突破时意味着发出危机信号	GDP 增长率、通货膨胀率、信贷增长率、M2 增长率、国内金融机构不良贷款占总资产的比例、经济开放度、最后清偿率、外汇储备、外债总额
FR 模型	金融事件是离散且有限的，可利用各个国家的年度数据作为样本资料建立概率模型。将危机定义为货币贬值至少25%，并至少超出上一年贬值率的 10%	GDP 的增长率、国外的利率、国内信贷增长率、政府预算赤字占 GDP 的比率、实际汇率高估程度、经常项目/GDP、国际储备/进口额、外债总额
STV 模型	考察同一时期不同地区的国家发生货币危机的可能性，使用国家的截面数据为样本资料。定义货币危机指数（IND）为货币加权储备下降百分比和汇率贬值百分比的总和	实际汇率贬值、国内私人贷款增长率、国际储备/广义货币供应量

9.2.2 应对工具

宏观审慎框架仍处于不断发展和完善中，截至目前，宏观审慎框架并没有就其首要的运用工具达成共识，也没有形成一个系统的分类体系。如今采用的大多数工具来自微观审慎层面，如货币政策、流动性要求和监管制度等，宏观审慎干预只是在这些工具的基础上进行改良或调整，以达到宏观审慎的目的，并且宏观审慎政策工具通常与其他工具交叉运用，难以完全从这些工具中独立出来。因此，在目前的研究中，用于抵抗金融系统性风险、增强金融体系稳定性的措施都可以被囊括在宏观审慎的框架中，它们的运用是为了实现宏观审慎的目的。本节中列出的是对系统性风险进行防范、规避或者化解的一系列工具，是宏观审慎政策最重要的组成部分，许多文献提及的宏观审慎政策工具仅包括此类工具，金融稳定理事会向二十国集团提交的《宏观审慎政策工具和框架》中，将此类工具分为两类：解决时间维度风险的工具和解决行业维度风险的工具。时间维度的工具旨在解决随时间推移而演变的风险，即顺周期性带来的风险；行业维度的工具旨在解决给定时点上个体金融机构相互联系的行为带来的系统性风险积聚。

（一）时间维度的工具

解决时间维度上的风险的关键在于解决金融系统的顺周期性问题。顺周期性是金融机构行为同质性的根源，这一问题是宏观审慎监管亟待解决的问题。风险通常在经济上升阶段积累，爆发于经济衰退期。在经济上升阶段，以价格为衡量基准的资产价值上升，而以价格衡量的风险下降，金融机构的利润增加，大多数金融机构对此的回应是抓住时机进行扩张，利用短期融资手段从货币市场获得资金以支撑其扩张，并提高杠杆率，在此过程中，整个金融系统内的风险过度膨胀。与之相反，当周期逆转时，资产价格下跌，整个金融系统陷于困境，伴随着短期融资和信贷受损、高杠杆收缩，危机进一步被放大。而许多现有的制度政策不仅无法实现逆周期缓冲，反而会放大经济波动幅度，加剧这种顺周期性，如巴塞尔协议Ⅱ的相关规定。当经济上扬时，监管制度的约束力被弱化，金融机构融资能力增强，无法抑制经济过热和泡沫形成；当经济下行时，监管制度对金融机构的约束力加强，金融机构融资能力被进一步遏制，反而使危机放大。宏观审慎框架时间维度上的工具首要解决的就是顺周期性问题，建立有效的逆周期对冲机制，以防范和化解系统性风险的累积和扩散。通过对原有微观审慎工具进行调整，宏观审慎政策工具可以在经济繁荣期建立缓冲以弥补经济下行期时的缺口，对经济衰退期流动性枯竭、杠杆过度收缩的问题起到遏制作用，减少金融周期的波动性。巴塞尔协议 III 在推进时间维度工具的发展上做出了突出贡献，其中包括一系列抑制顺周期性的条款，从而建立起动态的资本监管框架。

1. 建立逆周期的资本缓冲制度

逆周期资本缓冲的规定主要是针对银行设立的，巴塞尔协议Ⅱ中关于资本的规定助长了顺周期性，其弊端在此次金融危机中暴露无遗。当经济处于扩张期的时候，银行资产的质量和数量都得到提高，在资本充足率规定不变的情况下，银行可以轻易满足资本金的配置要求，将扣除留存资本金后的闲置资金投放市场，进一步地刺激经济扩张，助长了经济过热；在经济衰退期，银行的资产负债表状况恶化，而衰退期的资本金要求与经济繁荣期相同，银行难以满足资本金配置要求，通常不得不减少向企业投放贷款的规模，市场可获得资金减少，从而加剧了经济衰退。为此，巴塞尔委员会提出建立逆周期资本缓冲要求，即在经济繁荣期银行需额外划拨 0～2.5%的资本以作逆周期缓冲之用，这部分资本可由普通股和其他可吸收亏损的高质量资本构成。逆周期资本缓冲的建立旨在通过经济上行周期时计提资本缓冲，以防止信贷过度增长，并在经济衰退期帮助吸收亏损风险，降低损失。巴塞尔协议 III 规定，全球商业银行的一级资本充足率下限从 4%上调至 6%，核心一级资本占银行风险资产比例的下限从 2%提高至 4.5%。此外，银行需保留不低于银行风险资产 2.5%的资本缓冲资金，用于危机发生时不依赖政府救助而独自处理危机。资本充足率的提高、资本留存缓冲和逆周期资本缓冲规定的引入将提高银行应对风险的能力，使银行在面对经济困境时有较多的资本应对周期波动性。

2. 对杠杆率的控制

本轮金融危机蔓延的重要原因之一是金融机构的表内外杠杆率过高。高杠杆率累积在之前的金融危机中也有所显现，如 1998 年的亚洲金融危机。危机爆发时，金融机构压力增大，被迫降低杠杆率，增大了资产价值下跌的压力，导致危机进一步恶化，资本价值下跌引起金融机构资产缩水，引发新一轮的去杠杆化行为，资产紧缩与去杠杆化行为之间行为形成反馈机制。故当局需把杠杆率纳入监管体系，作为衡量金融机构行为的重要标准之一，为其杠杆率确定底线，控制经济繁荣期金融机构借助杠杆率过度扩张资产规模，防止危机爆发时过度去杠杆化给经济带来的负面影响。巴塞尔协议首次将杠杆率纳入监管框架，规定全球银行业的杠杆率的最低标准为 3%，即银行的总资产不得超过其一级资本的 33 倍，作为资本充足率要求的补充，以控制金融体系过高的杠杆率，形成有效的资本约束。

3. 对流动性的管理

市场的流动性情况体现出强烈的顺周期性，在经济高涨期，流动性过度泛滥，加剧了泡沫，在经济衰退期，流动性过度收缩甚至枯竭，进一步导致经济状况恶化。宏观审慎应将流动性纳入框架，平抑其顺周期性，保证经济平稳运行。除对流动性的最低标准做出规定外，对流动性的管理还涉及两个方面：一是持续监控国际和国内的金融市场状况，关注资本的流向和流量，避免流动性泛滥为资本市场带来流动性危机；二是关注对银行资产负债表中资产与负债期限的匹配度，减少错配，以控制流动性风险。

巴塞尔协议 III 设计了流动性覆盖比率（LCR）作为流动性的国际标准，加强对银行流动性的管理，防止 2008 年金融危机再次上演。流动性覆盖比率主要用来衡量银行的短期流动性水平，监测资产的现金流入与负债的现金流出，要求银行拥有足够无障碍变现的优质资产，以应对短期内（30 天）可能出现的现金流需求。巴塞尔协议 III 对流动性覆盖率的规定是有弹性的，其制定的新流动性规则规定银行在危机时期可以利用其流动性资产，流动性覆盖比率可以暂时低于最低标准，以减轻银行面临的资金压力，避免重演此次危机的现金流困境。流动性覆盖率于 2015 年正式实行，各国银行已于 2011 年进入指标观察期。

巴塞尔协议 III 还使用了净稳定资金比率（NSFR）以应对较长期限内的流动性错配问题。此次金融危机的一个重要启示是资产和负债的期限应相匹配。资产的风险很大程度上取决于资金的到期期限。金融危机中，金融机构大多选择成本低、期限短的短期融资，一旦危机爆发，原有资金到期，新的融资困难加大，会导致金融机构的状况恶化，加大系统的脆弱性。针对这种情况，巴塞尔协议 III 使用了净稳定资金比率，即可用的稳定资金与业务所需的稳定资金量之比，用于度量银行负债和权益类业务等提供的较长期限内可使用的稳定资金对其表内外资产业务发展的支持能力，净稳定资金比率需大于 100%。净稳定资金比率旨在确保表外业务、证券化资产、投行类产品及其他类型的融资具有满足其最低限额的稳定资金来源，能够与它们的流动性风险状况相匹配。净稳定资金比率覆盖整个资产负债表的表内和表外业务，对相关流动性风险的评估更加完善有效，能抑制银行使用短期融资的动机，转而寻求稳定长期的资金来源。净稳定资金比率是流动性覆盖率的补充指标，两者配合使用，以保证银行在长短期内均有充足稳定的资金来源。净稳定资金率将于 2018 年正式实行，各国银行于 2012 年进入指标观察期。

4. 拨备覆盖率

贷款损失拨备是银行应对危机、吸收损失的另一重要途径，但是以往的拨备制度存在缺陷，导致金融周期的效应进一步放大。银行拨备制度采取已发生损失的原则，只有在银行确认贷款发生损失后，才会在会计上计提贷款损失拨备。当经济高涨时，银行信贷状况良好，贷款损失少，计提拨备减少，更多的资金被投入市场，助长了经济过热；当金融危机爆发时，经济状况恶化，企业偿还贷款的能力下降，信贷违约率增加，而按照拨备制度的规定，银行此时发生贷款损失，需要大量计提贷款拨备，导致银行资本进一步紧缩，可投放市场的信贷资金减少，银行的信贷能力被进一步遏制，形势进一步恶化。此次金融危机中，以往拨备制度的滞后性和顺周期性暴露无遗，为解决这些问题，监管当局提出了前瞻性拨备和动态拨备两种新制度。前瞻性拨备是一种跨周期的拨备计提方法，经济上行期风险积累，银行可以多计提拨备，以应对预期损失和非预期损失，在经济下行期风险爆发时，可以利用已有拨备抵御贷款损失，从而减轻了顺周期性带来的经济波动，在经济过热时起到收缩信贷的作用，在经济衰退时避免因增加拨备而导致经济恶化。动态拨备的作用机制与之相似，西班牙在 2000—2004 年已经采用可动态拨备制度，将动态拨备贯彻实践。

5. 会计准则

许多评论家认为会计准则的设置是本次危机过后应当关注的核心问题之一。公允价值的会计准则加剧了经济周期的波动性，在正常时期，公允价值能够实现对资产和负债灵活的实时估值，但在非常时期，公允价值会计的存在会使经济状况进一步恶化。在正常时期，资产和负债的市场价格同其未来收益现金流的折现值十分接近，但在危机时期，其市场价格暴跌，远远低于折现价值，公允价值以市场价值为基础，当已经出现资产价格的下跌时，按照此时的公允价值进行交易已经偏离了资产的折现价值，刺激价格进一步下跌。同时，在流动性较低的市场中，当市场参与者大量出售资产变现时，资产价格的形成并不合理，会计主体被迫按照不合理的价格对资产的公允价值进行估量，加大了会计主体的损失，金融机构持有资产价值的缩水助长了资产价格下跌的市场预期，导致资产价格进一步下跌，形成负面的循环机制。对此，有研究提出将市场价格和未来现金流折现价值结合起来，以权重的方式形成新的评估价格，这个新的价格能更准确地评估资产价值，并抑制金融机构短期融资的动机，使其寻求长期资金来源，提高资产和负债的匹配度，促使流动性低的资产由具有长期资金来源的机构持有。然而，会计准则的改革细则仍在进一步商议中，并未有太大的现实进展。

（二）行业维度的工具

风险在行业维度的蔓延有两种途径：一是当一家金融机构陷入困境时，通过资产负债表之间的相互联系会将风险传导至其他金融机构；二是当市场机构的关联度极高时，每家金融机构通过复杂的信用链与其他机构具有间接的关联性，当市场受到风险冲击时，相似的应对危机的行为会产生共同的风险，此时风险在个体机构中被分散，系统风险加大。当市场面临共同的风险冲击时，单个机构出售资产是化解自身风险的谨慎选择，但是市场所有机构的相似行为会导致资产价格崩溃，市场的共同风险暴露增加。针对风险在某个时点在金融体系内的分布，首要的对策是进行系统性行为管理，考虑适合持有此种风险的机构，并考察这类机构是否具有持有此类风险的动机，将各种机构、各种资产区分开来，针对性地处理，避免过去“一刀切”的局面，这是解决空间维度上风险的主要原则。巴塞尔协议Ⅱ的一大弊端是无论借款公司本身是高风险还是低风险，投放给私人公司的贷款均采取一样的权重，这就导致对安全的资本要求过高的监管资本，而对高风险的资本的监管要求不足。宏观审慎监管应当根据单个机构对于系统性风险的边际贡献情况采用差别化的监管方式，具体的政策工具包括：区分具有系统重要性的机构、差别化征税、衍生品市场改革、对影子银行进行治理和减少对评级机构的依赖等。

1. 区分具有系统重要性的机构

宏观审慎在空间维度的监管应当将具有系统性的金融机构区分开来，每家金融机构对于系统风险的贡献程度是不同的，其中一些机构因自身规模较大、与其他机构关联程度较高而会对金融系统造成重大影响，一旦其陷入困境，会通过前述路径将风险传导至整个市场，这类机构一旦倒闭会对金融体系造成巨大的伤害，即属于“大而不能倒”的机构。监管当局应当列出本国具有系统重要性的金融机构名单，对其采取特别监管，监管的目标是降低其与市场其他机构的关联性和自身倒闭的可能性。监管当局可以通过隔离的方式降低系统重要性机构与其他机构的相互关联性，如美国提出的“沃尔克规则”，限制银行业的自营交易，将其自营交易业务与商业银行业务相分离，减少可能引发危机的风险投资行为，如对私募股权基金和对冲基金的投资；同时监管当局对系统重要性机构提出特别的监管资本要求，增强其吸收损失的能力，使其监管要求同其对系统性风险的影响相匹配，激励系统重要性机构限制自身创造系统性风险的动机，减少其倒闭的可能性。针对已经陷入困境的系统重要性机构进行有序的重组或撤销，以将其对金融体系的负面影响降到最低。

2. 差别化征税

税收作为强制性手段，也可以作为宏观审慎监管的一种工具，采取差别化的征税方式，通过对非核心的资产和负债征收额外的补偿税来协调激励机制。通过差别化征税可以将非核心资金同支持金融市场正常运营的核心资金区别开来，只对非核心资金部分进行调节，提高非核心资金的运用成本，降低其给金融体系带来的外部性。非核心资金反映了金融周期的阶段及金融体系内价格扭曲风险的程度，对非核心资金的征税可以减轻价格扭曲，防止金融机构的资产和负债过度增长。非核心资金通常是独立于信贷资金的，其融资和使用会涉及大量相关联的机构，故对其征收差别税还可以降低金融机构之间的相互关联度。对核心资金征收补偿税具有多种可取之处，其主要目的是对金融机构的经济活动进行调节，由此获得税收收入反而是次要的。差别化征税能有效降低金融系统的脆弱性，减少系统性风险的累积。此外，对非核心资金的征税基础是随金融周期变动的，在繁荣期金融机构表现活跃，非核心资金数量增加，衰退期金融机构运营遇到困难，相应的，非核心资金减少，即使税率本身保持不变，也能够随经济周期变动自发调节，平抑周期的波动性，减少市场中资金的顺周期性问题。

3. 衍生品市场改革

金融衍生品具有两面性，既可以分散风险，又能够放大风险。衍生品市场的不透明、不完善是金融危机蔓延的重要原因之一，衍生品的高杠杆性将风险大幅放大，为防止危机上演，需对衍生品市场进行深化改革。宏观审慎要加强对衍生品市场的监管，完善衍生品市场的基础设施，减少监管盲区，提高衍生品市场的透明度，从事后监管向事前监管过渡，强化功能监管，采用统一标准，对衍生品市场上的同种业务采取统一的监管标准，防止衍生品市场泛滥。2010 年 10 月，G20 成员签署了金融理事稳定会提交的建议书，完善衍生品市场的基础设施建设，推进衍生品市场改革，对衍生品采用场外清算机制，建立集中的清算系统，改变传统的双边清算交收模式；采用中央对手方机制，实行以中央对手方为核心的多边清算交收模式，买方和卖方面对同一交收方，中央对手方介入交易，承担对结算参与人的履约义务，在一方违约时先对另一方履约再对违约方进行处置，降低违约损失，控制市场信用风险，提高金融稳定性；致力于在各国之间搭建统一的标准化衍生品交易平台，推动衍生品市场的进一步改革，将衍生品市场纳入有效监管的框架内。

4. 对影子银行的治理

只对银行金融机构加强监管是不够的，许多非银行金融机构虽然没有利用储户存款进行融资，但也会对整体经济运行产生影响，这类机构包括对冲基金、私募股权基金、特殊目的实体公司（SPV）等，被称为影子银行系统，其中具有代表性的机构是贝尔斯登公司和雷曼兄弟公司。传统的监管措施忽视了对影子银行的监管，而这类机构本身透明度较低，自身杠杆率较高，又缺乏有效的监管，一旦爆发危机，会对经济带来巨大的扰动。影子银行大多持有资产抵押债券，通过短期债务进行融资，当资产抵押债券市场发生崩溃，其投资者无力偿还短期债务，不得不动用银行存款，会带来潜在的挤兑隐患，将风险传导至整个市场。针对影子银行体系的监管原则是确保对一个信贷品种提出相同的资本要求，而不论其持有者是银行、共同基金还是具有特殊目的实体。这个原则可以通过对资产抵押债券的估值折扣实施更广泛的监管，可以协调不同组织形式的监管，抑制贷款向影子银行部门迁移的动机，对于影子银行作为最终持有者持有的那部分资产，可以抑制其不稳定的动态。估值折扣设置过低会导致其在危机发生时陡然升高，形成强制性的资产抛售压力，在危机发生前对估值折扣设定较高的要求可以弱化形成资产抛售的循环机制。

5. 减少对评级机构的依赖

当金融危机爆发时，评级机构对相关机构评级的降级处理只会在事后导致市场状况进一步恶化，而无法事先对危机发出预警信号，随着对危机的深入思考，越来越多的研究开始质疑评级机构的透明度和可靠性。宏观审慎框架中也涉及评级机构的改革，主要原则是减少对评级机构的依赖，投资者和市场主体对持有资产应做出独立判断，不完全依赖评级机构，监管部门也应降低对评级机构的依赖度。评级机构改革的另一个关键在于打破评级机构的垄断程度，引入新的竞争者，鼓励良性竞争，提高评级机构的透明度，必要时弱化评级机构的权力。

欧洲方面，罗兰·贝格公司计划建立一个欧洲信用评级机构，新的评级机构由一个 25 家企业参与的集团组成，其中每家企业出资 1000 万欧元，其评级费用将由投资者支付。另一个类似的方案是在瑞典建立一家新的评级机构，并确保其在政治上的完全独立性，同已有的三大评级机构展开竞争，在采纳评级机构的建议时，将会同时参考多家机构的意见。

第 3 节　宏观审慎工具在各国的实践和运用情况

2009 年 4 月，G20 峰会宣布成立金融稳定理事会（FSB），负责评估全球不同金融体系的风险，推动不同监管机构之间的协调和信息交换，推进全球层面的宏观审慎监管的合作与协调。此后，全球多个国家开始了宏观审慎监管体系的建设和改革，宏观审慎工具也得到了越来越广泛的运用，其中时间维度方面的政策工具主要是通过对巴塞尔协议 III 的遵行得到运用的。巴塞尔协议 III 涉及逆周期的资本缓冲、控制杠杆率、管制市场流动性等多方面的政策工具运用，各国已经大致确定了巴塞尔协议 III 的实施时间表，许多措施已经开始进入实践。除遵守巴塞尔协议 III 以外，各国针对本国情况做出相应的针对性安排，下文将具体介绍各国的宏观审慎框架建设情况和具体的工具运用情况。

9.3.1 宏观政策工具在美国的实践和运用

次贷危机后，美国政府公布《金融监管改革——新基础：重建金融监管》改革方案，提出在进行微观审慎监管的同时对宏观层面的监管进行补充；伯南克在金融监管相关会议上做出《危机后的金融监管：美联储的角色》的讲话，其中五次提到宏观审慎监管，表示要将监管方法由微观审慎转变为宏观审慎，更加注重系统范围内的整体风险，揭开了宏观审慎改革的帷幕。

2010 年 7 月，美国政府通过《多德-弗兰克华尔街改革与消费者保护法》，这部法案从多个方面强化宏观审慎监管，致力于保护消费者的权益，被认为是大萧条以来最严厉的金融监管法案，监管覆盖面极广。该法案的主要内容包括：成立消费者金融保护局，由美国国会监督委员会主席沃伦组织筹建；对提供信用卡、抵押贷款和其他贷款的金融机构进行监管，实施严格的金融保护措施；建立金融稳定监督委员会，由 10 名成员组成，识别和防范金融性风险，对可能对金融市场稳定性产生不良影响的机构实施更严格的资本金和流动性监管；将场外金融衍生品纳入监管框架，要求衍生品交易通过第三方清算进行；使用“沃尔克规则”限制银行机构的自营交易和高风险投资行为，规定银行参与对冲基金和私募股权基金投资不得超过其一级资本的 3%，并与传统商业银行业务进行隔离；要求系统重要性机构提前划拨风险拨备，解决“大而不能倒”的问题，防止其倒闭对纳税人资金造成拖累，对已经陷入困境的此类机构进行拆分和重组；对高管薪酬制度进行改革，防止因高管薪酬制度不当导致的企业对风险的过度追求，对于激励过度风险追求的高管薪酬制度，美联储有权阻止；赋予美联储极大的监管权力，美联储将成为美国金融市场的超级监管者，同时对其实行监督，美国国会下属的独立机构政府问责局将对美联储进行监督和审计，密切关注其发放贷款、制定和执行利率政策等公开市场交易行为。

9.3.2 宏观政策工具在欧洲的实践和运用

系统性风险具有传染性，一个地区爆发危机时往往会导致风险蔓延到其他区域，欧盟作为多个国家的区域经济联合体，将面临极大的挑战，因而欧盟的宏观审慎体系建设首要解决的是建立统一的监管体系，打破其成员国各自为政的监管局面，从整个联盟层面监控、防范风险，防止危机的爆发和蔓延。欧盟理事会通过欧盟金融监管体系改革方案，开启泛欧金融改革，根据方案，欧盟设立“三局一会”，建设新的宏观审慎监管体系。“一会”是指欧洲系统性风险委员会，已于 2011 年 1 月正式运作，其成员为欧盟各成员国中央银行行长。欧洲系统性风险委员会负责对整个欧洲金融体系进行宏观审慎监管，监测可能发生的系统性风险，通过制定统一的标准对跨国金融机构面临的风险进行统一评估，并对存在风险的金融机构提出建议或发出警告，帮助成员国确立经济政策和标准。“三局”分别指欧洲银行局、欧洲保险与职业养老金局以及欧洲证券与市场局。三大监管局将主要负责欧盟成员国微观层面的审慎监管，分别负责对银行业、保险业和金融交易活动实施监管。

英国方面，英国议会通过《2009 年银行法案》，财政大臣公布了《改革金融市场》白皮书，开始对银行业进行改革，启用特别决议机制，该机制授权英国政府在银行面临破产时出面进行干预，对即将破产的银行实施国有化，或将其转让给私营企业，或成立一家过渡银行来监管其资产，降低系统重要性机构破产对经济的扰动。英国金融服务管理局、英国央行和财政部共同对金融体系进行监管。2010 年 6 月，英国公布了新的监管体系改革方案，赋予英格兰银行更大的权力，授权英格兰银行实施宏观审慎监管；金融服务管理局将宏观审慎监管方面的权力移交，负责微观层面的监管，并下设三个金融监管机构分别负责金融稳定、日常监管和消费者保护。英格兰银行内部设立金融政策委员会，负责制定宏观审慎政策。

西班牙早在 2000 年 7 月开始了动态拨备的实践，并在 2004 年对其进行进一步修订，使其符合国际财务报告准则（IFRS）。西班牙的动态拨备制度基于历史平均贷款损失率、专项拨备与贷款总额的比的历史平均水平等因素确定拨备率，解决信贷快速增长带来的潜在信用风险，抵消银行业的部分顺周期效应。动态拨备制度的施行提高了西班牙银行体系的拨备充足率，增强了其资本缓冲能力。在本次金融危机中，西班牙银行的表现优于其他欧洲国家的银行，2006 年西班牙银行体系的拨备覆盖率达到 255%，而同时期美国银行体系的拨备覆盖率仅为 176%。

9.3.3 宏观政策工具在我国的实践和运用

我国在金融危机爆发期间受到的冲击较小，金融体系总体强健，但随着经济对外开放度的提高、与世界经济的不断接轨，以及国内金融交易活动的活跃，金融体系的风险不断累积，需要推进宏观审慎监管，增强金融稳定性。在宏观审慎框架的推进方面，2009 年央行在其三季度货币政策执行报告中首次提出“要将宏观审慎管理制度纳入宏观调控政策框架”，此后央行货币政策委员会于第四季度例会明确提出要研究建立宏观审慎管理制度，有效防范和化解各类潜在金融风险。2010 年央行发布《中国金融稳定报告 2010》，其中第八章全面论述了宏观审慎管理，提出“防范系统性风险时宏观审慎管理的根本目标，强化我国宏观审慎管理，防范系统性风险”。2011 年，央行召开工作会议，提出 2011 年工作的主要内容是落实好稳健的货币政策，进一步加强宏观审慎管理，2010 年通过了《中共中央关于制定国民经济和社会发展第十二个五年规划的建议》，提出“深化金融体制改革，构建逆周期的金融宏观审慎管理制度框架……加强金融监管协调，建立健全系统性金融风险防范预警体系和处置机制。参与国际金融准则新一轮修订，提升我国金融业稳健标准，建立存款保险制度”。在资本监管方面，我国针对银行业资本充足率、杠杆率、流动性、贷款损失准备规定了新的监管标准，并划分了系统重要性银行和非系统重要性银行，根据不同机构情况设置差异化的过渡期安排。新标准下，监管资本从现行的两级分类修改为三级分类，即核心资本充足率、一级资本充足率和资本充足率，其最低要求分别为 5%、6%和 8%。新标准实施后，正常条件下系统重要性银行和非系统重要性银行的资本充足率分别不得低于 11.5%和 10.5%，同时引入流动性覆盖率和净稳定融资比例两个指标。

第 4 节　宏观审慎工具的不足

尽管宏观审慎一直处在快速发展中，在多方面取得了进展，但是总的来说，宏观审慎框架的建设仍然处于初期阶段，存在诸多不足，仍需进一步完善和改进。

9.4.1 现行宏观审慎工具的实施提高了金融机构运营的成本

宏观审慎框架下的诸多工具，尤其是应对顺周期性的政策工具，大多会对金融机构的各项指标提出更高的要求，逆周期的缓冲资本要求提高了银行的资本率要求，减少了银行可投放市场的资金；对杠杆率的控制使金融机构投入更多的成本来维持原本的融资规模；流动性覆盖比率和净稳定资金比率对银行的长短期现金存量进行了严格的控制；拨备覆盖率方面的要求也有所加强，银行的资本再次被分散；对银行自营交易和风险投资行为的限制进一步限制了银行的可获得利润；征税或者征收保险费的举措则增加了银行的成本。在如今经济刚刚复苏的局面下，过严的管制要求可能会削弱银行部门的信贷创造能力，不利于私人部门经济的恢复。

9.4.2 宏观审慎工具在具体施行上存在技术类的障碍

尽管在世界范围内，多个国家已经开始推进本国的宏观审慎框架建设，但是目前出台的大多为纲领性文件，详细的措施或政策较少，宏观审慎工具仍存在较大的空白。在已经实施的几类政策中，在具体实践中存在技术指标方面的障碍。

在测量工具方面，相关指标的确定仍处于起步阶段，并且发展缓慢。导致这一问题的原因包括：其一，将宏观经济的发展同金融体系的表现正式建立联系是很困难的。许多研究已经证实很难就资产价格压力和实体经济之间的反馈效应建立起有意义的模型，因而金融体系因为最初冲击而产生的金融压力很难衡量，也就难以衡量由此产生的内生系统性风险的大小。其二，用来衡量系统性风险的冲击的时期太短，不具有充足的说服力。其三，早期预警系统中的某些指标过于异质性和不平衡，并且除了少数指标之外，大多数指标仍不具有足够的前瞻性，不能完全胜任风险测量的先导指标。

另外，在风险的应对工具方面，许多政策工具的指标无法确定。具体表现在：经济周期的衡量标准一直处于争议之中，很难判断周期所在阶段；系统性重要机构缺乏明确的划分依据，并且某些机构可能在繁荣期是非系统重要性机构，但在衰退期转为系统重要性机构；会计准则方面，美国的财务会计准则委员会（FASB）和国际会计准则委员会（IASB）仍然争执不下，无法达成共识；关于动态拨备在各国的具体应用也缺乏明确规定。

9.4.3 宏观审慎工具的实施效果缺乏有效的评估标准

一般认为，宏观审慎工具的运用是有效的，能够弥补微观审慎监管的缺陷，但是目前仍未形成衡量宏观审慎工具有效性的评估体系。测量工具在使用历史数据的基础上，能够成功预测出过去危机的发生，但无法由此证明它对未发生的危机能够进行有效的测量和预示。同时，随着时间的推移，金融体系不断演变，过去有效的测量指标和工具也可能无法再成功地捕捉到危机发生的迹象。在风险应对工具方面，由于现实情况复杂，往往会出现时间维度和空间维度的风险相互交叉，宏观审慎工具和其他政策工具共同运用，尽管可能对经济运行起到了良好作用，但是无法单独、准确地衡量某一工具或宏观审慎政策发挥的作用，因而无法评价其有效性。并且，由于缺乏统一的评估标准，宏观审慎工具的有效性在不同的评估方法下表现出的有效性也不同，缺乏客观的有效性评估标准使得宏观审慎管理很容易陷入自说自话的困境。

9.4.4 宏观审慎工具的实施给监管方带来了更大压力

宏观审慎工具的运用对监管当局提出了更高的要求，实施逆周期的对冲风险机制在很大程度上依赖于监管当局对金融周期和系统性风险积累程度的判断，一旦监管当局决策失误，不仅无法有效解决周期性问题，而且会带来其他经济问题。另外，宏观审慎工具的使用对监管方之间的协调也提出了更高的要求，若一国内存在着多个机构肩负监管职责时，部门之间必须保持良好的信息交流和沟通。宏观审慎工具的使用若涉及多个部门，部门之间的目标可能会存在冲突，如动态拨备的使用极可能被税收部门认定为避税手段，同时对某部门的监管过严会导致其他部门的过热，产生失衡，这些都对跨部门协调提出了更高的要求。在国际之间，不同国家之间需要达成较为统一的监管标准，监管标准的不一致同样会导致监管套利行为的发生。

第10讲　美元国际货币地位和货币金融优势探究

本讲文献来源： 理查德·邓肯（Richard Duncan）、施迈德勒（Schmeidler）、汤姆斯·派利（Thomas Pally）、埃森格林（Eichengreen）、麦金农、吉川元忠、迈克尔·赫德森、刘骏民、李宝伟和张云等学者的研究成果。

本讲核心内容： 分析了"债务-美元"国际货币体系的本质，并具体量化测度了美元的货币金融优势，得出如下结论：第一，现代央行垄断基础货币发行，依据"规则"控制货币供应量，由于当代法币没有使用价值且不兑现，央行必须肩负起稳定通胀和利率的责任，货币与国债发行要与本国实际资本积累规律相适应，否则会出现通胀或金融危机。但美元主导的国际货币体系却突破了这个规律，美元虚拟资本不断膨胀，造成美国经济结构失衡，更成为其他国家的难题；第二，1971年，美国违约导致美元与黄金脱钩，由于国际货币的惯性，石油出口国和日本等国不得不将美元作为其出口计价和储备货币，这些国家持续购买美国债券等虚拟资本，从而构筑起其他国家实体经济经常账户出口、美元和美国国债金融账户出口的"帝国循环"机制，既巩固了美元国际货币地位，又使得美国对外债务总规模脱离了国内资本积累与循环规律，获得了对外超级负债能力；第三，美联储在国内实施货币政策，无须为其他国家经济目标负责，通过美元长期持续贬值，可以降低实际外债价值和实际利息支付；第四，美元国际货币地位导致美国能够获得控制全球流动性方向和调整结构的优势，美联储、美国政府及其控制的国际金融机构掌握着国际贸易、投资、金融交易机制，并通过货币政策和财政政策等影响全球流动方向，为其国内宏观经济目标服务；第五，债务-美元与美国虚拟经济主导的经济结构是无法长期维持的，未来很可能再经历若干次金融危机，然后再次形成国际货币稳定框架，各国应为国际货币体系的改革做好预案。

20世纪80年代以来，债务-美元主导的国际货币金融体系形成后，每次美国货币金融的重大变化都会对各国造成不同程度的影响。2020年3月受新型冠状病毒肺炎疫情冲击，美国股市4次熔断，股市连续大跌后，美联储实施了无限量量化宽松政策，具体措施包括将联邦基金利率降至零以及无限量进行定期和隔夜回购协议操作，以确保美元流动性供应充足。事实上，为了维护美国股市和债市的疯狂印钞行为，美联储在历史上已经实施过多次量化宽松政策。1994年墨西哥金融危机、1998年亚洲金融危机和2007年次贷危机背后都有美国货币政策调控冲击和美国金融资本的影子，很多国家的经济和货币金融体系都承受了美国转嫁危机的巨大压力，经济增长上升趋势被打断，除了这些国家和地区存在的自身问题外，实际上美国的美元地位及美国的货币金融优势是重要的外部因素。针对上述问题，有很多学者进行了研究，如克鲁格曼的第三代货币危机理论、麦金农的“小国原罪”“高储蓄两难”理论等，笔者认为这些研究具有启发性，但仍需深入国际货币体系及国际货币体系蕴含的国际经济关系来进行研究。本讲具体分析了债务-美元为本位的国际货币体系，提出了美国的三个具体的动态货币金融优势，并进行了量化研究，从而更好地阐述了当前国际货币体系的问题，以及美元和美国的金融地位。[①][②]

第1节　对当代国际货币体系的研究：综述

10.1.1 国际货币制度的演进

科恩（Cohen，2012）认为，国际货币本质上是货币职能在国际市场的拓展。[③]麦金农（2009）将国际货币制度划分为七个阶段和类型，按时间顺序划分如下：国际金本位（1879—1913年）；布雷顿森林协议（1945年）：固定汇率美元本位制（1950—1970年）；浮动汇率美元本位制（1973—1984年）；兑美元汇率的广场-卢浮宫干预协议（1985—1992年）；欧元货币体系（EMS）（1979年）：大德国马克区的欧元货币体系（1979—1992年）。[④]迈克尔·波尔多和安吉拉·雷迪什（Michael Bordo and Angela Redish，2013）总结了不同历史阶段国际货币体系的特征：从19世纪初“自发秩序”驱动的贵

---

① 历史上出现过英镑、美元、欧元三种国际货币，1971年后美元是真正意义上的债务-主权国际货币。

② 向松祚提出，人民币要成为一个国际储备货币，至少要考虑五个因素：经济规模，货币金融市场的发达程度，货币是否自由兑换，通胀是否稳定，政治是否稳定。

③ B J Cohen. The Benefits and Costs of an International Currency: Getting the Calculus Right. Open Economies Review, 2012, 23(1): 13-31.

④ Ronald I McKinnon. The Rules of the Game: International Money in Historical Perspective. Journal of Economic Literature, 1993-03, 31(1): 1-44。

金属本位制，到稍微有管制的金本位制，到两次世界大战之间有更多管制的金汇兑本位制，再到人为构建的布雷顿森林体系，以及最优货币区理论支持的欧元货币区。他们认为，布雷顿森林体系在 20 世纪 70 年代初解体，被非系统的、有管制的浮动汇率制所替代，尽管各国有定期的政策协调，但目前的浮动汇率制与早期的金本位制一样，几乎没有管制。他们认为金本位制的关键在于对主要国家坚持了货币和黄金之间的可兑换性。而有管制的浮动汇率制成功的关键在于 20 世纪 70 年代以后主要国家的中央银行坚持通胀长期目标，并且基本上坚定执行了规则的而非相机抉择的货币政策。[①]20 世纪 90 年代以来，形成浮动汇率美元本位制与欧元并存的国际货币体系，其中债务-美元是占主导地位的。由于美国经济虚拟化发展，为维持美国金融稳定，从格林斯潘领导的美联储开始放松了通胀目标，采取了持续宽松货币政策，2007 年次贷危机后实施了 4 次量化宽松货币政策，造成国际流动性泛滥。

10.1.2 债务-美元给美国带来的优势只是铸币税吗

1. 理论研究进展

从理论研究上来看，科恩（Cohen，2012）认为国际铸币税产生于外国居民用本国货币换取贸易商品和服务时，且仅有国际货币发行国可以获得国际铸币税。[②]曹勇（2002）认为铸币税产生于金块本位制和金汇兑本位制，延续至信用货币时代，在国际经济与贸易发展的背景下，铸币税拓展至国际铸币税。[③]国际货币发行国因他国持有该货币获得的净收益，即该国从他国获得的资产收益减去利息及其他支出后的净值。郭嘉和毛翀（2004）认为，国际货币因其在国际贸易及经济交易中的核心作用，使得他国对该国货币产生了需求，在获得该国货币时，必然会导致商品、服务或资本品流出，在这个过程中产生了直接的国际铸币税。间接的国际铸币税收益还包括：国际货币发行国无须以本国商品、服务和资本品流出换回国际货币；推动和扩展了国际货币发行国和接受国之间的贸易；发行国金融体系深化的同时，金融体系收入也将随之增加；国际货币发行国受汇率波动影响小。[④]李翀（2014）

---

① Michael Bordo, Angela Redish. Putting the “System” in the International Monetary System. NBER Working Paper, 2013-05.

② B J Cohen. The Benefits and Costs of an International Currency: Getting the Calculus Right. Open Economies Review, 2012, 23 (1): 13-31.

③ 曹勇. 国际铸币税的分配、计算与启示[J]. 华南金融研究，2002（5）.

④ 郭嘉，毛翀. 美元的国际铸币税问题研究[J]. 贵州财经学院学报，2004（5）.

认为，国际铸币税具体指一个国家凭借本国货币的国际储备货币地位所获得的被外国作为储备手段保留的本国货币的金额扣除本国为此支付的利息代价以后的一种国民福利。[①]

中国经济增长与宏观稳定课题组（2009）从货币霸权视角建立起失衡与危机的数理模型，并指出 2008 年全球金融危机与美国扩张性货币政策及美元霸权密切相关。[②]陈建奇（2012）研究了在现代国际货币体系下，主权信用货币充当国际储备保持稳定性的条件是国际储备货币发行国实际经济增长率大于或者等于通货膨胀率与国际储备货币收益率之和。[③]以美元为例的实证研究表明，在布雷顿森林体系与现代国际货币体系下，美元国际储备长时间偏离保持稳定性的可持续水平。谢平、陈超对主权财富基金进行研究，构建了“国家经济人模型”，国家在经济发展的初期和高增长阶段，外汇储备迅速增加，国家逐步将盈余财富用于投资。然而，随着生产要素的消耗，国家积累的财富逐步达到顶峰。当国家经济进入富裕导向阶段或稳定低增长阶段时，国家需要消费积累的财富，投资也倾向于无风险资产。[④]张定胜、成文利利用一般均衡模型研究发行储备货币的中心国家享受这种“嚣张的特权”，使其能够利用外围国家的外汇储备来为他们的经常账户赤字融资。这种“嚣张的特权”以储备货币的高估为基础，而造成这种高估的一个原因可能是中心国家较高的货币增长率。[⑤]

2. 实证研究进展

（1）铸币税的测算研究

李斌（2005）利用国际货币基金组织相关数据，测算了 1967—2002 年美国获得的铸币税总计 1724.73 亿美元，每年征收的国际铸币税占 GDP 的比重为 0.087%，且国际铸币税收益呈上升趋势。[⑥]科恩（2012）认为，国际铸币税的来源包括：①外国积累的现金，即纸币和硬币。由于中央银行无须对外国持有的现金支付利息，对于国际货币发行国而言，这一部分相当于一笔等值的无息贷款。据美国财政部估计，约有 60%的美元现金在海外流通，如以 4%的借款成本计算，该部分的国际铸币税收入每年可达 180 亿美元。②外国

① 李翀. 超主权国际货币的构建：国际货币制度的改革[M]. 北京：北京师范大学出版社，2014.

② 中国经济增长与宏观稳定课题组. 全球失衡、金融危机与中国经济的复苏[J]. 经济研究，2009（5）.

③ 陈建奇. 破解“特里芬”难题：主权信用货币充当国际储备的稳定性[J]. 经济研究，2012（4）.

④ 谢平，陈超. 论主权财富基金的理论逻辑[J]. 经济研究，2009（2）.

⑤ 张定胜，成文利.“嚣张的特权”之理论阐述[J]. 经济研究，2011（9）.

⑥ 李斌. 国际货币的铸币税收益[J]. 社会科学家，2005（5）.

积累的以本币计价的金融债权。其增加了对资产的有效需求，债权流动性增强，从而导致国际货币发行国借款成本降低。据估算，这种影响带来的流动性溢价约为0.8%，美联储和美国其他国内债务人每年因此少支付约1500亿美元的利息。可以通过计算国际货币发行国所持有的外国资产的收益率，与所负担的外国负债的成本之间的差异，估算这一部分的国际铸币税收益，这一部分的超额收益率约为每年3%。①李翀（2014）指出，从流量角度分析的是国际储备货币发行国通过国际收支逆差获得的铸币税收益，从存量角度分析的是某时刻国际储备货币发行国持有的货币资产减去为此支付的利息。李翀运用美国商务部经济分析局提供的数据，测算了2001—2012年美国获得的国际铸币税，认为在此期间美国平均每年获得的国际铸币税收益超过6000亿美元；利用《国际货币基金组织年报（2001—2012）》，粗略估算了美国获得的国际铸币税存量，认为此期间内受益于世界各国外汇储备的增加，美国获得的国际铸币税也随之增加。

（2）国际货币金融优势——发行国货币金融政策的外溢影响

国际货币基金组织（1999）研究报告显示，主要发达国家的货币流动性对本国金融市场（房地产和证券市场）具有外溢影响，对其他国家金融市场也具有显著的外溢影响。②莫里茨·舒拉里克和艾伦·泰勒（Moritz Schularick and Alan M. Taylor）将2008年全球金融危机称为“信用膨胀的崩溃”，指出2000年以后发达国家政策制定者为了阻止金融危机去杠杆化过程对实体经济的冲击，采取了各种救助措施和宽松货币政策，正是这些政策提供了宽松的流动性条件，推动了金融规模大幅增长和金融系统杠杆的广泛使用，从而酝酿了危机。③德意志银行研究报告（2007，2009）指出，2001—2003年期间美国、日本和欧洲的过度宽松货币政策应该为现阶段全球流动性泛滥负责，这是造成2007年全球金融危机的重要原因之一，并强调2008年以来美欧主要发达国家的宽松货币政策再次释放了大量的货币流动性，创造出更多的国债等金融资产，引发新的全球流动性泛滥，将对未来全球资产价格和通胀产

---

① B J Cohen. The Benefits and Costs of an International Currency: Getting the Calculus Right. Open Economies Review, 2012, 23 (1): 13-31.

② Klass Baks, Charles Kramer. Global Liquidity and Asset Prices: Measurement, Implications, and Spillovers. IMF working paper, www. imf. org.

③ Moritz Schularick, Alan M Taylor. Credit Booms Gone Bust: Monetary Policy, Leverage Cycles and Financial Crises, 1870-2008. American Economic Review, 2012, 102 (2): 1029-1061.

生更大影响。①

潘吟斐（2013）利用 SVAR 模型，把中国通货膨胀率和每个月工业增加值作为代理变量，实证显示中国的消费者物价指数（CPI）、工业增加值和美国联邦基金利率（FFR）、M2 之间存在协整关系，美国的货币供应量对我国的通货膨胀和产出的利率产生的贡献率比较低。②王书朦（2016）认为，美国的货币政策主要是通过新兴经济体的汇率及短期利率产生影响，采用了 2008—2015 年的中美数据建立了非线性时变参数视角的 TVP-VAR 模型，得出美国的货币政策调整对中国经济的增长、物价的波动和进出口贸易产生了外溢性影响。③张小宇和于依洋（2017）通过构建美国 FBR、中国的实际 GDP、中国货币通货膨胀率的三元线性回归，认为美国货币政策在短期内会对中国产出产生负效应，但在长期表现为正效应，对中国的通货膨胀产生正向国际效应，并且美国的货币政策对中国的宏观经济的溢出效应强度存在非对称性，货币政策传导机制受阻的原因是中美两国的财政货币政策博弈。④

第 2 节　“债务-美元”国际货币体系的本质

国际货币兑换需求来自国际贸易需求和跨国实际投资的融资需求，因此国际货币原则上应该与各国实际资本积累规律相适应，也就是应该与各国实体经济资本积累和循环规律相适应，这也是最初国际货币是以黄金为锚的原因，因为国际货币理论上不能是不兑现的，但债券-美元主导的国际货币体系却突破了这个原则。

10.2.1 为什么货币经济运行要遵循资本积累规律：马克思资本积累和虚拟资本理论分析范式

关于现代市场经济的信用货币经济本质与运行规律，柳欣等，伊藤・诚、

① Sebastian Becker. Global Liquidity “Glut” and Asset Price Inflation. Deutsche Bank Research, May 2007, www. dbresearch. com; Sebastian Becker. Is the Next Global Liquidity Glut on Its Way? Deutsche Bank Research, 2009-7, www. dbresearch. com. 该报告对全球流动性过剩进行了定义，即就狭义货币而言，表现为货币-国内生产总值的比率偏离其长期趋势。同时也讨论了基础利率和广义货币问题。

② 潘吟斐. 美国的货币政策对中国经济的溢出效应研究[J]. 时代金融，2013（35）。

③ 王书朦. 时变参数视角下美国对中国货币政策外溢效应[J]. 财经问题研究，2016（6）.

④ 张小宇，于依洋. 美国量化宽松与常规货币政策对中国实体经济溢出效应的实证检验[J]. 经济与管理研究，2017（1）.

考斯达斯·拉帕维查斯，柳欣与樊苗江（2006），王璐、柳欣（2006）梳理和发展了马克思主义政治经济学的货币金融思想——货币是资本主义再生产的关键环节，是与资本主义再生产和积累紧密联系的。[①]现代市场经济是以货币经济方式运行的，其核心经济关系是资本所有者通过抵押资产或未来收入流创造对外负债的能力，实现融资、雇佣、投资，最终实现资本价值增值。“国民收入核算体系中以货币量值表示的所有统计变量与新古典理论的生产函数或技术分析是完全无关的，而是来自经济关系，它表现为特定的货币金融关系。”（柳欣，《资本理论》，1988）

伊藤·诚和考斯达斯·拉帕维查斯认为，马克思主义政治经济学是在劳动价值理论和资本积累理论基础上，以历史发展逻辑展开货币与金融信用研究，从流通环节的货币，扩展到资本积累过程的货币资本，到银行信用等金融资本，再到股票、债券等虚拟资本，实际上都是建立在劳动价值论-资本积累规律基础上的，又常常偏离这一规律，因此经常通过经济危机或金融危机重新回到这个规律。[②]大卫·哈维提出，马克思的货币金融思想没有停留在货币媒介分析上，而是深刻解释了“货币转化为货币资本”的本质，分析了各层级金融资产的信用性质，以及虚拟资本的性质。[③]何干强阐述了马克思社会再生产与货币流回规律，指出马克思论述社会总资本的再生产和流通，无论是社会简单再生产，还是扩大再生产，都要通过货币流回规律进行。社会再生产的实现，要求社会总产品的产品价值构成，必须形成两大部类之间的一定组合比例关系；全社会用于固定资本更新的货币量和体现折旧基金的商品量必须平衡，相应的固定资本与流动资本之间必须平衡；两大部类在扩大再生产中为追加不变资本和追加可变资本所进行的货币积累和实际积累也必须平衡；货币流回规律则是社会再生产的实现在流通领域中的表现。[④]

刘骏民、李宝伟、张云等在马克思虚拟资本理论基础上发展起虚拟经济理论分析体系，指出马克思是在劳动价值论的基础上来使用“虚拟资本”概念的。虚拟资本是指股票、债券以及当代失去了黄金作为基础的货币资本。

---

① 柳欣. 资本理论：价值、分配与增长理论[M]. 北京：人民出版社，2003；柳欣，吕元祥，赵雷. 宏观经济学的存量流量一致模型研究述评[J]. 经济学动态，2013（12）；樊苗江，柳欣. 货币理论的发展与重建[M]. 北京：人民出版社，2006；王璐，柳欣. 马克思经济学与古典一般均衡理论[M]. 北京：人民出版社，2006；伊藤·诚，考斯达斯·拉帕维查斯. 货币金融政治经济学[M]. 北京：经济科学出版社，2001.

② 伊藤·诚，考斯达斯·拉帕维查斯. 货币金融政治经济学[M]. 北京：经济科学出版社，2001.

③ 大卫·哈维. 资本的限度[M]. 北京：中信出版集团，2017.

④ 何干强. 货币流回规律和社会再生产的实现——马克思社会总资本的再生产和流通理论再研究[J]. 中国社会科学，2017（11）.

虚拟资本没有价值，而有价格，不直接参与生产过程却具有价值增值的形式。虚拟经济理论阐述了现代市场经济为什么会出现“脱实向虚”发展的问题，揭示了美国次贷危机等金融危机的本质。①

10.2.2 从资本主义经济关系理解当代货币经济体系：虚拟资本理论结合金融不稳定分析方法

对于资本主义国家呈现出虚拟经济发展倾向及金融危机的问题，马克思货币金融思想和虚拟资本理论给出了深刻解释。马克思主义政治经济学阐述了货币形式最初是具有内在使用价值的金属（商品）货币，随着资本主义经济发展，政府垄断的法币制度转化为法币与信用货币相结合的货币制度，现代货币系统失去了价值内涵——政府和央行垄断了基础货币发行，商业银行以杠杆机制创造资产和负债——但保持货币的价值尺度，也保持了货币资本的功能，即支付与贮藏。现代市场经济是复杂的社会化大生产，货币经济关系贯穿于整个市场经济社会化大生产体系，其中融资和投资需要经过货币转化为货币资本来实现，是资本积累的关键。上述关系构成了社会总资产的生产和循环，如果各部类之间不平衡，就会出现经济危机和金融危机。

在分析资本主义货币经济内在不稳定时，除了运用上述理论进行具体分析，明斯基的金融不稳定理论、技术方法以及存量流量研究方法为我们提供了逻辑一致的技术分析手段。以明斯基理论为代表的后凯恩斯主义货币经济理论实际上是深受马克思主义政治经济学影响的，其认为资本主义核心经济关系在于融资、投资和资本积累理论，与马克思货币转化为货币资本，以及货币、生息资本、金融信用、虚拟资本研究体系是不矛盾的，都具有广义、内生货币金融经济思想的特点。兰德尔·雷（Randall Wray）认为，从历史发展进程来看，现代资本主义经济，包括市场经济都是依靠广泛的货币经济关系来实现运行的，所谓的广义货币就是各经济主体之间复杂的资产-负债关系，他认为所有的货币金融资产都具有这样的共性。他把货币经济体系归纳为：第一，政府和央行具有负债和发行基础货币的垄断权力，掌握基础货币发行权就是一种对国内公众的负债能力，政府税收不是对货币创造的约束，而是公众接受政府创造货币的制度基础，公众需要持有政府借据，才能偿还政府各

① 张云，刘骏民. 关于马克思货币金融理论的探析[J]. 南京社会科学，2008（7）；张云，刘骏民. 经济虚拟化与金融危机、美元危机[J]. 世界经济研究，2009（3）；李宝伟，张云. 国际金融危机再认识[M]. 天津：南开大学出版社，2013.

种征税，中央政府征税-负债机制与央行货币管理机制构成现代货币经济的基础，为社会经济活动提供了价值尺度、支付手段和清算结算制度，为资本积累和金融投资活动提供了制度基础；第二，商业银行被允许以杠杆和抵押机制进行负债和创造金融资产；第三，非银行金融机构创造的以未来收入流为保障的各种市场信用资产。广义货币体现的是各主体之间的经济债务-债权关系，其共性是都由记账货币来衡量，所以政府借据（基础货币）就成为记账货币，为公众所接受，并成为广义货币的记账单位。随着货币金融系统的发展，社会融资规模远大于传统银行负债（各类存款，即狭义货币和广义货币）。现代广义、内生信用货币系统中货币金融资产的信用特征、风险与流动性特征是三位一体的。现代货币金融系统存在脱离两部类循环发展和资本积累规律的内生机制，因而蕴藏了金融不稳定性。[①]后凯恩斯主义的存量流量理论也具有相同思想，不同之处在于存量流量思想是部门资本积累存量和收入流量的货币经济分析，各种存量流量方法给我们具体分析金融不稳定提供了有力的技术工具。另外，越来越多的研究显示，虚拟经济越是高度发展，流动性风险越会产生于不同信用等级的货币金融资产之间，政府发行的基础货币和有存款保险制度保障的狭义货币就成为最安全的避险手段。随着经济虚拟化程度的加深，金融不稳定就更频繁地以某一市场或整个金融体系的流动性危机开始，金融稳定就更加依赖政府提供流动性支持。[②]

10.2.3 债务-美元主导的国际货币制度的本质：帝国循环的嬗变

以上述理论来分析债务-美元主导的国际货币体系，能够更清晰地揭示这种国际货币体系存在的原因及其存在的根本问题。当主权货币制度体系被扩展为国际货币时，该国政府、央行就可以对全球经济体负债，换言之就是可以从其他国家借钱了。布雷顿森林体系崩溃后，美元就成为不用兑现的国际货币，这种情况持续了 37 年，其净负债规模持续上升，美国对外净债务严重背离其国内 GDP，也偏离国家外债风险水平线。

现代主权国家政府和央行基于税收制度，依托基础货币-与国民经济增长相联系的信用货币创造-国民收入-税收的国内货币循环体系，形成中央财政-中央银行-商业银行构建的基础货币-信用货币-金融资本创造体系，这个货币

① 兰德尔·雷. 现代货币理论[M]. 北京：中信出版集团，2017.

② Wynne Godley. Money and Credit in a Keynesian Model of Income Determination. Cambridge Journal of Economics, 1999, 23 (4): 393-411; Wynne Godley, Marc Lavoie, Monetary Economics: An Integrated Approach to Credit, Money, Income, Product Ion and Wealth. London: Palgrave MacMillan, 2007.

经济体系要遵循国内长期资本积累、循环规律，形成货币资本循环规律。在这个货币经济运行体系中，现代主权国家政府垄断基础货币发行权，权力被限制在国内，并为国内经济目标服务；但1971年布雷顿森林体系崩溃后，美国政府、美联储和美国金融机构将这种信用创造机制扩展到全球贸易、投资和金融活动中，实际上垄断了国际货币金融信用创造机制，其政府可以从全球获得廉价债务融资，进而为其在全球贸易、金融投机、资本积累融资进行服务，其私人金融机构控制了大部分货币金融资本创造和交易，而美联储和美国政府却不需要担负维护世界经济稳定发展的关键责任。债务-美元国际货币体系，使美国政府-美联储获得了从全球借钱的特权，却不需要承担维护全球通胀和金融稳定的义务。吉川元忠等学者将债务-美元循环机制称为“帝国循环”，债务-美元主导的国际货币实际上没有受到有效的国际共同约束。[①]

这个特权的获得经历了一个长期过程：在1973年布雷顿森林体系崩溃时，在欧洲美元基础上，美国与中东石油输出国家建立了石油美元定价、结算、清算和支付机制，欧洲国家、石油生产国和消费国开始使用美元定价、结算清算和储备，德国、日本等国和石油生产国将对美国经常项目盈余以美元形式再次投资和回流到美国。20世纪80年代后，数据显示美元从依靠实体产业支撑，转换为高度依赖美国金融资产支撑（从政府债务到次级债）。[②]在美国贸易保护政策支撑下，经常项目盈余国家不能自由地投资美国高科技产业，而只能继续购买美国国债，这就构成了美元债务与美元之间的循环，脱离了其国内资本积累与循环规律约束。尽管，美国实体经济、国际贸易和黄金储备已经不能支撑美元的国际货币地位，但因为美元已经成为石油和大宗商品交易计价、结算、支付的货币，各国央行和金融机构无法撼动美元在国际贸易、石油等大宗商品交易中的霸主地位——没有国际货币替代方案和足够的货币金融控制能力。经常项目盈余国家不得不用手中的美元储备投资美国国债等金融资产，从而确立了债务-美元国际货币体系。

1985年，美国通过“广场协议”，与德国、法国等欧洲国家，迫使日本进行了汇率协调。美国实施了汇率贬值，同时提高利率的政策，以刺激出口和吸引资金回流美国，但刺激出口效果并不显著，而吸引资金回流的利率政策收效明显，对美国此后的经济复苏和金融膨胀起到关键作用。奥村洋彦（2000）的数据分析显示，“广场协议”后，20世纪90年代日本央行大规模

① 吉川元忠．金融战败：发自经济大国受挫后的诤言[M]．北京：中国青年出版社，2000.

② 如果美元不是国际货币，政府发行债务以实现货币发行就受到通胀机制的束缚，但是作为国际货币，其债务发行的空间就大大拓展了。

投资美国债务，随后金融机构和个人投资者大量投资美国金融资产，加之这些投资者已经为其在日本国内获得的收益找到更安全的投资机会，因而日本的企业、金融机构和个人投资者都深入地参与到美元“帝国循环”中来。[①]20世纪 90 年代，东南亚国家因为推行出口导向政策，高度依赖美国市场需求，采用美元对贸易进行计价，为维持其货币对美元等主要货币稳定，以降低出口企业汇率风险，他们实行了盯住汇率制度，为此将所获得的经常项目顺差，以美元形式储备起来，并投资到美国国债等金融资产上。德国、日本、石油生产国、东南亚国家和中国，这些经常项目盈余国家在过去几十年中相继进入“帝国循环”，并交替成为美国债务的关键持有者，成为支撑“帝国循环”的力量。

我们借助上述理论将美国的货币金融优势具体归结为三种动态优势能力：第一，美元和美国国债、金融资产的“帝国循环”机制，即美国对外债务总规模脱离了其国内资本积累与循环规律的约束，却长期获得其他国家低廉的产品和服务，获得对外超额负债优势。第二，控制全球流动性方向和结构调整优势，美联储、政府及其控制的国际金融机构掌握着国际贸易、投资、金融交易机制，通过利率等政策，影响全球资金流动方向，灵活地实现其国内宏观经济调控目标。第三，控制美国对外债务利息的能力优势，通过美元流动性资产长期持续贬值，降低其实际债务利息，而无须为其他国家宏观经济稳定目标和发展负责。对上述货币金融优势的理解不能停留在静态分析，即只考虑铸币税是多少以及外溢影响大小是不够的，应该高度关注这种优势使美国可以持续从别国资本积累和循环中获得剩余价值的能力，甚至理论上可以不用支付利息（只要债务-美元体系一直循环下去），并且不需要真正担负维护全球宏观经济发展目标和人民福利的责任。

依据该理论，国际货币发行国要有能够依靠本国资本积累，持续向世界提供实际产品的能力，并将所获得收益以本币形式为世界经济活动提供信用支持，这就是美国布雷顿森林体系的本质。罗伯特·特里芬（1960）提出“特里芬难题”，即在以黄金-美元体系中，美元作为主要国际储备货币，在黄金生产缓慢的情况下，国际储备的供应就取决于美国的国际收支状况，当美国

---

① 奥村洋彦. 日本“泡沫经济”与金融改革[M]. 北京：中国金融出版社，2000。“广场协议”后，美国和欧盟金融机构游说各国政府联合要求日本开放金融市场，外资机构把美国和欧盟的各种金融自由化交易方式和制度引入日本，也刺激了日本经济“脱实向虚”，使其企业、银行和家庭都投身到房地产等虚拟经济活动中，而美欧金融机构可以按照金融创新形式，以金融投资方式参与和影响日本金融市场，进一步刺激了日本经济的虚拟化。

国际收支保持顺差时，国际储备资产就不能满足国际贸易和投资活动需要；如果美国国际收支出现逆差，国际美元储备资产过剩，美元发生兑付和贬值危机。特里芬认为这是难以解决的内在矛盾，但美国1971年在违约将美元与黄金脱钩后，成功地将美国国债与美元挂钩，建立了国际金融特权这一优势，即能够持续地以超过实体经济资本积累能力的规模对外大幅负债。①

第3节　美国货币金融优势的量化分析

2019年美国国债总规模已经达到22.72万亿美元，GDP却只有21.4万亿美元，在全球持有29.3万亿美元资产，国外投资者持有美国40.38万亿美元资产，美国对外净债务已经超过11万亿。

10.3.1 超额对外负债能力：债务-美元国际货币

1. 经济虚拟化深刻改变美国经济结构

随着美国经济虚拟化进程的推进，黄金-美元国际货币体系嬗变为债务-美元国际货币体系，国际货币体系的本质发生了根本变化。20世纪50年代，美国的核心经济是制造业，而今美国经济围绕金融、房地产业和职业服务业运转，是美国后工业化经济的特征。②如表10.1所示，各行业对美国GDP的贡献率有显著的差异。其中虚拟经济所创造的利润占国内生产总值比重逐渐增大，并且几乎为实体经济的1.5倍。

2. 所谓经济“复苏”主要仍是虚拟经济复苏，而实体经济再工业化乏力

一方面，从产业结构来看，美国以第三产业为主，美国国际收支自1983年起基本保持经常项目逆差逐年扩张，而金融项目顺差的态势，实体产业空心化状况愈发严重。另一方面，再工业化政策没有根本扭转经常项目逆差，经常项目的波动主要受净出口波动的影响。对美国而言，经常项目是逆周期波动的，即经济衰退是经常项目逆差受贸易逆差收窄的影响同步收窄，经济扩张时期逆差扩张。2008年后，两者仍旧呈现逆周期的特点，但波动幅度明显变小。美国在2008年后贸易逆差的下限明显比2008年前收窄。我们认为有三方面的原因：其一是本轮复苏较为疲软，美国国内对海外产品的需求不是

① 罗伯特·特里芬. 黄金与美元危机：自由兑换的未来[M]. 北京：商务印书馆，1997.

② 张云，刘骏民. 从美元本位制到双本位国际货币体系：全球金融失衡和动荡的根源[J]. 南京社会科学，2010（4）.

很强劲（见图 10.1）；其二是美国石油出口猛增，极大改善了美国净出口形势，若将石油进出口差额从商品贸易差额中剔除，其他商品贸易净出口的逆周期性并未发生改变（见图 10.2）；其三，美国服务净出口改善，2017—2018 年服务净出口顺差比 2007 年峰值翻倍，而同期名义 GDP 仅增长 30%左右（见图 10.3）。

表 10.1　2007—2016 年美国各行业 GDP 占美国 GDP 的比例　　单位：%

年份	农业、采矿、公共服务	传统实体经济				批发零售	信息产业	虚拟经济			其他服务				政府部门
		建筑业	制造业	运输仓储业	总计			金融、房地产业	职业服务业	总计	教育、医疗、救助	娱乐、休闲、餐饮	其他服务业	总计	
2007	4.77	4.94	12.81	2.83	20.58	12.01	4.85	19.87	11.45	31.32	7.35	3.68	2.28	13.31	13.16
2008	5.39	4.44	12.33	2.87	19.64	11.78	4.96	19.05	11.91	30.96	7.78	3.64	2.25	13.67	13.60
2009	4.71	4.00	11.98	2.77	18.75	11.55	4.89	19.93	11.52	31.45	8.442	3.62	2.29	14.352	14.33
2010	5.07	3.62	12.23	2.84	18.69	11.61	4.88	19.72	11.56	31.28	8.34	3.61	2.22	14.17	14.29
2011	5.59	3.52	12.29	2.88	18.69	11.59	4.69	19.67	11.68	31.35	8.29	3.62	2.18	14.09	13.98
2012	5.32	3.61	12.28	2.89	18.78	11.73	4.56	19.99	11.84	31.83	8.27	3.69	2.20	14.16	13.60
2013	5.64	3.72	12.19	2.92	18.83	11.80	4.74	19.73	11.77	31.50	8.22	3.76	2.18	14.16	13.32
2014	5.54	3.87	12.12	2.95	18.94	11.80	4.54	20.11	11.85	31.96	8.11	3.82	2.20	14.13	13.07
2015	4.39	4.08	12.06	3.01	19.15	11.90	4.76	20.50	12.04	32.54	8.20	3.92	2.21	14.33	12.94
2016	3.89	4.26	11.72	3.02	19.00	11.81	4.85	20.85	12.09	32.94	8.35	4.03	2.23	14.61	12.89

资料来源：根据美国经济分析局（BEA）数据整理。[1]

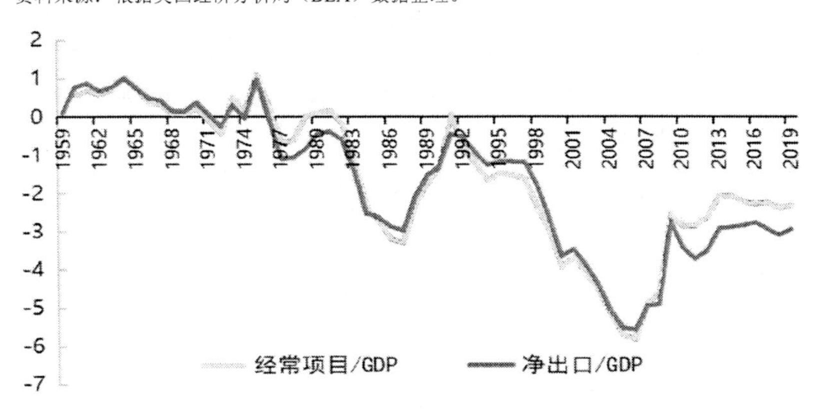

图 10.1　美国经常项目、净出口占 GDP 的比重（单位：%）

资料来源：Fred 数据库。

① https: //www. bea. gov/iTable/index_industry_gdpIndy. cfm.

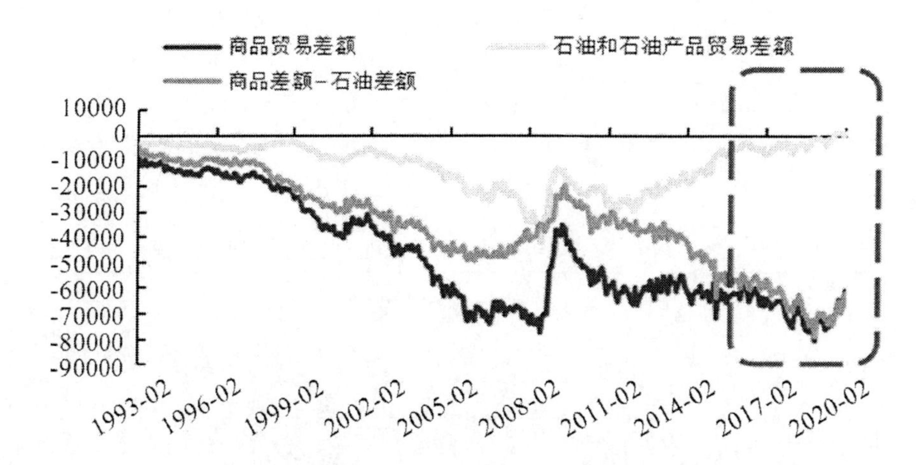

图 10.2　商品差额逆周期减弱主要来自石油差额的改善（单位：百万美元）

资料来源：Wind 数据库。

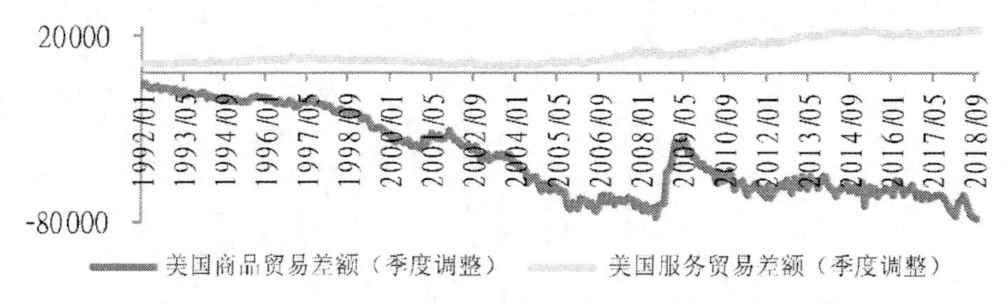

图 10.3　服务差额较 2008 年前提升情况（单位：百万美元）

资料来源：Wind 数据库。

3. 超额负债能力支撑美国经济“复苏”

大量新兴经济体持有美元作为主要外汇储备，由于本国金融市场不发达，转而购买大量美国债券作为投资，成为“帝国循环”的重要支撑。美元回流支持美国政府采取宽松的货币政策和财政赤字，支撑着美国经济“高债务，低储蓄”的现象。①美国联邦债务（federal debt）由两部分构成（见图 10.4）：公众持有的债务（publicly held debt）和政府间债务（intergovernmental debt）。公众持有的债务是政府定期拍卖的各种短期、中长期和长期债券，由非联邦实体的个人、公司、地方政府和外国政府持有，也包括美联储的负债。政府间债务是指联邦政府对信托基金（如社会保障信托基金）和联邦特殊基金的

① 林江，徐世长. 美国财政悬崖、美元霸权及其对中国经济的影响[J]. 广东社会科学，2013（2）.

负债。美国之所以没有爆发大规模的债务危机，是因为其掌握了国际主导货币的发行权，不断提高债务上限，将风险转移到其他国家。

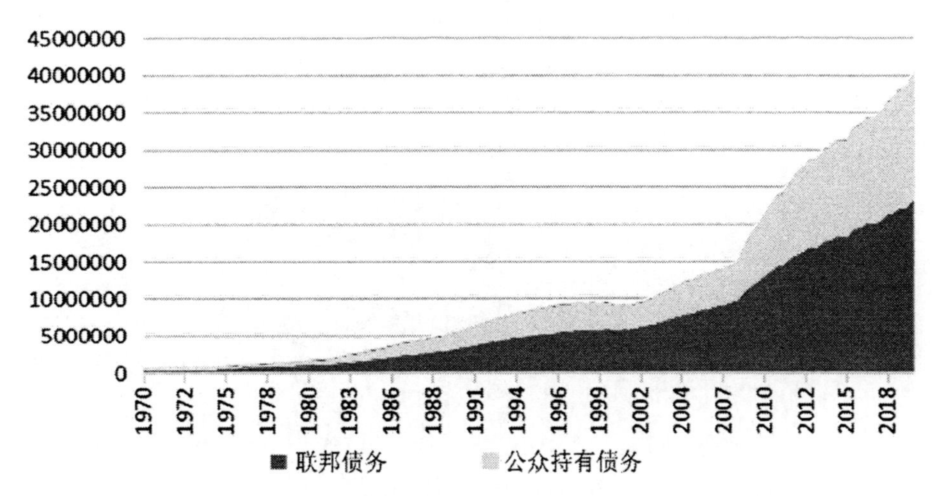

图 10.4 1970—2019 年美国联邦债务与公众持有债务（单位：百万美元）

资料来源：Federal Reserve Bank of St. Louis.

截至 2019 年年底，美国外债占 GDP 的比重为 93.2%，相比 2011 年虽然有所下降，但是绝对规模却大幅上升（见图 10.5）。

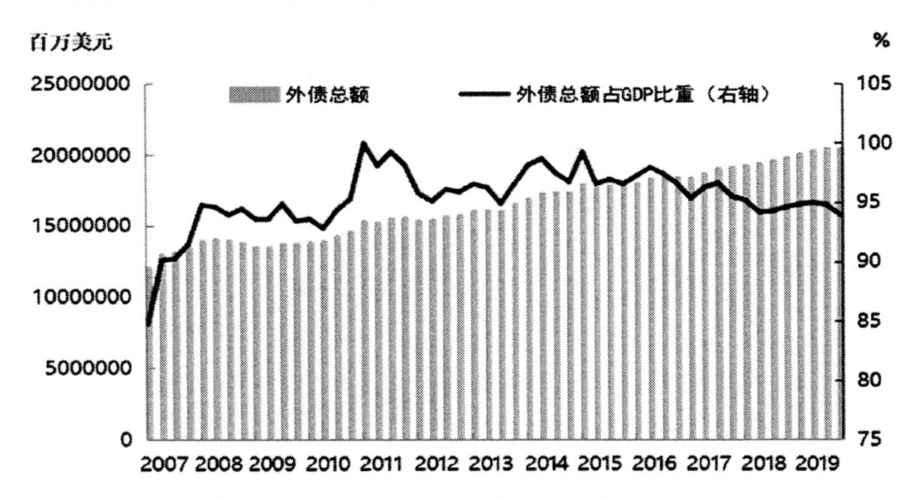

图 10.5 美国外债总额及外债总额占 GDP 比重（单位：百万美元，%）

此外，美国国债持有人构成中，外国央行和投资者持有美债比率达到 35.32%（见图 10.6）。

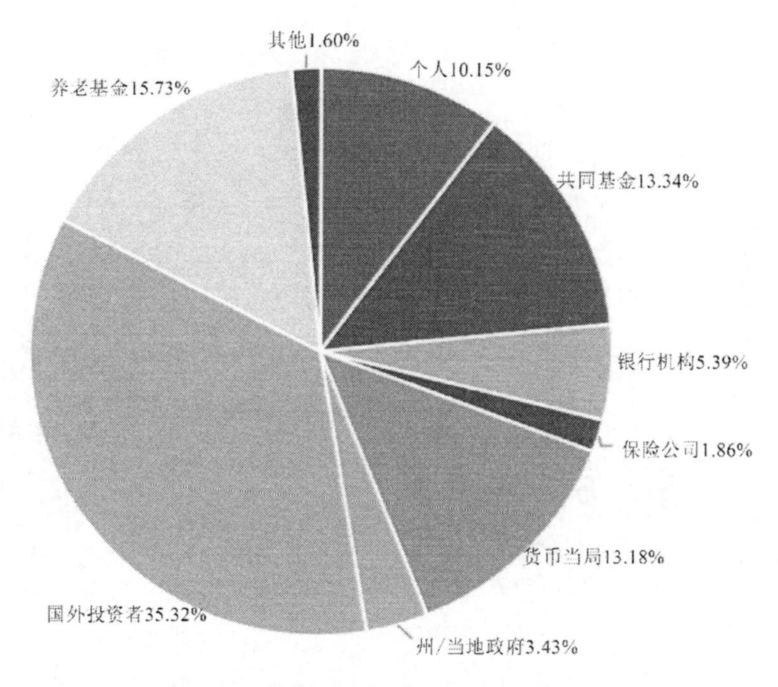

图 10.6　美国国债持有人权重图（单位：%）

资料来源：Federal Reserve System，Financial Accounts of the United States。

随着美国政府财政赤字不断扩张，其可以通过发债、增加税收或者发行货币的方式来获得财政收入。公众所持有的债务中的中短期债券基本上由外国投资者持有，因此美国政府可以利用美元霸权地位来举债，以获取廉价的资金来源。货币增发意味着美元贬值的压力增加。弱势美元虽然可以填补贸易赤字，但是会导致外国持有的美国金融资产流动性下降，造成公众对美元信心不足，从而抛售美元。而任何国家试图抛售美国债券，必然会引起风险，金融杠杆被放大，引起美国国内经济危机，有损于美元国际货币的主导地位。因此，美联储会通过选择实行量化宽松政策或者加降息等方式来调控，以维持美元汇率稳定。

4. 美国巨额财政赤字与其他国家美元外汇储备和主权财富基金

国际货币基金组织（IMF）发布的官方外汇储备构成中，美元所占比重逐年增大，截至 2019 年，该比重又上升到 60%以上，这说明欧元区经济相对美国经济更差，美元的国际货币主导地位决定了各国不得不选用美元作为主要的外汇储备，以便于调节国际收支、进行国际支付。

根据主权财富基金研究所（SWF Institute）统计显示，截止到 2019 年 2 月，全球共有 79 只主权财富基金，资产总额约为 8.12 万亿美元，包括新加坡淡马锡控股公司（Temasek Holdings）、阿布扎比投资局（Abu Dhabi Investment Authority）、美国阿拉斯加永久基金（Alaska Permanent Fund）、俄罗斯稳定基金（Russia Stabilization Fund）、卡塔尔投资局（Qatar Investment Authority），以及 2007 年设立的中国投资有限责任公司等。主权财富基金的兴起是现行国际货币体系失衡的结果，既反映了美国货币金融优势的影响，也反映了全球流动性泛滥的状况。一方面，国际货币体系的"美元本位制"，直接导致主权财富基金资本额的急剧扩张；另一方面，美元贬值及美国国债的低收益率使得拥有巨额外汇储备的国家蒙受巨大的损失，使其不得不以建立主权财富基金的方式进行多元化投资。布雷顿森林体系的解体导致国际货币体系开始震荡，这是主权财富基金兴起的根本原因，非国际货币国家开始应付汇率变动的交易性风险和预防性风险。1999 年后的美元-欧元双本位货币体系，同样缺乏有效约束，全球流动性泛滥依然形势更加严峻。1949—2019 年全球央行储备中美元、欧元占比变化情况如图 10.7 所示。

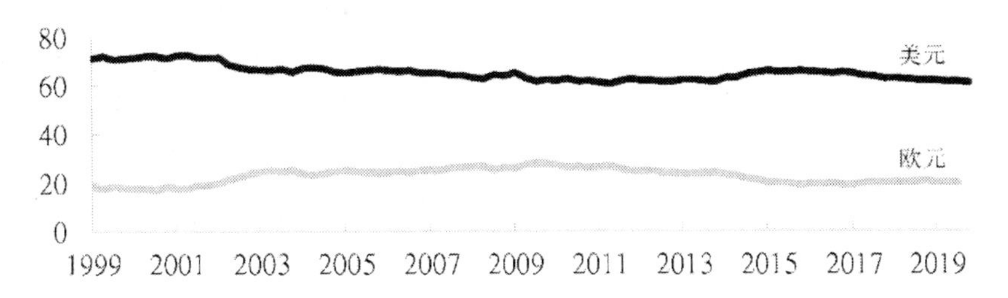

图 10.7　全球央行储备中美元、欧元占比变化（单位：%）

资料来源：Wind 数据库。

5. 美元、欧元在国际金融交易中使用比例的变化

美元相对其他国家货币具有的优势，体现在国际货币市场交易、货币市场发行、国债和票据发行和未清偿规模上（见图 10.8 至图 10.11），虽然在欧元出现初期，美元的使用比例有显著下降，但在 2011—2013 年经过一段时间的此消彼长后，美元超过欧元再次成为主要交易货币，这表明欧元区经济的恶化和美国四轮大规模量化宽松经济刺激政策，通过美元流动性泛滥的支持，再次提高了美国国债等金融资产的吸引力。

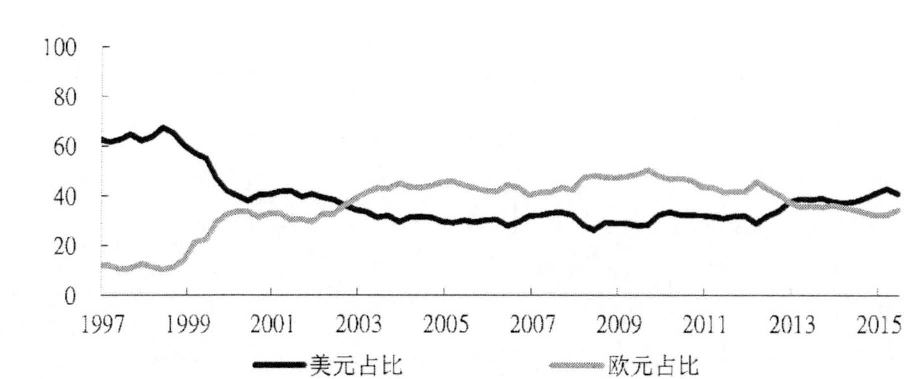

图 10.8　国际货币市场工具未偿余额：按发行货币（单位：%）

资料来源：Wind 数据库。

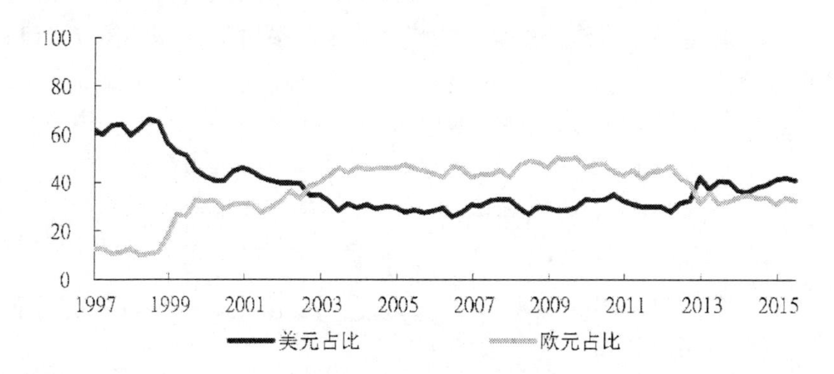

图 10.9　国际货币市场工具总发行额：按发行货币（单位：%）

资料来源：Wind 数据库。

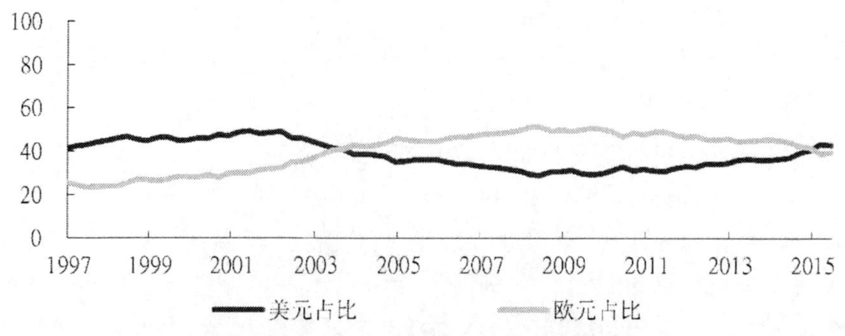

图 10.10　国际债券和票据未偿余额：按发行货币（单位：%）

资料来源：Wind 数据库。

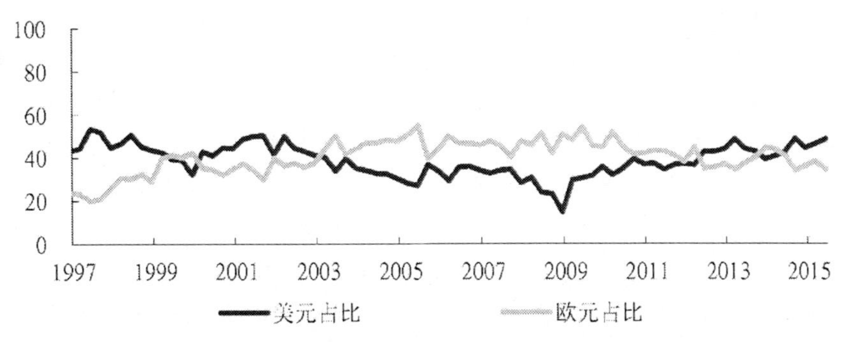

图 10.11　国际债券和票据公开发行额：按发行货币（单位：%）

资料来源：Wind 数据库。

10.3.2 美联储在国内实施货币政策，无须为其他国家经济目标负责，通过美元长期持续贬值，可以降低实际外债价值和实际利息支付

2019 年，美国国债平均收益率约为 2.1%，也就是说，2019 年美国新增财富 8488 亿美元（2019 年 GDP 增量），而仅仅是国债的利息就要支付 4767 亿美元。如果以 2018 年美国国债收益率 2.63%计算，美国 2019 年利息支出应为 5975 亿美元，因此实际上少支付了 1208 亿美元利息。在理论上，只要债务-美元国际货币体系这种“帝国循环”机制一直维持下去，美国就不用彻底与其他国家清算债务利息，因此美债利息就不是一个多大的问题。而美国长期实施美元贬值政策，在没有新国际货币制度改革方案和替代货币的情况下，即便美元和美债事实上是在贬值，各国投资者却仍在持续购买，这是因为要抛出持有的大量美股、衍生工具等高风险资产，而不得不采取的避险策略，此即更高层级的“帝国循环”。2020 年新型冠状病毒肺炎疫情冲击下，美股发生四次熔断，多次大跌之后，美债收益率甚至可以为负，美元指数竟然能达到 100 以上，这说明全球投资者无法获得足够的其他国家的安全资产，依然只能在美股等金融资产与美债、美元之间进行风险转移。与之相比，铸币税这种静态损失观点就不重要了。

10.3.3 美元国际货币地位使美联储能够控制全球资金流动性方向，并具有流动性结构调整优势

（1）美联储、联邦政府及其控制的国际金融机构掌握着国际贸易、投资、金融交易渠道和结算、清算机构，所以美联储货币政策影响着全球资金流动方向，灵活地为实现其国内宏观经济目标服务。

美国可以依托非实体经济和金融资产支撑其货币的国际地位。因此，美国国内金融市场成为吸引其他国家持有美元外汇储备的内部蓄水池和缓冲器。美国可以根据国内宏观经济目标，引导国际资金的流入或流出。美联储、美国金融机构和企业之间，通过长期实践精熟于这种循环机制，从而刺激了美国国内金融规模的膨胀和金融深化；其经常项目逆差可以长期维持，并且是通过对外持续负债来支撑的（即金融项目长期顺差支撑），国内金融机构、政府部门和地方政府通过从海外获取金融资本输入，对内发行消费贷款和房地产贷款，支撑国内消费和投资需求。过去30多年来，美国在短期内可以根据国内宏观经济目标，通过强美元与弱美元政策转换来缓冲国内经济压力和调动全球资金的流入、流出，从而获得其他国家实体经济产生的剩余价值。美国进而取得了支配全球产品、服务和资源配置的优势地位。而且，美国货币金融优势在20世纪80年代以后显著增强，美联储“金融凯恩斯主义”刺激了美国金融资产规模不断膨胀，其他国家则承受了美元流动性膨胀和金融资产膨胀的冲击。

（2）美国对国际货币金融机构的强力控制导致其他国家无法对已经严重失衡的债务-美元国际货币制度进行根本改革。

国际货币基金组织（IMF）、世界银行（WB）和世界贸易组织（WTO）是三大最具影响力的国际经济组织，美国在其中拥有较大的贸易规则制定权和决策权。2007年，IMF在美国的操控下实施《对成员国政策双边监督的决定》。该决定在汇率监督方面没有抓住主要矛盾，即加强对影响“系统性稳定”的主要储备货币发行国的政策进行监督，反而给新兴市场国家的汇率施加了较大压力。美国为了减小本国贸易逆差，可以以人民币“根本性失衡”为由要求人民币升值，这实质上对美国有利。此外，根据《国际货币基金协定》第二节（c）“份额的任何变更，需经 85%的多数票通过”，第四节“在国际经济条件允许的情况下，基金得以总投票权85%的多数票做出决定，实行一个在稳定但可调整的平价的基础上普遍的外汇安排制度”等条款，都规定了若要通过某项决议，需要85%的总投票权。美国的份额约占18%，意味着其拥有一票否决权。因此，虽然国际经济组织的目的是维持国际货币秩序的稳定，但发达国家依旧是主要的受益者，并且拥有较大的话语权。

10.3.4 美国货币金融政策的两大目标与政策规律

国际货币（包括黄金在内）在全球范围失去有效约束，美国这样的全球最大债务国家可以以全球实体经济和金融市场作为依托，实现本国国内宏观经济目标。从 20 世纪 70 年代以来，美国国际经济目标主要有两个：①降低美元汇率，以刺激出口；②提高利率，实现强势美元，吸引全球美元资金回流美国金融市场。美联储常在这两个目标之间转换。在 2008 年以后，美联储实施多轮量化宽松货币政策，在国际上降低美元价值，在国内保持基础利率处于历史最低水平，并且不断向金融市场和金融机构注入流动性，期望同时实现两个经济目标：提高美国产品在国际上的竞争力，实现美国经济“再工业化”；在金融市场上实施“金融凯恩斯主义”，维持美国金融系统不崩溃，最终确保金融-债务-美元货币体系不崩溃。依据吉川元忠（1998）对美国经济结构的分析，美国当时实施的美元贬值政策是不可能使美国实现实体经济的再工业化的，这一观点被总结为“不可逆转性”论点。[①]但是，美国却可以利用其货币金融优势，使国际资本流向美国金融市场，在短期实现虚拟经济复苏，以实现所谓的经济短期繁荣。同时，用各种贸易保护手段保护本国企业和市场，挤压其他国家商品出口空间，使得依靠制造业产品和服务出口支撑经济的国家因为过度依赖美国市场而出现产品生产相对过剩、长期投资出现严重的过度积累，导致实体经济陷入困境。此外，由于这些国家过去获得的经常项目盈余是使用美元结算和储备的，不得不继续将其投资于美国金融市场。

美国在建立和运用其货币金融优势地位时，一方面推动资本自由流动，另一方面在 1974 年推出具有贸易保护目的的贸易法案。在实践中，其设立的“301 条款”，使其充分利用贸易伙伴国对其国内市场的高度依赖，来保护美国国内市场。这类政策也使其货币金融优势变得更加可靠，因为在不使国内出口企业受到太大冲击的基础上，美国货币政策具有更大的调控弹性。而贸易伙伴国则不具有这种优势和弹性，在不能持续扩大贸易优势时，不得不将过去的盈余继续投放到美国金融资产上。

10.3.5 美元经常给其他国家制造的难题

自 1973 年布雷顿森林体系崩溃后，国际经济和货币金融格局以及主要发达国家宏观经济结构都发生了很大变化，美国、欧元区和日本走向不同形式的金融化。作为债务国的美国所具有的货币金融优势本质上就是使美国利用美元在全球创造对其有利的金融信用，分享其他国家实体经济发展带来的好处，影响全球资本流动，通过货币政策调控对外负债的实际水平。

---

① 吉川元忠. 金融战败：发自经济大国受挫后的诤言[M]. 北京：中国青年出版社，2000.

1. “小国原罪”

从1997年亚洲金融危机开始，国际资本冲击对东南亚国家及韩国经济和金融市场造成了不小的冲击。麦金农在分析这些国家遇到的货币危机时，将其概括为“小国原罪”，即这些国家因为不具备国际货币金融优势地位，在经济发展中必然以出口为导向，为此必须稳定本币与国际货币的汇率，以保持出口稳定增长。在发展初期，因为国内不能创造足够的金融信用，以实现从国外获得技术、管理、资本以及出口商品的国际销售渠道和市场，因此，这些国家必须争取国际美元信用支持，并采取盯住美元的固定汇率制度以维持出口定价，同时又开放了本国金融市场，这些国家积累了大量短期外债。在亚洲金融危机爆发后，这些国家发现其积累的大量短期外债在国际投机资本的冲击下，无法以其所持有的外汇储备进行支付，其出口赖以稳定的固定汇率制度进而无法维持，陷入所谓的货币错配的困境，麦金农称之为“小国原罪”。[①]2007年，越南再次经历了国际货币冲击，遭受国际投机资本的“剪羊毛”之祸。2016年以来，美国引导国际资本流向美国并实行贸易保护政策，导致阿根廷、印度、俄罗斯等新兴市场国家的货币都出现了大幅贬值，对各国国内经济造成很大冲击。对于墨西哥、巴西和阿根廷，美国作为债务国，如果拥有国际货币地位，就可以操控其对外负债的贬值。墨西哥、巴西和阿根廷是美国对外投资和金融投资的重要市场。作为对美债务国，墨西哥在1984年和1994年两次债务危机中，遭到经济不景气拖累，且美国货币政策加剧了墨西哥货币贬值，造成其美元负债大幅增加，需要偿还的利息大幅上升，引发了债务危机。

2. 日本、中国和东盟国家等对美债权国家的问题——“高储备两难”

在2008年美国次贷危机之后，随着美国实施量化宽松货币政策，我们所持有的大量美元外汇储备和美元资产都面临贬值风险。麦金农将这种情况称为“高储备两难”。

日本与早期具有国际货币地位的英国的根本差异就在于，日本作为债权国，不具有国际货币地位，所以无法降低债务国汇率贬值而引起的金融投资风险。相对于美国的国际货币金融地位和大规模金融化，日本在国际货币金融体系中的地位是非常低下的，这使得日元几乎没有大规模输出和循环机制，即没有利用其经常项目顺差，建立以日元对外投资的计价、结算机制，从而不具备利用国际货币金融优势在全球为自己创造金融信用的能力。同时，日

① 罗纳德•麦金农. 麦金农经济学文集[M]. 北京：中国金融出版社，2006.

本对美实际投资和债权都是用美元进行的。日本只在亚洲很小区域范围形成日元输出和资金回流循环，没有在国际贸易、资源定价和金融交易中建立日元地位。因此，在 1985 年面临国内需求饱和、制造业利润率下降，以及美欧要求日元升值的多重压力下，日本中央银行刺激经济的低利率货币的政策使大量日元在日本国内累积，进入房地产和股票市场，并且不是以日元形式，而是以美元形式对外进行大规模投资。因此，可以说日本不具有国际货币金融优势地位，这严重束缚了日本后工业化的经济发展，从而在错误政策下陷入泡沫经济。中国与日本一样，在成为对美国最大债权国后，对美国债权是以美元计价和储备的，对外直接投资和金融投资都是以美元进行的。我们实质上与日本和东南亚国家一起陷入了美元的“帝国循环”，因此总是受到美国国内货币金融政策的影响。在未来，中国要巩固当前在国际贸易和投资领域取得的成果，稳步提高人民币和中国金融地位，以适应双边和多边投资和贸易需求。

欧元区国家国际货币金融优势地位对欧元区经济发展的影响也是显著的。欧元[①]的出现在很大程度上是主要欧盟国家希望降低在国际贸易和金融交易中对美元的依赖。但欧元区最大的问题就在于它是货币和经济联盟，在财政上是不统一的。欧元区内部以德、法为核心，其他国家充分利用德、法经济优势，获得发行欧元债务的能力，而忽视了欧元区内部经济差异和财政不统一的巨大影响。欧元区国家在 2000 年以来发行了大量债券，并且这些国家债券主要是在欧元区和欧盟内部形成，形成内部欧元和债务的国际资金循环。欧债危机、英国脱欧和新型冠状病毒肺炎疫情冲击很可能会进一步削弱欧元的影响。

第 4 节 结论与未来趋势

10.4.1 债务-美元国际货币体系不可维持的原因

邓肯（Duncan，2005）认为，货币最主要的两大功能是清偿债务和价值储藏。对信用的需求和对货币的需求，随着以营利为目的资本主义生产而产

① 欧元的出现总体上被解释为是为了推动欧洲经济一体化，减少欧元区内部汇兑等方面引起的大量成本和不便。

生。资本主义将信用作为最重要的货币功能，货币必须具有充分的流动性来支持经济活动，流动性短缺会阻碍需求，导致产出和就业下降。国际货币同样承担起国内货币的职能，即选择流动性最强的货币。但是它们同样注重发行国家的生产的规模和实力，经济体必须有一个强大的生产基础，以支持流通中所需要的大量货币。此外，一个国家的生产能力是保持政治经济领先的根本力量。后凯恩斯主义者反对将国际货币控制在一个国家的手中，随着美国生产力基础不断遭到侵蚀，美元代表国际债务和价值贮藏是不可靠的，最终将导致美元彻底崩溃，国际货币秩序将重组。美国生产能力的下降和经常账户赤字的不断增长是美元面临崩溃的主要原因，其世界货币的地位将被替代。[①]施迈德勒（Schmeidler，2008）认为，通过进出口的变化和世界 GDP 份额的下降可看出，美国较低的生产力和竞争力将无法支持美元的大量流通。美元将变得难以被接受，经济主体远期合约会选择其他货币或者另选方式存储值。这是后凯恩斯主义者认为美元作为世界货币贬值的原因。[②]施迈德勒指出新古典主义和后凯恩斯主义这两种理论都认为随着时间推移，美元在各种类型国际交易中的使用将有所减少，会越来越少地用于贸易票据融资，国际贸易商品也会越来越少地用美元计价，这就说明各国开始意识到持有大量美元外汇储备是不稳定的。

新古典主义和后凯恩斯主义学派都认为美元的重要职能将下降。但新古典主义学者认为，美元供给的剧烈增加，以及随之而来的不断上升的通货膨胀，将导致美元缺乏稳定性。后凯恩斯主义学派则认为，缺乏生产力和竞争力的美国经济，是造成美国在世界 GDP 占比不断下降和美国天文数字的经常账户逆差的原因。笔者认同后凯恩斯主义学派的观点，认为美国经济缺乏生产力与竞争力是美元衰落的根本原因，但美联储继续滥发美元和美债的政策将加快美元衰落。在短期内，美元和其他国际货币会存在此消彼长的波动过程。马提奥·马吉欧里（Matteo Maggiori）、布伦特·内曼（Brent Neiman）和杰西·施雷德（Jesse Schreger）提出，国际货币除了作为外汇储备外，最常用于计算公司和政府债券、银行贷款及进出口票据融资。[③]这些货币占全球外汇市场交易量的大部分，提供了至关重要的流动性，并且通常被实施汇率管理制度以及与美元、欧元挂钩汇率制度的国家作为外汇储备目标货币。

---

① R Duncan. The Dollar Crisis: Causes, Consequences, Cures. John Wiley & Sons, 2005.

② L Schmeidler. Instability, Liquidity and World Money, Lap Lambert Academic Publishing, 2008.

③ Matteo Maggiori, Brent Neiman, Jesse Schreger. The Rise of the Dollar and Fall of the EURO as International Currencies, Working Paper 25410, 2018, http: //www. nber. org/papers/w25410.

他们提出，近期数据显示，在近 10 年内，美元的国际货币影响力在不断增强，而欧元的国际货币影响力在不断下降。

10.4.2 债务-美元货币金融体系格局将转变的原因

我们认为，经济虚拟化和产业空洞化的美国经济必将导致美元地位的进一步衰弱，债务-美元的国际货币体系不可能持续。2020 年的新型冠状病毒肺炎疫情对债务-美元主导的国际货币和国际经济体系造成结构性冲击。2020年 2 月底以来，美国股市、债市及大宗商品价格已经持续大跌，美国股市四次熔断，截至目前，本轮金融不稳定风暴仍不是以大规模金融机构倒闭为特征，而是以美国直接融资市场萎缩和政府对外负债能力萎缩为特征的。在美国经济结构、产业结构和收入分配制度没有深刻改革却继续推行贸易战政策的背景下，新型冠状病毒肺炎疫情冲击和政府治理不力已成为压垮美国本已脆弱的经济的“一根稻草”，美国经济事实上已经进入阶梯式衰落的新阶段。2020 年 3 月 23 日，美联储实施无限量化宽松政策，美国短期严重破坏了国际金融体系，是自 1971 年布雷顿森林体系崩溃以来的第二次严重违约，这是一种饮鸩止渴的行为，将使其快速失去在国际上的国家信用，并且这种量化宽松政策也不可能帮助解决美国国内的根本经济困境——经济虚拟化、两极分化、就业岗位缺乏、消费支持不足等问题。

为了维护美国金融资本利益，美联储实施无限量化宽松政策，向全球金融市场扔了一个“金融核弹”，对中国来说损失的是美国债券利息，中国国内经济、金融市场会受到一定程度冲击。但是我们认为，因为制造业掌握在我们手里，对外债权财富的账面损失可以通过短期投资组合尽量降低损失风险，从而稳定国内金融体系。首先，从国内政策来看，为应对上述局面，积极开展新基建和坚持发展制造业是国民经济立国之本。扎实做好 5G、大数据、人工智能等新技术产业升级，创造性地建设现代新基础设施体系，大力落实扶贫工作，解决广大人民群众的就业和收入问题，提升国内消费市场，是中国当前和未来经济工作的根本。其次，中国要通过适度、有次序地加快金融市场开放，积极落实金融开放政策，吸引国际人才和资金。最后，加强区域贸易合作，筑牢“一带一路”国际经济合作，以强化贸易、投资活动支撑国际金融合作，从而切实增强中国及人民币在国际货币和金融体系中的话语权。

主要参考文献

1. 盛松成，施兵超，陈建安. 现代货币经济学——西方货币经济理论研究（第三版）[M]. 北京：中国金融出版社，2014.
2. [美]本杰明·M. 弗里德曼，[英]弗兰克·H. 哈恩. 货币经济学手册（2卷）[M]. 北京：经济科学出版社，2002.
3. 卡尔·E. 瓦什. 货币理论与政策[M]. 北京：中国人民大学出版社，2001.
4. [美]米什金. 货币金融学[M]. 北京：中国人民大学出版社，1998.
5. [加]杰格迪什·汉达. 货币经济学[M]. 北京：中国人民大学出版社，2005.
6. [美]约瑟夫·斯蒂格利茨，布鲁斯·格林沃尔德. 通往货币经济学的新范式[M]. 北京：中信出版社，2005.
7. 卡尔·马克思. 资本论（第三卷）[M]. 北京：人民出版社，2004.
8. 伊藤·诚，考斯拉斯·拉帕维查斯. 货币金融政治经济学[M]. 北京：经济科学出版社，2001.
9. 柳欣. 经济学与中国经济[M]. 北京：人民出版社，2005.
10. 樊苗江，柳欣. 货币理论的发展与重建[M]. 北京：人民出版社，2005.
11. 李宝伟，张云. 货币、金融信用与宏观流动性[M]. 北京：中国金融出版社，2015.
12. 马克思，恩格斯. 马克思恩格斯全集（第24卷、第25卷，第26卷）[M]. 北京：人民出版社，1974.
13. 刘骏民. 从虚拟资本到虚拟经济[M]. 济南：山东人民出版社，1998.
14. 约翰·G. 格利，爱德华·S. 肖. 金融理论中的货币[M]. 贝多广，译. 上海：上海人民出版社，1994.
15. 石晶莹. 再论马克思利息理论与凯恩斯利息理论的不同点[J]. 当代经济研究，2007（2）.
16. 王璐，柳欣. 马克思经济学中的古典一般均衡理论[M]. 北京：人民出版社，2005.
17. 樊苗江. 论重商主义的货币理论及其与现代货币理论争论的关系[J]. 南开经济研究，2002（2）.
18. 樊苗江. 货币理论中内生货币和外生货币的争论[J]. 开放导报，2003（12）.
19. 谷书堂. 社会主义经济学通论：社会主义经济的本质、运行与发展[M]. 上海：上海人民出版社，1989.
20. 谷书堂，柳欣. 新劳动价值论一元论[J]. 中国社会科学，1993（6）.
21. 黄达. 货币银行学（第二版）[M]. 北京：中国人民大学出版社，2000.
22. 栗原. 凯恩斯学派经济学（中译本）[M]. 北京：商务印书馆，1964.
23. 柳欣. 资本理论：价值、分配与增长理论[M]. 西安：陕西人民出版社，1994.
24. 柳欣. 资本理论：有效需求与货币理论（征求意见稿）. 南开大学经济研究所，1996.
25. 柳欣. 资本理论争论：给定的技术还是变动的技术（上）[J]. 经济学动态，1996（12）.
26. 柳欣. 资本理论争论：给定的技术还是变动的技术（下）[J]. 经济学动态，1997（1）.
27. 柳欣. 中国宏观经济运行的理论分析：宏观经济研究的一种新方法[J]. 南开经济研究，1999（5）.
28. 柳欣. 中国的宏观经济运行[J]. 东岳论丛，1999（3）.
29. 柳欣. 货币、资本和一般均衡理论[J]. 南开经济研究，2000（5）.
30. 柳欣. 劳动价值论和马克思主义经济学[J]. 南开经济研究，2001（5）.
31. 陆晓明. 货币供给、货币需求与价格：西方货币数量论研究[M]. 北京：北京大学出版社，1991.
32. 罗承熙. 货币理论探索[M]. 北京：中国社会科学出版社，1987.
33. 宁咏. 内生货币供给：理论假说与经验事实[M]. 北京：经济科学出版社，2000.
34. 钱荣堃. 西方宏观经济学中的新流派[J]. 世界经济，1981（6）.
35. 帅勇. 货币和利息率理论：存量和流量分析史[D]. 天津：南开大学，2002.
36. 本·伯南克. 通货膨胀目标制[M]. 大连：东北财经大学出版社，2006.
37. 劳伦斯·H. 怀特. 货币制度理论[M]. 北京：中国人民大学出版社，2004.

38. 姜建清. 流动性黑洞[M]. 北京：中国金融出版社，2008.
39. 彭兴韵. 流动性、流动性过剩与货币政策[J]. 经济研究，2007（11）.
40. 麦金农. 麦金农文集[M]. 北京：中国金融出版社，2006.
41. 向松祚. 不要玩弄汇率[M]. 北京：北京大学出版社，2006.
42. 张明. 流动性过剩的测量、根源和风险涵义[J]. 世界经济，2007（11）.
43. 陶君道. 国际金融中心与世界经济[M]. 北京：中国金融出版社，2010.
44. 张云，刘骏民. 经济虚拟化与金融危机、美元危机[J]. 世界经济研究，2009（3）.
45. 张云，刘骏民. 关于马克思货币金融理论的探析[J]. 南京社会科学，2008（7）.
46. 吉川元忠. 金融战败[M]. 北京：中国青年出版社，2000.
47. 韩文秀. 国际货币、国际语言与国家实力[J]. 管理世界，2011（6）.
48. 张定胜，成文利. "嚣张的特权"之理论阐述[J]. 经济研究，2011（9）.
49. 李向阳. 国际金融危机与国际贸易、国际金融秩序的发展方向[J]. 经济研究，2009（11）.
50. 谢平，陈超. 论主权财富基金的理论逻辑[J]. 经济研究，2009（2）.
51. 陈建奇. 破解"特里芬"难题——主权信用货币充当国际储备的稳定性[J]. 经济研究，2012（4）.
52. 中国经济增长与宏观稳定课题组. 全球失衡、金融危机与中国经济的复苏[J]. 经济研究，2009（5）.
53. 朱月. 全球经济失衡与全球金融危机[J]. 管理世界，2009（12）.
54. 李宝伟，张云. 金融危机再认识[M]. 天津：南开大学出版社，2015.
55. 柳欣. 资本理论[M]. 北京：人民出版社，2003.
56. L. 兰德尔 • 雷. 现代货币理论[M]. 北京：中信出版集团，2017.
57. 朱太辉. 货币信贷内生扩张及其经济效应研究[M]. 北京：中国金融出版社，2015.
58. 柳欣，吕元祥，赵雷. 宏观经济学中存量流量一致模型研究述评[J]. 经济学动态，2013（12）.
59. 格 • R. 克里普纳. 美国经济的金融化（上）[J]. 国外理论动态，2008（6）.
60. 迈克尔 • 赫德森. 从马克思到高盛：虚拟资本的幻想和产业的金融化（上）[J]. 国外理论动态，2010（9）.
61. 考斯达斯 • 拉帕维查斯. 金融化了的资本主义：危机和金融掠夺[J]. 政

治经济学评论，2009（11）.
62. 何干强. 货币流回规律和社会再生产的实现——马克思社会总资本的再生产和流通理论再研究[J]. 中国社会科学，2017（11）.
63. 兰德尔·雷. 货币的本质：后凯恩斯主义的观点[J]. 政治经济学评论，2012（1）.
64. 李黎力."大衰退"以来明斯基思潮之动向——一个批判性评述[J]. 经济评论，2014（1）.
65. 王东风，张荔. 东亚金融危机与美国次贷危机发生机理比较——基于明斯基理论的分析[J]. 国外社会科学，2010（4）.
66. 徐则荣，张一飞. 马克思与明斯基经济危机理论比较研究[J]. 经济纵横，2014（8）.
67. 赵峰，马慎，冯志轩. 金融化与资本主义危机：后凯恩斯主义金融化理论述评[J]. 当代经济研究，2013（1）.
68. 王力伟. 宏观审慎研究的最新进展：从理论基础到政策工具[J]. 国际金融研究，2010（11）.
69. 李文泓. 关于宏观审慎框架下逆周期政策的探讨[J]. 金融研究，2009（8）.
70. 白倩. 宏观审慎政策工具和框架[J]. 金融会计，2011（5）.
71. 徐明东，刘晓星. 金融系统稳定性评估：给予宏观压力测试方法的国际比较[J]. 国际金融研究，2008（2）.
72. 谢平，邹传伟. 金融危机后有关金融监管改革的理论综述[J]. 金融研究，2010（2）.
73. 姜建清. 流动性黑洞：理解、量化与管理金融流动性风险[M]. 北京：中国金融出版社，2007.
74. 伦纳德·麦茨，彼得·诺伊. 流动性风险计量与管理[M]. 北京：中国金融出版社，2010.
75. Anton Korinek, Alp Simsek. Liquidity Tray and Excessive Leverage[C]. NBER Working Papers, 2014(3).
76. Davidson P. Keynes, Money and Monetarism[M]. London: Macmillan, 1989.
77. Davidson P. Post Keynesian Macroeconomic Theory[M]. Aldershot, VT: Edward Elgar, 1994.
78. Davidson P, Smolensky E. Aggregate Supply and Demand Analysis[M]. New York: Harper and Row, 1964.

79. Eatwell J, Milgate M, Newman P. The New Palgrave: A Dictionary of Economics[M]. London: Macmillan, 1987.
80. Fischer S. Recent Development in Macroeconomics[J]. Economic Journal, 1988(6).
81. Fischer S. Rules, Versus Discretion in Monetary Policy[M]. Amsterdam: North Holland, 1990.
82. Foley D. Money in Economic Activity, in The New Palgrave: A Dictionary of Economics[M]. London: Macmillan, 1987.
83. Friedman M, Schwartz A J. Has Government any Role in Money? [J]. Joural of Monetary Economics, 1987.
84. Friedman M. A Program for Money Stability[M]. New York: Fordham University Press, 1960.
85. Goodhart C A E. Has Moore Become Too Horizontal[J]. Journal of Post Keynesian Economics, 1989, 12(1).
86. Kaldor N. Alternative Theories of Distribution[J]. Review of Economic Studies, 1956, 28.
87. Kaldor N. Increasing Returns and Economic Progress[J]. Oxford Economic Papers, 1961, 13.
88. Kaldor N. The New Monetarism[J]. Lloyds Bank Review, 1970(7).
89. Kaldor N. The Scourge of Monetarism[M]. Oxford University Press, 1982.
90. Kaldor N. The Scourge of Monetarism 2nd Edtion [M]. Oxford University Press, 1985.
91. Kaldor N. How Monetarism Failed[J]. Challenge, 1985(5).
92. Kalecki M. Essays in the Theory of Economic F1uctuations[M]. London: Allen & Unwim, 1939.
93. Keynes J M. A Tract on Monetary Reform[M]. London: Macmillan for the Royal Economic Society, 1971.
94. Keynes J M. A Treatise on Money[M]. London: Macmillian &Co, 1930.
95. Keynes J M. The General Theory of Empioyment, Interest and Money[M]. London: Macmillian&Co., 1936.
96. Kiyotaki N, Wright R. On Money as a Medium of Exchange[J]. Journal of Political Economy, 1989, 97(4): 927-954.
97. Kiyotaki N, Wright R. A Search-Theoretic Approach to Monetary Economics

[J]. American Economic Review, 1993(8).

98. Kregel J A. The Reconstruction of Politic Economy: An Introduction to Post-Keynesian Economics[M]. London: Macmillan, 1973.
99. Kregel J A. Capital Theory[M]. London: Macmillan, 1976.
100. Kregel J A. Effective Demand, in Eatwell J., Milgate M., Newman P. (eds). The New Palgrave: A Dictionary of Economics[M]. 1987(2): 99-102.
101. Leijonhufvud A. Information and Co-ordination: Essays in Macroecnomic Theory[M]. Oxford: Oxford University Press, 1981.
102. Leijonhufvud A. IS-LM Analysis. in Eatwell J., Milgate M., Newman P. (eds). The New Palgrave: A Dictionary of Economics[M], 1987(2): 1002-1004.
103. Leijonhufvud A. Keynesian Economics: Past Confusions, Future Prospects, in A. Vercelli, N. Dimitri (eds). Macroecnomics: A Survey of Research Strategies[M]. Oxford: Oxford University Press, 1992.
104. Pollin R. Two Theories of Money Supply Endogenetity: Some Empirical Evidence[J]. Journal of Post Keynesian Economics, 1991, 13(3).
105. Pollin R. Money Supply Endogenetity: What Are the Questions and Why Do They Matter? In E. Nell, D. Deleplace(eds). Money in Motion: The Circulation and Post Keynesian Approaches[M]. London: Macmillan, 1991.
106. Richard Duncan. The New Depression[M]. New York: John Wily& Sons, 2012.
107. Bernanke, Ben, Mark Gertler, et al. The Financial Accelerator and the Flight to Quality[J]. Review of Economics and Statistics, 1996, 78(1): 1-15.
108. Moritz Schularick, Alan M Taylor. Credit Booms Gone Bust: Monetary Policy, Leverage Cycles and Financial Crises[J]. American Economic Review, 2012, 102(2): 1029-1061.
109. Matteo Maggiori, Brent Neiman, Jesse Schreger. The Rise of the Dollar and Fall of the EURO as International Currencies[J]. Working Paper 25410, http://www.nber.org/papers/w25410.
110. N Kiyotaki, J Moore. Liquidity, Business Cycles, and Monetary Policy[C]. NBER Working Papers, 2012.
111. Thomas I Pally. Financialization: What it is and Why it Matters[C]. Political Economy Research Institute, 2007.

112. Sudipto Bhattacharya, Charles A E Goodhart. Minsky's Financial Instability Hypothesis and the Leverage Cycle[J]. Working Paper, 2011.

113. Wynne Godley. Money and Credit in a Keynesian Model of Income Determination[J]. Cambridge Journal of Economics, 1999, 23 (4): 393-411.

114. Wynne Godley, Marc Lavoie. Monetary Economics: An Integrated Approach to Credit, Money, Income. Production and Wealth[M]. London: Palgrave MacMillan, 2007.

115. Ben S Bernanke. Credit in the Macroeconomy[J]. Quarterly Review, 1993, 18: 50-70.

116. Sebastian Becker. Global Liquidity "Glut" and Asset Price Inflation[J]. Deutsche Bank Research, 2007(5).

117. Sebastian Becker. Is the Next Global Liquidity Glut on its way[J]. Deutsche Bank Research, 2009(7).

118. Klass Baks, Charles Kramer. Global Liquidity and Asset Prices: Measurement, Implications, and Spillovers[J]. IMF Working Paper, 1999.

119. Barry Eichengreen. From the Asian Crisis to the Global Credit Crisis: Reforming the International Financial Architecture Redux[J]. International Economics and Economic Policy, 2009, 6(1): 1-22.

120. B J Cohen. The Benefits and Costs of an International Currency: Getting the Calculus Right[J]. Open Economies Review, 2012, 23(1): 13-31.

121. K Spantig. International Monetary Policy Spillovers—can the RMB and the Euro Challenge the Hegemony of the US Dollar [J]. Asia Europe Journal, 2015,13(4): 459-478.

122. M Vermeiren. International Monetary Power: A Comparative Capitalism Perspective. Power and Imbalances in the Global Monetary System[M]. London : Palgrave Macmillan, 2014.

123. R Duncan. The Dollar Crisis: Causes, Consequences, Cures[M]. New York: John Wiley & Sons, 2005.

124. L Schmeidler. Instability, Liquidity and World Money[M]. Germany: Lap Lambert Academic Publishing, 2008.

125. Paul De Grauwe. Crisis in the Eurozone and How to Deal with it[J]. CEPS Policy Brief, 2010(2).

126. Daniel Gros, Thomas Mayer. How to Deal with Sovereign Default in

Europe: Towards a Euro(pean) Monetary Fund[J]. CEPS Policy Brief, 2010(2).
127. G P. Kouretas, P Vlamis. The Greek Crisis: Causes and Implications[J]. Panoeconomicus, 2010, 57(4): 391-404.
128. Martin S Feldstein. What's Next for The Dollar[J]. Working Paper 17260, 2011.
129. F V D. Spiegel. Will the Role of the Dollar as the International Reserve Currency be Challenged[J]. International Economics and Economic Policy, 2005, 1(4): 293-304.
130. B J Cohen. The Benefits and Costs of an International Currency: Getting the Calculus Right[J]. Open Economies Review, 2012, 23(1): 13-31.
131. K Spantig. International Monetary Policy Spillovers—Can the RMB and the Euro Challenge the Hegemony of the US Dollar[J]. Asia Europe Journal, 2015, 13(4): 459-478.
132. M Vermeiren. International Monetary Power: A Comparative Capitalism Perspective, in Power and Imbalances in the Global Monetary System[M]. London: Palgrave Macmillan, 2014.
133. L Schmeidler. Instability, Liquidity and World Money[M]. Lap Lambert Academic Publishing, 2008.
134. Michael D Bordo, Angela Redish. Putting the "System" in the International Monetary System[J]. NBER Working Paper, 2013(5).
135. Claessens, Stijn, Kose, et al. Financial Cycles: What? How? When[J]. NBER Working Paper, 2011.
136. Lex Hoogduin, et al. Macroprudential Instruments and Frameworks: A Stocktaking of Issues and Experiences[J]. CGFS Papers, 2010, 38.
137. Gabriele Galati, Richhild Moessner. Macroprudential Policy-a Literature Review[J]. BIS Working Paper, 2011(2).
138. Avinash Persaud. Macro-Prudential Regulation[J]. European Capital Markets Institute, 2009(8).
139. Charles Goodhart. The Roles of Macro-Prudential Supervision[C]. Financial Markets Conference, 2010.
140. Piet Clement. The Term "Macroprudential": Orgins and Evolution[J]. BIS Quaterly Review, 2010(3).

141. Samuel G Hanson, Anil Kashyap, Jeremy C Stein. A Macroprudential Approach to Financial Regulation[J]. Global Markets, 2010(7).
142. Claudio E V Borio, Ilhyock Shim. What can (macro-) Prudential Policy do to Support Monetary Policy[J]. BIS Working Papers, 2007(12).
143. Tobias Adrian, Hyun Song Shin. Money, Liquidity and Financial Cycles[C]. the Fourth ECB Central Banking Conference, 2006.
144. Blum J, M Hellwig. The Macroeconomic Implications of Capital Adequacy Requirements for Banks[J]. European Economic Review, 1995(3).
145. Grossman R S. Double Liability and Bank Risk taking[J]. Journal of Money, 2001(5).
146. Bernanke B, Gertler M, Gilchrist S. The Financial Accelerator and the Flight to Quality[J]. The Review of Economics and Statistics, 1996(78): 1-15.
147. Borio C. The Financial Cycle and Macroeconomics: What Have We Learnt? [J]. Journal of Banking and Finance, 2014 (45): 182-198.
148. Christiano L, Fitzerald T. The Band-pass Filter[J]. International Economic Review, 2003: 44(2): 435-65.
149. Claessens S, Kose M, Terrones M. How do Business and Financial Cycle Interact? [J]. Journal of International Economics, 2012, 87(1): 178-190.
150. Claessens S, Kose M, Terrones M. What Happens During Recessions, Crunches and Busts? [J]. Economic Policy, 2009, 24(60): 653-700.
151. Drehmann M, Borio C, Tsatsaronis K. Characterising the Financial Cycle: don't Lose Sight of the Medium Term! [J]. BIS Working Papers, 2012, 68(3):1-18.
152. Fisher I. The Debt-Deflation Theory of Great Depressions [J]. Econometrica Journal of the Econometric Society, 1933 (1):337-357.
153. Gertler M, Kiyotaki N. Financial Intermediation and Credit Policy in Business Cycle Analysis[J]. Handbook of Monetary Economics, 2010, 3(3): 547-599.
154. Goodhart C, Hofmann B. Financial Variables and Conduct of Monetary Policy[J]. Sveriges Risk Bank Working Paper, 2000 (112).
155. Gorton G, He P. Bank Credit Cycles[J]. The Review of Economic Studies, 2008 (4): 1181-1214.
156. Harding D, Pagan A. Dissecting the Cycle: A Methodological Investigation

[J]. Journal of Monetary Economics, 2002, 49(2): 365-381.

157. Jermann U, Quadrini V. Erratum: Macroeconomic Effects of Financial Shocks[J]. American Economic Review, 2012, 102(2): 1186.